Wáng Guāngdé 王光德

Wǔdāng - Berg der Unsterblichen

Wáng Guāngdé (Hrsg.)

王光德（主編）

Wudang - Berg der Unsterblichen

仙山武當

Deutsche Textfassung mit Bildauszügen des Originals
德文版插圖節選自原版

Aus dem Chinesischen übersetzt von
中翻德譯者
Marlies Bartl

Herausgeber der Deutschen Textfassung
德文版主編
Gisela Hildenbrand und Kurt Hildenbrand

MEDIZINISCH LITERARISCHE VERLAGSGESELLSCHAFT·UELZEN

Bibliographische Information der Deutschen Bibliothek
Die Deutsche Bibliothek verzeichnet diese Publikation in der Deutschen Nationalbibliographie, detaillierte bibliographische Daten sind im Internet über http://dnb.ddb.de abrufbar

Originalausgabe:
仙山武當 (Xianshan wudang)
王光德 (Wang Guangde zhubian)
宗教文花出版社 (zongjiao wenhua chubanshe beijing zhongguo)
Verlag für Religion und Kultur, Beijing, VR China, 1999
ISBN 7-80123-198-8

Übersetzung aus dem Chinesischen von Marlies Bartl

Herausgeber der Deutschen Textfassung: Gisela Hildenbrand und Kurt Hildenbrand

ISBN 3-88136-221-5

Satz: Kurt Hildenbrand
Druck: Köllen GmbH, Druck und Verlag, Bonn

Inhalt

UNITED NATIONS EDUCATIONAL,
SCIENTIFIC AND
CULTURAL ORGANIZATION

CONVENTION CONCERNING
THE PROTECTION OF THE WORLD
CULTURAL AND NATURAL
HERITAGE

The World Heritage Committee
has inscribed
the Ancient Building Complex in the
Wudang Mountains
on the World Heritage List

Inscription on this List confirms the exceptional
and universal value of a cultural or
natural site which requires protection for the benefit
of all humanity

DATE OF INSCRIPTION
17 December 1994

DIRECTOR-GENERAL
OF UNESCO

Wáng Guāngdé 王光德 wurde im Dezember 1949 geboren, er stammt aus der Stadt Dānjiāngkǒu 丹江口 in der Provinz Húběi 湖北. Im Jahre 1982 absolvierte er sein Studium an der daoistischen Akademie Chinas (Zhōngguó dàojiào xuéyuàn 中國道教學院). Seit seiner Kindheit beschäftigt er sich mit dem Daoismus. Bei dem daoistischen Abt Lǐ Chéngyù 李誠玉 erlernte er die Rezitation der klassischen Schriften und erfuhr sein grundlegendes Verständnis für das Dào. Im Anschluß daran bildete ihn der daoistische Abt Xiāo Yàowǎn 肖耀宛, welcher der Wǔdāng-Schule (Wǔdāngpài 武當派) des Daoismus angehört, aus und unterrichtete ihn im Wǔdāng-Gōngfū. Bereits mehrmals leitete er nationale Symposien zur daoistischen Kultur und internationale Symposien zum chinesischen Daoismus, um die daoistischen Lehren bekannt zu machen. Auf zahlreiche Einladungen zu Gastvorträgen reiste er nach Singapur, Italien, Kanada, Hongkong, Taiwan und in andere Länder. Er ist der Herausgeber von Werken wie *Abriß der Geschichte des Daoismus in den Wǔdāng-Bergen* (Wǔdāngshān dàojiào shǐlüè 武當山道教史略) und *Berichte des nationalen Symposiums zur daoistischen Kultur* (Quánguó dàojiào wénhuà yántǎohuì lùnwénjí 全國道教文化研討會論文集). Ehemals war er Mitglied des ständigen Ausschusses der politischen Konsultativkonferenz des chinesischen Volkes der Provinz Húběi. Heutzutage ist er Mitglied der nationalen politischen Konsultativkonferenz, er ist Vizepräsident der chinesischen daoistischen Gesellschaft, stellvertretender Vorsitzender der politischen Konsultativkonferenz der Stadt Shíyàn 十堰 (Provinz Húběi), Leiter der daoistischen Gesellschaft der Wǔdāng-Berge sowie stellvertretender Leiter der Forschungsgemeinschaft für die Fausttechniken der Wǔdāng-Berge.

Redaktionsausschuß

Wáng Guāngdé 王光德
Wāng Chuánshù 汪傳樹
Xiāo Jùn 肖珺
Yáng Guóyīng 楊國英
Luō Zhìjiào 羅志教
Liú Wénguó 劉文國
Chén Shǒuqīng 陳守清
Lǐ Jìngyī 李敬一
Zhù Jiànhuá 祝建華
Yáng Lìzhì 楊立志
Liáng Jīngjīng 梁京京
Lǐ Guāngfú 李光福
Zhōng Dàozhú 鍾道燭
Wáng Jiālóng 王家龍

Chefredakteur:

Wáng Guāngdé 王光德

Stellvertretende Chefredakteure:

Wāng Chuánshù 汪傳樹
Zhù Jiànhuá 祝建華
Liáng Jīngjīng 梁京京

Autoren:

Wáng Guāngdé 王光德
Zhù Jiànhuá 祝建華
Wāng Chuánshù 汪傳樹
Xiāo Jùn 肖珺

Photos:

Wāng Chuánshù 汪傳樹

Schlußredaktion:

Zhù Jiànhuá 祝建華

Materialien:

Hú Qín 胡勤
Zhào Běnxīn 趙本新
Xú Yuèjìn 徐躍進

Titelbild:

Jiǎn Shìchéng 簡仕誠
Chéng Liángfù 程良富

Grafik und Layout:

Chéng Liángfù 程良富
Wāng Chuánshù 汪傳樹

Chef vom Dienst:

Wāng Chuánshù 汪傳樹

Lektorat:

Liú Xīnshùn 劉新順

Druckaufsicht:

Liáng Jīngjīng 梁京京

In der Höhe angekommen schaut man in die Ferne, wohin der Blick auch reicht, überall wundervolle Gipfel und einzigartige Landschaft. Wie unvergleichlich auf der Welt dies ist!

Weit entfernt, nur schemenhaft wahrnehmbar, erstreckt sich die über 400 *lǐ* 里 entfernte Ebene von Jiānghàn 江漢; der Stausee des Dan-Flusses liegt in über 100 *lǐ* Entfernung da wie ein riesiger Spiegel, der die Welt bescheint.

Die zwischen den hohen Bergen in dichten Reihen stehenden Türme der Fahrzeugfabrik und die wie Raine verlaufenden Straßen sehen aus, als ob sie Intarsien wären!

Ganz nahe stehen zahlreiche Gipfel im Kreis und ihre Spitzen verneigen sich zum höchsten Gipfel hin, sie vermitteln den Eindruck als „kämen sie zur kaiserlichen Audienz". All diese zahlreichen Berggipfel, so wunderbar und ungewöhnlich in ihrer Gestalt,

Wie ehrfürchtig stehende Kinder, wie schlanke und zierliche junge Mädchen, wie gebrechliche Greise, wie sich wild gebärdende Weiber, wie himmlische Pferde, die in den Lüften galoppieren, wie Unsterbliche, die auf Kranichen reiten, wie mächtige Löwen, die in den Himmel brüllen.

Wie wilde Tiger, die in der Hocke kauern, wie Phönixe, die ihre Schwingen ausbreiten, wie azurblaue Drachen, die zu den Wolken aufsteigen, wie Kerzen, wie Weihrauchbrenner, wie wertvolle Perlen, wie Wunderpilze, wie Fahnenmasten, wie ausgebreitete Flaggen .... und überall wuchert üppig das Grün.

Verschwommene Wolken und Nebel, wie ein Märchenland, wie ein Gemälde, blenden das Auge und locken Rufe des Entzückens hervor!

zitiert aus: Ōuyáng Xuézhōng 歐陽學忠: Jīndǐng jìyóu 金頂紀游
(Reisenotizen vom Goldenen Gipfel)

Grandiose und außergewöhnliche Landschaft
Auf der Welt einzigartige kaiserliche Tempel
Traditionsreiche daoistische Kultur

Einzigartig exquisite und seltene Kulturschätze
Reine und vollendete daoistische Musik der dunklen Residenz*
Geheimnisvolles und tiefgründiges Wǔdāng-Gōngfū

* Mit der dunklen Residenz (xuándū 玄都) ist das gesamte Gebiet der Wudang-Berge gemeint, welches ja die Residenz des Dunklen Kriegers (Xuánwǔ 玄武) ist.

Unendlich hohe, prachtvolle Gipfel breiten sich wie auf einer Bildrolle aus,
In die Höhe ragende Pavillons halten in einer strahlenden Halle Audienz.
Die goldene Sonne läßt den roten Eibisch purpurn erstrahlen,
Wolken wie Feigenkakteen eröffnen den leuchtenden Glanz der Farben der Natur.

[Míng 明] Xú Zhōngxíng 徐中行: Xiǎo dēng tiānzhù juéxiàn 曉登天柱絕項
(Vier Verse vom morgendlichen Aufstieg zum Himmelspfeiler)

Die großen Berge sind die Paläste der Unsterblichen,
Die dunkle Residenz ist die Heimat des kaiserlichen Sohnes.

[Míng] Cuì Yīguǎng 粹一廣: Tàihé sòngbié 太和送别
(Abschied vom Berg der höchsten Harmonie)

Einsam ragt der Himmelspfeiler empor und zahlreiche Bäche strömen dahin,
Majestätisch bildet der südliche Felsen Konturen und verschiedene Flächen
heben sich voneinander ab.
Wasserfälle stürzen hinab und besprengen die Luft mit Regen,
Eigentümliche Steine schweben in der Höhe und ballen sich
zu tausend Gipfeln zusammen.
Der Wind trägt die reinen Klänge [der daoistischen Gesänge], sanft,
fröhlich und friedlich,
Der Geruch von Räucherwerk schwebt über dem Drachen-Dreifuß und
bringt Frühling zu den Eingängen der Grotten.
Nun [muß] ich meine Unternehmung beenden, mein guter Ruf ist unverdient,
Und den Weg rasch zurückgehen, die Sonne umwölkt sich schon.

[Míng] Qián Dài 錢岱: Dēng Tiānzhù xià yóu Nányán 登天柱下游南岩
(Aufstieg zum Fuß des Himmelspfeilers und Wanderung zum Südlichen Felsen)

1. Sūnjiāwān 孫家灣 (Wegbiegung bei der Familie Sūn)
2. Straße der alten weißen Krabbe (Lǎobáipáng lù 老白螃路)
3. nach Shíyàn 十堰
4. Xiāngyú Eisenbahnlinie (Xiāngyú tiělù 襄渝鐵路)
5. Hāokǒu 蒿口
6. Palast der Reise (Xínggōng 行宮)
7. Bushaltestelle Lǎoyíng 老營 (Altes Feldlager)
8. Bahnhof Lǎoyíng
9. Palast der jadenen Leere (Yùxū gōng 玉虛宮)
10. Lǐjiāwān 李家灣 (Wegbiegung bei der Familie Lǐ)
11. Wǔdāngshān Dorf (Wǔdāngshān zhèn 武當山鎮)
12. Kloster der uranfänglichen Harmonie (Yuánhé guàn 元和觀)
13. Huáishùwān 槐樹灣 (Wegbiegung beim japanischen Schnurbaum)
14. Tempel des Tàishān (Tàishān miào 泰山廟)
15. Heiligtum zur stürmenden Leere (Chōngxū ān 衝虛庵)
16. Palast der Zusammenkunft mit dem Wahrhaftigen (Yùzhēn gōng 遇眞宮)
17. Tor zu den geheimnisvollen Bergen (Xuányuè mén 玄岳門)
18. Heiligtum zur Präfektur Xiāng (Xiāngfǔ ān 襄府庵)
19. Nach Xiāngfán 至襄樊
20. Stausee des Dān-Flusses (Dānjiāng shuǐkù 丹江水庫)
21. Tempel des Höchsten (Tàishàng miào 太上廟)
22. Kloster des sich windenden Drachen (Huílóng guàn 回龍觀)
23. Schwert-Fluß (Jiànhé 劍河)
24. Fluß der Wassermühle (Shuǐmó hé 水磨河)
25. Heiligtum des sich umwendenden Herzens (Huíxīn ān 回心庵)
26. Brunnen an dem die Nadel geschliffen wurde (Mózhēn jǐng 磨針井)
27. Tempel des Guāndì (Guāndì miào 關帝廟)
28. Halle des Lǎojūn (Lǎojūn táng 老君堂)
29. Abhang des Kronprinzen (Tàizipō 太子坡)
30. Brücke des Schwert-Flusses
31. Palast der jadenen Leere (Yùxū gōng 玉虛宮)
32. Gipfel der beschienenen Oberfläche (Zhàomiàn fēng 照面峰)
33. Dàzhuǎnwān 大轉灣 (Wegbiegung an der großen Kurve)
34. See der Höhlung des Tuschesteins (Yànwōchí 硯窩池)
35. Fluß der Krebszangen (Xièjiāzi hé 蟹夾子河)
36. Lǔjiāzhài 魯家寨 (Dorf der Familie Lǔ)
37. Mǎjiāpō 馬家坡 (Abhang der Familie Mǎ)
38. Bergkette des langen Zimmers (Chángfánglǐng 長房嶺)
39. Felsen der halben Scheibe (Bànpiànyán 半片岩)
40. Talsohle der Japanischen Aprikose (Méiziyā 梅子啞)
41. Gipfel des angebundenen Pferds (Xìmǎ fēng 系馬峰)
42. Kloster der Menschlichkeit und Kraft (Rénwēi guàn 仁威觀)
43. Höhle der goldenen Blüte (Jīnhuá dòng 金華洞)
44. Tempel des Generals (Jiāngjūn miào 將軍廟)
45. Felsen des Unsterblichen Yǐn (Yǐn xiān yán 尹仙岩)
46. Palast der fünf Drachen (Wǔlóng gōng 五龍宮)
47. Brücke des Ehemanns der Prinzessin (Fùmǎ qiáo 駙馬橋)
48. Kloster des Höchsten (Tàishàng guàn 太上觀)
49. Kloster der Kraft und Stärke (Wēiliè guàn 威烈觀)
50. Gipfel der ausgebreiteten Flagge (Zhānqí fēng 展旗峰)
51. Unterer Hof (Xiàyuàn 下院)
52. Mittlerer Hof (Zhōngyuàn 中院)
53. Oberer Hof (Shàngyuàn 上院)
54. Felsen des fliegenden Aufstiegs (Fēishēng yán 飛升岩)
55. Palast des südlichen Felsens (Nányán gōng 南岩宮)
56. Palast des purpurnen Wolkenhimmels (Zǐxiāo gōng 紫霄宮)
57. Parkplatz
58. Halle des schwarzen Tigers (Hēihǔ diàn 黑虎殿)
59. Gipfel der Kerze (Làzhú fēng 蠟燭峰)
60. Gedenktempel der Betelnuß und der japanischen Aprikose (Lángméi cí 榔梅祠)
61. Gipfel des Weihrauchbrenners (Xiānglú fēng 香爐峰)
62. Qīxīngshù 七星樹 (Am Baum der sieben Sterne)
63. Kleines Wǔdāng (Xiǎo Wǔdāng 小武當)
64. Höhle des gelben Drachens (Huánglóng dòng 黃龍洞)
65. Palast der Audienz beim Himmel (Cháotiān gōng 朝天宮)
66. Gipfel des goldenen Knaben (Jīntóng fēng 金童峰)
67. Geteilte Bergkette (Fēnlǐng 分嶺)
68. Gipfel des jadenen Mädchens (Yùnǚ fēng 玉女峰)
69. Gipfel des Himmelspfeilers (Tiānzhù fēng 天柱峰)
70. Goldene Halle (Jīndiàn 金殿)
71. Erstes himmlisches Tor (Yī tiánmén 一天門)
72. Brücke der Zusammenkunft der Unsterblichen (Huìxiān qiáo 會仙橋)
73. Zweites himmlisches Tor (Èr tiánmén 二天門)
74. Drittes himmlisches Tor (Sān tiánmén 三天門)
75. Gipfel der fünf Alten (Wǔlǎo fēng 五老峰)
76. Tor der Audienz bei den Heiligen (Cháoshèng mén 朝聖門)
77. Tor der umgekehrten Öffnung (Dǎokāi mén 倒開門)
78. Oberes Kloster (Shàng guàn 上觀)
79. Mittleres Kloster (Zhōng guàn 中觀)
80. Unteres Kloster (Xià guàn 下觀)

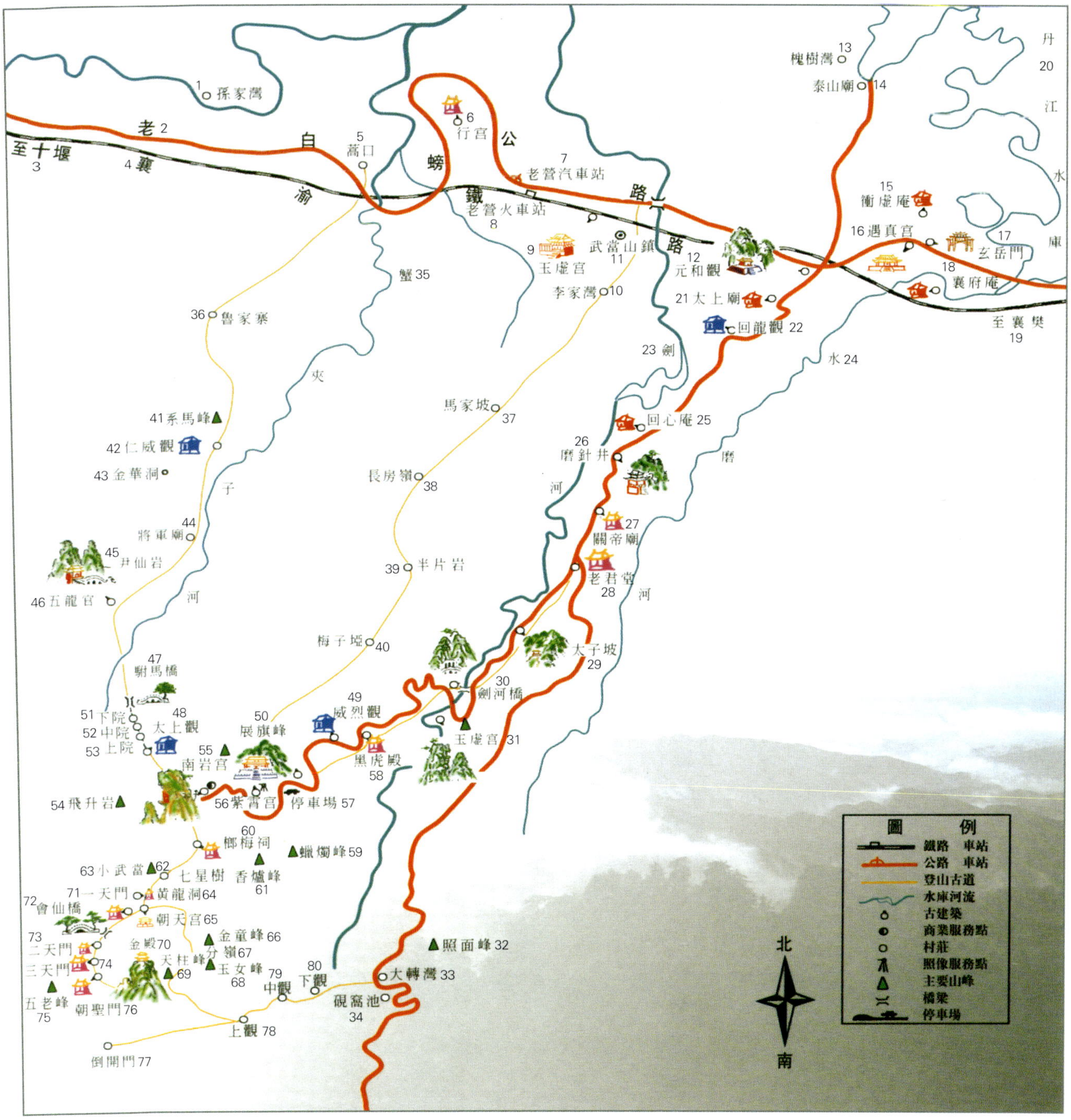

1 孫家灣
老 2
至十堰 3
4 襄
白
5 蒿口
渝
6 行宮
公
7 老營汽車站
鐵
老營火車站 8
路
路
9 玉虛宮
武當山鎮 11
12 元和觀
13 槐樹灣
泰山廟 14
丹 20 江
水
庫
15 衝虛庵
16 遇真宮
17 玄岳門
18 襄府庵
至襄樊 19
21 太上廟
回龍觀 22
23 劍
水 24
蟹 35
李家灣 10
36 魯家寨
夾
馬家坡 37
回心庵 25
26 磨針井
磨
河
41 系馬峰
42 仁威觀
43 金華洞
子
長房壩 38
27 關帝廟
44 將軍廟
45 尹仙岩
39 半片岩
老君堂 28
河
46 五龍宮
河
梅子埡 40
太子坡 29
47 駙馬橋
30 劍河橋
49 威烈觀
48 太上觀
51 下院
52 中院
53 上院
50 展旗峰
玉虛宮 31
55 南岩宮
黑虎殿 58
54 飛升岩
56 紫霄宮
停車場 57
60 榔梅祠
蠟燭峰 59
63 小武當 62
七星樹
香爐峰 61
71 一天門
黃龍洞 64
72 會仙橋
朝天宮 65
73 二天門
三天門 74
金殿 70
天柱峰 69
金童峰 66
分嶺 67
玉女峰 68
79 中觀
80 下觀
照面峰 32
大轉灣 33
硯窩池 34
五老峰 75
朝聖門 76
上觀 78
倒開門 77
圖例
鐵路 車站
公路 車站
登山古道
水庫河流
古建築
商業服務點
村莊
照像服務點
主要山峰
橋樑
停車場
北
南

Vorwort zur deutschen Textfassung

„Das, wonach der Daoismus strebt, ist die Harmonie der Natur, in der die Menschen untereinander wohlgesonnen, die Berge klar und die Gewässer rein sind, Tiere und Pflanzen hervorkommen und wachsen. Alles kehrt zurück zur Einfachheit und zum Wahren."

Mit diesen Worten begrüßte Wáng Guāngdé 王光德, Abt des Klosters des Purpurnen Wolkenhimmels in den Wǔdāng Bergen, die Teilnehmer und Teilnehmerinnen der Vierten Deutschen Qigong Tage im Jahre 2000 in Bonn. Abt Wáng Guāngdé ist Herausgeber und Autor der chinesischen Originalausgabe des vorliegenden Buches.

Die tiefe Ruhe und liebevolle Güte, die Abt Wáng Guāngdé ausstrahlte und mit der er die Vierten Deutschen Qigong Tage und die nachfolgenden Seminare prägte, haben einen tiefen Eindruck hinterlassen und den Wunsch entstehen lassen, seine geistige Heimat, den Daoismus, näher kennenzulernen.

In seinem Buch über die Wǔdāng Berge, einem heiligen Ort der daoistischen Tradition, der sich bis heute religiöses Leben bewahren konnte, und besonders auch unter den unermüdlichen Anstrengungen von Abt Wáng Guāngdé zu einem Ort der geistigen Inspiration entfaltet hat, führt der Autor den Leser zum einen in eine zauberhafte Landschaft, zum anderen zu den Kulturschöpfungen der daoistischen Tradition, die sich in den Wǔdāng Bergen so zahlreich finden.

Sein Buch ermöglicht einen tiefgehenden und lebendigen Zugang zu Geschichte, Entwicklung und Inhalten der daoistischen Tradition der Wǔdāng Berge. Es zeigt die Verwandtschaft aller Wege der Selbstkultivierung und der Pflege des Lebens - den respektvollen und liebevollen Umgang mit der Natur, die Ausübung der Künste, die religiösen Rituale und nicht zuletzt den Pilgerweg in die Wǔdāng Berge, zu dessen Begehung Abt Wáng Guāngdé herzlich einlud.

Zusammen mit der chinesischen Orginalausgabe, die mit großartigen Farbaufnahmen den Zauber der Landschaft, der Tempel und Kunstschätze, steiler Pilgerpfade und farbenprächtiger Rituale einfängt, ist die vorliegende deutsche Textfassung ein Begleiter auf diesem Pilgerweg, den man lesend oder wandernd beschreiten kann.

Abt Wáng Guāngdé faßte seine Eindrücke bei seinem kurzen und einzigen Aufenthalt in Deutschland in folgende Worte: "Auf dem Rhein schauen sechs weiße Schwäne mit erhobenem Haupte und stolzer Haltung in die Ferne und folgen dem Strom des Flusses. Eine Gruppe von wilden Enten gesellt sich zu ihnen, um sich eng beieinander, gemeinsam, auf dem Rhein treiben zu lassen. Von unserer Unterkunft haben wir den Blick ins Freie, auf weite Wiesen und Bäume. Wildlebende Hasen spielen dort vergnügt im Gras, ganz ohne Furcht und Sorge. Dies alles hinterlässt einen Eindruck tiefer Einfachheit und Natürlichkeit. Dies ist die Verkörperung des Dao. Den Menschen achtend und das Leben wertschätzend sind Himmel und Mensch in Einheit verbunden. Gemeinsam steht man in gütiger Liebe zueinander. Es sind dies Gedanken, die der Welt helfen und den Wesen nützen."

Dem Andenken an Abt Wáng Guāngdé sei die deutsche Textfassung gewidmet.

Die Herausgabe der deutschen Textfassung wurde von zahlreichen Freunden der chinesischen Kultur und speziell des Daoismus tatkräftig und enthusiastisch unterstützt, denen an dieser Stelle herzlich gedankt sei.

Besonderer Dank gilt Abt Lǐ Guāngfú 李光福, dem Nachfolger von Abt Wáng Guāngdé, für nebenstehende Kalligraphie, die er als Grußwort für die deutsche Textfassung angefertigt hat.

Bonn, Juli 2003
Die Herausgeber

Nebenstehende Kalligraphie:
Rechts: 遵道而行，道法自然 *zūn dào ér xíng, dào fǎ zì rán*
In seinem Verhalten dem Dao ergeben, denn das Gesetz des Dao ist von selbst zu sein.
Mitte: 道 *dào*
Links: 癸未夏月，武當至德道人書 *guǐ wèi xià yuè, wǔ dāng zhì dé dào rén shū*
Im Sommer des Jahres Guǐ Wèi, geschrieben vom Daoisten der Wǔdāng Berge, der nach höchster Tugend strebt.

遵道而行 道法自然

道

癸未夏月

武當聖德道人書

Vorwort

von Lú Guólóng 盧國龍

Viele berühmte Berge Chinas haben ihren ganz eigenen Charakter und ästhetischen Reiz. Wer Berge liebt und sie bereist, der kann eine ästhetische Beurteilung eines Berges vornehmen und seinen Charakter mit wenigen Worten treffend beschreiben. Durch eine passende ästhetische Beurteilung und eine treffende Beschreibung wiederum bekommt man eine Vorstellung von der Landschaft und kann so das Wesen eines Berges erfahren. So beurteilt man beispielsweise den östlichen Berg (Tàishān 泰山) als mächtig und imposant, den westlichen Berg (Huáshān 華山) als schroff und abschüssig, das Qīngchéng 青城 [-Gebirge] als dunkel und geheimnisvoll und den Éméi 峨嵋 -Berg (Éméishān 峨嵋山) als wunderschön.
Auch die Wǔdāng-Berge (Wǔdāngshān 武當山) sind berühmte Berge Chinas, die ihren ganz eigenen Charakter und ästhetischen Reiz haben. Auch sie können bewertet und mit wenigen Worten beschrieben werden, allerdings ist es äußerst schwierig, diese genau zutreffende Beschreibung zu finden. Der Geograph und berühmte Kenner von Landschaften, Xú Xiákè 徐霞客 aus der Míng-Zeit, bereiste unzählige Berge und Gegenden Chinas und verfügte über einen besonders fachmännischen Blick für den Charakter und ästhetischen Reiz von Landschaften. Als er in den Wǔdāng-Bergen umherstreifte und die prächtigen Orte dieser Gegend erkundete, schrieb er folgende Worte als Beurteilung nieder: „Schon immer war die Gegend unvergleichlich und tiefgründig, ihr Anblick ist immer wieder einzigartig und außergewöhnlich." Wahrscheinlich ist der ästhetische Reiz der Wǔdāng-Berge wirklich schwer zu beschreiben. Der Charakter dieser Landschaft kann nicht als mächtig bezeichnet werden, die Gegend wird durch viele hintereinander getürmte Bergspitzen geprägt, die imposant und majestätisch aussehen, aber auch über große Anmut verfügen und dadurch elegant und graziös erscheinen. Weil dieses Geheimnis mit Worten nur unzureichend darzustellen ist, beschrieb Xú Xiákè 徐霞客 sie als „unvergleichlich und tiefgründig" sowie „einzigartig und außergewöhnlich", um so ihre überirdische Atmosphäre auszudrücken und ihren erhabenen und einzigartigen Charme aufzuzeigen.
Der Edle der verborgenen Tugend (Yǐndé jūnzi 隱德君子)[1] lebte lange Zeit in den Wǔdāng-Bergen und kannte die Geschichte der Berge genau. Er teilt uns mit, daß die Wǔdāng-Berge Ausläufer der Bā 巴-Berge (Bāshān 巴山) sind, die wiederum zur Qín 秦-Bergkette (Qínlǐng 秦嶺) gehören. Das Gebiet hat einen Umkreis von 800 *lǐ* 里,

[1] Der Gelehrte Zāng Lín 臧琳 aus der Qīng-Zeit. [Anm. d. Üb.]

es umfaßt insgesamt 72 Gipfel und 36 Felsen sowie 24 Bergbäche. Der Hauptgipfel heißt Himmelspfeiler, einsam ragt er zwischen den Bergketten empor. Bergbäche und Abgründe befinden sich in diesem Gebiet, und er erweckt den Eindruck, völlig frei und ungezwungen auf der Welt zu sein. Jedesmal wenn die Gipfel und Felsen zartgrüne Flecken bekommen und die Bergbäche und Abgründe erblühen und sich von ihrer ganzen Schönheit zeigen, dann kann man auch eine alles durchströmende Lebenskraft wahrnehmen, die wie verschwommener Dunst oder wie ein Wildpferd im [aufgewirbelten] Staub unerschöpfliche Vitalität enthält. Wegen dieser Kraft werden die Berge auch „Berge der Höchsten Harmonie" (Tàihé 太和) genannt. Die Höchste Harmonie ist ein Bild für die erhaltende Energie der Natur, sie ist das Geheimnis der Entstehung

aller Dinge. Vielleicht liegt die Schwierigkeit, den ästhetischen Reiz der Wǔdāng-Berge zu beschreiben gerade darin, daß die Berge über eine solche Art von Energie verfügen.

Die Schöpfung der Natur ist wie ein ewigwährendes Musikstück und die Kultur der Menschheit ist das Gedicht, welches im Einklang mit dieser Musik steht. Die Erschließung der Wǔdāng-Berge durch den Menschen begann mit dem Daoismus der Hàn-Zeit und fand ihren Höhepunkt in der Míng-Zeit. Im Daoismus wird die Natur verehrt und eine Harmonie zwischen Menschheit und Natur angestrebt, weshalb durch die Erschließung der Wǔdāng-Berge, obgleich sie viele Jahrhunderte andauerte und berühmte malerische Reisegebiete und Orte daoistischer Aktivität entstanden sind, die natürliche Schönheit dieser Berge niemals beeinträchtigt wurde. Vielmehr unterstrichen die antiken Gebäude, die sich durch Originalität und künstlerisches Können auszeichnen, den Charme der Berge und brachten ihren Charakter noch deutlicher zum Vorschein. Im Jahre 1994 befanden Fachleute aus dem Komitee für das Weltkulturerbe, das der Organisation für Bildung, Wissenschaft und Kultur der Vereinten Nationen angehört, daß „der antike Gebäudekomplex in den Wǔdāng-Bergen mit seinen typisch daoistischen Bauwerken perfekt mit der außergewöhnlichen Landschaft zusammenpaßt". Im selben Jahr wurde die antike Gebäudegruppe der Wǔdāng-Berge auf die Liste des Weltkulturerbes gesetzt, und in einem vom Generalsekretär der Vereinten Nationen unterzeichneten Dokument wurden „der herausragende und allgemein gültige, sowohl kulturelle als auch natürliche Wert des antiken Gebäudekomplexes in den Wǔdāng-Bergen" sowie „die Notwendigkeit dessen Schutzes im Interesse der gesamten Menschheit" wiederholt betont.

Märchenhafte und wundervolle Naturlandschaft ist immer in der Lage, die menschliche Kreativität zu inspirieren, was sich dann in einer außergewöhnlichen Kulturlandschaft niederschlagen kann. Die daoistischen Tempelanlagen der Wǔdāng-Berge lenken die Aufmerksamkeit der ganzen Welt auf sich, und auch die verschiedenen religiösen Kulturgüter dieser Gegend sind weit bekannt. In den daoistischen Tempeln sind exquisite, vergoldete Bronzestatuen, polychrome Malereien, Tonstatuen und viele andere Kunstgegenstände vorhanden. Darunter befinden sich 1486 Statuen von Gottheiten und insgesamt mehrere tausend antike Opfergerätschaften, Ritualgegenstände und religiöse Schriften sowie 531 daoistische Stein- und Bronzestelen aus der Sòng-, Yuán-, Míng- und Qīng-Zeit. Der größte Teil dieser Kulturgüter ist für den Liebhaber von hohem künstlerischen Wert und für die Wissenschaft von wichtiger historischer Bedeutung.

Zu den kulturellen Errungenschaften der Wǔdāng-Berge zählen auch die wunderschöne daoistische Musik sowie das Wǔdāng-Gōngfū, welches Hartes und Weiches in einem verbindet. Die daoistische Musik der Wǔdāng-Berge wird auch „Gesänge aus den Wǔdāng-Bergen" (Wǔdāngyùn 武當韻) genannt, ihre offizielle Ausformung erreichte sie in der Sòng-Zeit. Im Laufe der geschichtlichen Entwicklung verschmolz sie mit der Musik anderer daoistischer Strömungen und integrierte sowohl die höfische Musik der Míng-Zeit als auch wesentliche Aspekte der Volksmusik. Die Gesänge der Wǔdāng-Berge spiegeln deshalb die Einfachheit und Kraft der antiken Musik aus den Staaten Bā 巴 und Chǔ 楚 wider und bringen ebenso die Eleganz und Anmut der höfischen Musik zum Ausdruck, mal stürmisch, mal vornehm, sowohl ernsthaft als auch erfrischend. Im Jahre 1982 schenkte die zuständige Behörde der Erschließung und Systematisierung der daoistischen Musik der Wǔdāng-Berge große Aufmerksamkeit und gab eine Reihe von wissenschaftlichen Abhandlungen und musikalischen Porträts heraus, so daß auch diese, über außergewöhnliche Anziehungskraft verfügende Form der Kunst, als kulturelles Erbe der Menschheit erhalten blieb.

Das Gōngfū 功夫 der Wǔdāng- Berge wird auch als „Übungen der inneren Stile" (*nèijiā gōng* 内家功) bezeichnet. Es ist eine Form der Kampfkunst zur Stärkung des Körpers, die von historischen daoistischen Meistern kreiert und ohne Unterbrechung weiterentwickelt wurde. Bei dieser Art des Gōngfū wird das Praktizieren der Techniken und nicht deren Zurschaustellung als innere Einstellung betont. Ziel ist es nicht, durch die Techniken der Kampfkunst persönlichen Ruhm zu erlangen, sondern vielmehr soll die Aufmerksamkeit auf die Zirkulation von yīn 陰 und yáng 陽 gelegt werden und Freude an den Methoden der Kultivierung des eigenen Wesens entstehen. In diesem Bereich verbinden sich Kampfkünste und die Übungen der Inneren Alchemie (*nèidān* 内丹), das Innere wird kultiviert, das Äußere trainiert, und somit eine gegenseitige Ergänzung erzeugt. Genau in dem Moment, wo die Kraft dabei ist nach außen abgegeben zu werden, aber noch nicht nach außen abgegeben wurde, soll der Übende rein sein wie tiefes Wasser und aufrecht wie ein großes Gebirge, sein Geist soll leer sein und das Qì gefestigt; wird die Kraft dann nach außen abgegeben, so wird die Bewegung auf einen Schlag vollzogen, scharf und behende. Das Wǔdāng-Gōngfū ist sehr populär, weil es sowohl zur Stärkung des Körpers und zur Kultivierung von Körper und Geist als auch zur Selbstverteidigung praktiziert werden kann. Mit seinen im Laufe der Zeit entstandenen, vielfältigen Fausttechniken und zahlreichen Schulen stellt das Wǔdāng-Gōngfū eine bekannte und wichtige Richtung der chinesischen Kampfkünste dar.

In der Tat ist es schwer, den ästhetischen Reiz der Wǔdāng-Berge genau zu beschreiben. Dieser Bildband, dessen Bilder und Texte gleichermaßen schön gestaltet sind, erinnert mich an ein Gedicht des mingzeitlichen Autors Hòng Yìshèng 洪翼聖. Das Gedicht lobpreist die Wǔdāng-Berge, es lautet:

> *Alle fünf* lǐ 里 *ein Heiligtum, alle zehn* lǐ 里 *ein Palast,*
> *zinnoberrote Wände und smaragdgrüne Ziegel, schon von weitem sehen sie so kunstvoll aus.*
> *Türme und Terrassen, ganz sachte scheint ihr goldener und silberner Hauch,*
> *ringsum von Wald und Bergen umgeben ist diese malerische Szenerie.*

Alle, die in den Wǔdāng-Bergen gewesen sind, haben nun diese malerische Szenerie erblickt und jeder, der diesen Bildband gelesen haben wird, wird ebenfalls mit den malerischen Wǔdāng-Bergen in Berührung gekommen sein. Ich wünsche diesem Bildband, daß er wie ein Bote die Szenen der Natur und der Kulturlandschaft der Wǔdāng-Berge überallhin tragen wird.

(Der Autor ist ein bekannter daoistischer Gelehrter und stellvertretender Wissenschaftsrat im Rang eines Professors an der chinesischen Akademie für Sozialwissenschaften.)

Landschaftliche Sehenswürdigkeiten, die seit alters her unvergleichlich sind
Berge der Unsterblichen, die im ganzen Reich an erster Stelle stehen

Die eindrucksvolle Welt der kaiserlichen Tempel in den Bergen der Unsterblichen, den Wǔdāng-Bergen, die den ersten Platz vor den Fünf heiligen Bergen einnehmen

Die Wǔdāng-Berge werden auch Berge der Höchsten Harmonie (Tàihéshān 太和山) oder Berge, in denen Unsterbliche ihre Behausungen haben (Xiānshìshān 仙室山) genannt. Sie liegen im nordwestlichen Teil der chinesischen Provinz Húběi 湖北, im Gebiet der Stadt Dānjiāngkǒu 丹江口. Hinter den Bergen liegt der ausgedehnte und im Dunst verschwindende Urwald von Shénnóngjià 神農架, vor ihnen befindet sich die unendliche Weite des Dānjiāng 丹江-Stausees. Von der UNO wurden die Wǔdāng-Berge zum Weltkulturerbe erklärt, innerhalb Chinas stellen sie eine landschaftliche Hauptattraktion dar; sie sind berühmte daoistische Berge und der Ursprungsort der Wǔdāng-Kampfkünste.

Daß die Wǔdāng-Berge zu bekannten Bergen, in denen Unsterblichkeit kultiviert wird, und zu segensreichen Orten [des Daoismus] wurden, resultiert, wie bei anderen berühmten Bergen Chinas auch, aus ihren besonderen geographischen Bedingungen und aus der natürlichen Vorrangstellung des Ortes. Die Wǔdāng-Berge liegen im chinesischen Hinterland zwischen 110° 56' 15'' und 111° 15' 23'' östlicher Länge und zwischen 32° 22' 30'' und 32° 35' 06'' nördlicher Breite. In einem Umkreis von 800 *lǐ* 里 befinden sich hier hohe Pässe und tiefe und stille Schluchten, über denen Wolkenmassen hin- und herziehen. Dieser majestätische Ort ähnelt einem zum Horizont auffliegenden Drachen, seine Anmut und Schönheit sind wie die eines vom Himmel auf die Erde hinabsteigenden Jademädchens. Lobend werden sie „Berge der Unsterblichen, die im ganzen Reich an erster Stelle stehen" genannt und als „landschaftliche Sehenswürdigkeiten, die seit alters her unvergleichlich sind" bezeichnet.

Oft werden sie respektvoll „Berge, in denen Unsterblichkeit kultiviert wird" und „Berge des Dào" genannt. Die *Chronik der Berge der Höchsten Harmonie* (*Tàihéshān zhì* 太和山志) verzeichnet, daß die Bezeichnung *wǔdāng* 武當 [„Ebenbild des Kriegers"] ihren Ursprung darin hat, daß „kein anderer als der Dunkle Krieger (Xuánwǔ 玄武) diesem Ort ebenbürtig ist". Das bedeutet, daß die Wǔdāng-Berge der heilige Ort sind, an dem der im chinesischen Daoismus respektvoll verehrte „Große Kaiser Wahrer Krieger des Dunklen Himmels" (Xuántiān Zhēnwǔ dàdì 玄天眞武大帝) (auch Kaiser

Einzigartige Wŭdāng-Berge in Nányáng 南陽,
Unergründliche Höhen verborgen liegen.
Kein Vogel im Azur kann sie überfliegen,
Dunst zieht sich die weiten Täler entlang.

[Yuán] Liú Yīn 劉因: *Lied des wilden Alten* (*Yĕlăogē* 野老歌) [1]

[1] Übersetzung von Chu Hui-lien, deutsche Bearbeitung von Michael Friedrichs.

Wahrer Krieger genannt), seine Spuren hinterließ. Seit hunderten von Jahren sind die Wǔdāng-Berge ein segensreicher Ort des Daoismus. Sie sind ein Ort, an dem sich Unsterbliche aufhalten, und dessen Ruhm im ganzen Land verbreitet ist. Seit alters her sind die Pilger, die aus Bewunderung für diesen Ort hierher kommen und Räucherwerk darbringen, zahlreich, ebenso wie die Einsiedler, die sich hier der Selbstkultivierung widmen. Der Überlieferung nach waren es Yǐn Xǐ 尹喜[1] aus der Östlichen Zhōu-Zeit, Mǎ Míngshēng 馬明生 und Yīn Chángshēng 陰長生[2] aus der Hàn-Zeit, Táo Hóngjǐng 陶弘景[3] und Xiě Yǔn 謝允 aus der Wèi-Jìn-Zeit und der Zeit der Nördlichen und Südlichen Dynastien, Yáo Jiǎn 姚簡[4], Sūn Sīmiǎo 孫思邈[5] und Lǚ Dòngbīn 呂洞賓[6] aus der Táng-Zeit, Chén Tuán 陳摶[7] aus der Zeit der Fünf Dynastien, Hú Dàoxuán 胡道玄 aus der Sòng-Zeit sowie Yè Xīzhēn 葉希眞[8], Liú Dàomíng 劉道明 und Zhāng Shǒuqīng 張守清 aus der Yuán-Zeit, die sich hier der Selbstkultivierung widmeten.

Die Wǔdāng-Berge beziehen ihre große Berühmtheit auch aus der friedlichen, lieblichen und außergewöhnlichen Landschaft, die bis in ferne Gebiete große Bewunderung hervorruft. Besteigt man den 1612 Meter über dem Meeresspiegel gelegenen Hauptgipfel Himmelspfeiler (Tiānzhù 天柱), so befindet man sich hoch in den Wolken, und alle Sorgen und Ärgernisse der irdischen Welt scheinen gänzlich am Fuße des Berges zurückzubleiben. Die im Umkreis gelegenen 72 Gipfel ragen in die höchsten Sphären empor; sie alle machen den Eindruck, als verbeugten sie sich in Richtung auf den Hauptgipfel hin und nickten mit den Spitzen. Sie scharen sich wie zahllose Sterne um den Mond, und beinahe erweckt es den Anschein als wollten „die zahlreichen Berge zur Audienz kommen". Aus der Yuán-Zeit gibt es ein Gedicht, das lautet: „Die 72 Gipfel berühren das Blaue des Himmels, das Wasser der 24 Bergbäche rauscht in alle Ewigkeit." Betritt man das Gebiet um den Gipfel des Himmelspfeilers mit sei-

---

[1] Yǐn Xǐ 尹喜 war der Zollbeamte, der Lǎozi dazu veranlaßte, seinen *Klassiker des Weges und der Wirkkraft* (*Dàodéjīng* 道德經) niederzuschreiben und der Welt zu hinterlassen. [Anm. d. Üb.]

[2] Mǎ Míngshēng 馬明生 folgte einem Heiligen, der ihn von einer Krankheit heilte, in die Berge. Durch die Einnahme eines besonderen Elixiers wurde er zu einem Unsterblichen. Yīn Zhángshēng 陰長生 war sein Schüler. [Anm. d. Üb.]

[3] Táo Hóngjǐng 陶弘景 (456-536) war ein in allen Bereichen der Wissenschaft umfassend gebildeter Gelehrter. Er stand in der Gunst des Kaiserhofes der Liáng-Dynastie, da sich der Kaiser von ihm ein Unsterblichkeits-Elixier erhoffte. Er gründete ein Zentrum zur Kultivierung der Unsterblichkeit am Máo-Berg (Máoshān 茅山) und editierte und kompilierte Werke zur Drogenkunde und Texte des Shàngqīng 上清-Daoismus. [Anm. d. Üb.]

[4] Yáo Jiǎn 姚簡, der Präfekt von Jūnzhōu 均州, betete in einer Zeit der Dürre erfolgreich um Regen, wodurch den Wǔdāng-Bergen große Aufmerksamkeit zuteil wurde. [Anm. d. Üb.]

[5] Sūn Sīmiǎo 孫思邈 war ein daoistischer Gelehrter, der sich besonders auf Medizin und Pflege des Lebens verstand. Er verfaßte zahlreiche Abhandlungen zu diesen Themen und wurde später als „Arzneikönig" bekannt. [Anm. d. Üb.]

[6] Lǚ Dòngbīn 呂洞賓 war einer der Acht Unsterblichen. [Anm. d. Üb.]

[7] Chén Tuán 陳摶 war ein berühmter Gelehrter der klassischen Schriften, der Medizin und der Naturwissenschaften. Er zog sich in die Berge zurück, um sich mit den verschiedenen Techniken der Kultivierung zu beschäftigen und verfaßte zahlreiche Abhandlungen. [Anm. d. Üb.]

[8] Yè Xīzhēn 葉希眞 war Abt des Palastes der Fünf Drachen. [Anm. d. Üb.]

Der Gänsefuß streckt seine Stengel hinein in das Märchenland,
die Gipfel und Bergketten erstrahlen im Glanz eines fremden Sterns.
Reihen von Wolken färben die drei Gebiete von Chǔ[1] 楚 purpurn,
der Dunst berührt das Grün der fünf Drachen.
Eisvögel halten sich in der Nähe der zinnoberroten Residenz auf,
Eibisch teilt verzierte Tafeln.
Glückverheißender Glanz schwebt dunstig in der Luft,
das große *dào* war schon immer das uranfänlich Verborgene.

[Míng] Sū Líng 蘇凌: *Palast des purpurnen Wolkenhimmels* (*Zǐxiāogōng* 紫霄宮)

---

[1] Gemeint sind die drei Teile des ehemaligen Staates Chǔ. Sie erstrecken sich auf Gebiete der heutigen Provinzen Jiāngxī 江西, Jiāngsū 江蘇 und Húběi 湖北. [Anm. d. Üb.]

nen hohen Bergen und tiefen Schluchten und den vielen Bergbächen, die kreuz und quer fließen, dann wird man wahrscheinlich ein Gefühl des Aus-der-Welt-Tretens empfinden, in dem sich alle gewöhnlichen Gedanken verlieren. Überall auf den Bergketten und zwischen den tiefen Abgründen der Wŭdāng-Berge befinden sich Paläste, daoistische Klöster, Pavillons, kleine Türme und andere großartige, antike Bauwerke. Tausend Jahre Geschichte, Regen und Wind konnten ihnen nichts anhaben; Blitz und Donner ausgesetzt, erlitten sie letzten Endes doch keinen Schaden. Es scheint als ob die Zeit spurlos an ihnen vorbeigegangen wäre, und zu Recht kann man dies als außergewöhnliches Wunder bezeichnen. Die daoistische Musik der Wŭdāng-Berge „schwebt wie leises Klopfen auf Jade, wie Glockenklänge und Flötentöne hoch in den Wolken". Dringen die Klänge jedoch nahe an das Ohr des Zuhörers, und lauscht man ihnen aufmerksam, so entsteht ein Gefühl der Ehrfurcht. Respektvoll wird man diese Musik für die Musik der Unsterblichen und für die Klänge der Reinheit[9] halten. Die Kampfkünste der Wŭdāng-Berge sind als Gōngfū 功夫 der inneren Stile (*nèijiă gōngfū* 内家 功夫) bekannt. Es ist eine wichtige chinesische Kampfkunstrichtung, die genauso bekannt ist wie das Shăolín 少林-Gōngfū. Rühmende Worte lauten: „Im Norden schätzt man Shăolín 少林, im Süden verehrt man Wŭdāng". Eine Legende besagt, daß einige daoistische Meister einst auf einem Überhang am Rande des Abgrunds der zehntausend *zhàng* 丈 (Wànzhàng xuányá 萬丈懸崖) Gōngfū geübt hätten, und ihre Schritte waren, als ob sie flögen. Dieser besonders erhabene Ort zieht bewundernde Blicke auf sich. Mit den Wŭdāng-Bergen kristallisierte sich im Gebiet Zentralchinas eine besondere Kulturlandschaft heraus, die sich zusammensetzt [aus Bauwerken], welche mit besonderem ästhetischen Empfinden natürlich in die Landschaft eingliedert und mit Aufgeschlossenheit für das Freie und Ungezwungene [errichtet wurden], und aus der Stattlichkeit und Anmut der Berge, dem ungezwungenen Fluß und der Stille der Bergbäche sowie dem stetig anwachsenden und emporsteigenden Wolkenmeer. Seit mehreren Jahrhunderten beschwingt diese Landschaft die Herzen der Wanderer aus weiter Ferne und läßt sie ins Schwärmen geraten. Sie veranlaßte Unsterblichkeitssucher, sich hier aufzuhalten und ließ sie vergessen, je wieder heimzukehren.

[9] Der Begriff *fànyīn* 梵音 („Klänge der Reinheit") bezeichnet eigentlich das Singen buddhistischer Sutren. [Anm. d. Üb.]

Goldener Nebel reflektiert den Regenbogen,
die Lichtstrahlen der Abendsonne überziehen die Wǔdāng-Berge.

Daoistische Berge, in denen Unsterblichkeit kultiviert wird

Die Wŭdāng-Berge sind einer der berühmten heiligen Orte des Daoismus in China. Der Daoismus ist die traditionelle Religion Chinas, deren Ursprünge im Schamanismus des Altertums, in den Techniken der Unsterblichkeitssucher, in der vorqinzeitlichen Philosophie des Lăozi 老子 und Zhuāngzi 莊子 und in der Philosophie der Daoisten liegen. Zur Zeit des Kaisers Shùndì 順帝 der Östlichen Hàn-Dynastie formulierte der aus Fēng 豐 im Staate Pèi 沛 stammende Zhāng Líng 張陵 erstmals die daoistische Lehre aus, indem er den Gelben Kaiser als Stammvater und Lăozi als Ahn der daoistischen Lehre und den Himmlischen Würdigen des Uranfangs (Yuánshĭ tiānzūn 元始天尊) als oberste Gottheit anerkannte. Er benutzte magische Talismane, um Geister zu bannen und zu vertreiben, um Krankheiten zu heilen und „lehrte die Wandlung durch den guten Weg (*dào*)".

Die Wŭdāng-Berge sind eines der Gebiete in China, in denen im Altertum Religion besonders aktiv praktiziert wurde. Im Altertum gehörte das Gebiet zum Staat Mí 麋 [1], zur Zeit der Streitenden Reiche wurde es vom Staat Chŭ 楚 annektiert und gehörte zum Verwaltungsbezirk Yōng 雍 in Hénán 河南. Dieses von der Chŭ-Hauptstadt Jiānglíng 江陵 nur 255 km entfernte Gebiet stellte einen Ort von wichtiger strategischer Bedeutung im Norden des Staates Chŭ 楚 dar. Die Gewohnheiten der Bewohner von Chŭ 楚, „an Schamanen und Geister zu glauben und übermäßig Opfer zu bringen" prägten auch diese Region stark. Bis heute sind in der Gegend von Dānjiāngkŏu 丹江口 in den Wŭdāng-Bergen zahlreiche Gräberfelder aus Chŭ 楚 erhalten, und die ausgegrabenen Kulturgegenstände spiegeln die herrschende Praxis des Geisterglaubens, der Götterverehrung und der Vorliebe für Opfer der früheren Bevölkerung der Wŭdāng-Berge in vollem Maße wider. Das Gebiet war somit ein fruchtbarer Nährboden für den Daoismus der Wŭdāng-Berge.

Zur Zeit der Östlichen Hàn-Dynastie gehörten die Wŭdāng-Berge zum Kreis Wŭdāng 武當 in der Präfektur Nányáng 南陽. Da die Gegend dem Einfluß des frühen Daoismus der im Westen benachbarten Präfektur Hànzhōng 漢中 unterlag, war die Lehre der Fünf-Scheffel-Reis [2] (*wŭdòumĭ dào* 五鬥米道) auch im Gebiet der Wŭdāng-Berge

---

[1] Das Zeichen 麋 kann auch *méi* gelesen werden. [Anm. d. Üb.]

[2] Die Sekte der Fünf-Scheffel-Reis (oder auch „Himmelsmeister" *tiānshī* 天師) organisierte in Hànzhōng 漢中 (Provinz Sìchuān 四川) einen auf religiöse Ideologie gegründeten, unabhängigen Staat; ihr Gründer war Zhāng Líng 張陵 (auch Zhāng Dàolíng 張道陵). Heute existiert diese Richtung immer noch als „Schule der orthodoxen Einheit" (Zhèngyī pài 正一派). Siehe dazu Kohn 2001: 68 ff. [Anm. d. Üb.]

Götterstatue des himmlischen Würdigen des Weges und der Wirkkraft

(Dàodé tiānzūn 道德天尊)

Der himmlische Würdige des Weges und der Wirkkraft wird auch „Höchster Fürst Lǎo" (Tàishàng lǎo jūn 太上老君) oder „Lǎozi" 老子 genannt. Lǎozi ist ein berühmter Philosoph aus der Frühlings- und Herbstperiode. Den *Historischen Aufzeichnungen* (*Shǐjì* 史記) zufolge hieß Lǎozi mit Nachnamen Lǐ 李 und mit Vornamen Ěr 耳, sein Mannesname war Bóyáng 伯陽 und sein posthumer Name Dān 聃. Er stammte aus dem Bezirk Kǔ 苦 im Staate Chǔ 楚 (Das heutige Lùyìdōng 鹿邑東 in der Provinz Hénán 河南) und war zur östlichen Zhōu-Dynastie als Wachbeamter eines Lagerhauses angestellt. Konfuzius befragte ihn einst über das richtige moralische Verhalten. Wegen innerer Unruhen im Hause der Zhōu 周 verließ er später sein Amt und zog sich in die Einsiedelei zurück. Der Legende nach überquerte Lǎozi auf einem schwarzen Ochsen reitend den Hángǔ 函谷-Paß, wo er der Bitte des Zollbeamten Yǐn Xǐ 尹喜 nachkam und den *Klassiker der fünftausend Zeichen des Laozi* (*Lǎozi wǔqiānwén* 老子五千文) (auch *Klassiker des Weges und der Wirkkraft* (*Dàodéjīng* 道德經)) niederschrieb. Er übergab das Werk dem Beamten und entfernte sich vom Paß, niemand weiß, wohin er gegangen ist. Mit der Entstehung des Daoismus wurde Lǎozi als Ahnherr des *dào* verehrt. Im Laufe der Entwicklung des Daoismus wurden die Inhalte der Lehre des Lǎozi, wie „das *dào*", „Natürlichkeit und Nicht-Handeln" (*zìrán wúwéi* 自然無爲) und „langes Leben" weiter entwickelt und ausgelegt, so daß eine Religion entstand, deren grundlegender Gedanke das „*dào*" ist. Lǎozi wird als himmlischer Würdiger des Weges und der Wirkkraft der größten Klarheit (Tàiqīng Dàodé tiānzūn 太清道德天尊) verehrt. Lǎozi, der Himmlische Würdige des Uranfangs der jadenen Klarheit (Yùqīng yuánshǐ tiānzūn 玉清元使天尊) und der Himmlische Würdige des geistigen Schatzes der höchsten Klarheit (Shàngqīng língbǎo tiānzūn 上清靈寶天尊) bilden zusammen die „Drei Klarheiten" (Sān qīng 三清). Im ersten Jahr der Regierungsdevise Qiánfēng 乾封 der Táng-Dynastie (666) verlieh Kaiser Gāozōng 高宗 dem Lǎozi den Titel „Kaiser des Höchsten und des dunklen Anfangs". Im sechsten Jahr der Regierungsdevise Dàzhōng Xiángfú 大中祥符 der Sòng-Dynastie (1013) verlieh ihm Kaiser Zhēnzōng 眞宗 den Titel „Fürst des Höchsten, Kaiser des uranfänglichen Chaos und der hohen Wirkkraft".

weit verbreitet. Das Werk *Nach Kategorien geordnete Auszüge wahrer Begebenheiten aus der Sòng-Zeit* (*Sòng cháo shìshí lèiyuàn* 宋朝事實類苑) verzeichnet, daß es im Gebiet der Wǔdāng-Berge „schon früh üblich war, den Göttern zu opfern" und daß „dieser [Brauch] stark etabliert war". „Es gab dort 24 Bezirke und 36 Abteilungen." Die 24 Bezirke stellten 24 religiöse und administrative Einheiten dar. Es handelte sich hierbei um Einrichtungen, die in der Art von „Strohhütten über Erdgruben errichtet waren" und für die Anhänger der Lehre der Fünf-Scheffel-Reis als Orte des Rituals fungierten; sie bildeten den Vorläufer des daoistischen Opferaltars (*jiàotán* 醮壇).[3] Dieser Zeitraum gehörte zu einer Periode, in der viele verschiedene Gottheiten verehrt wurden. Fáng Zhòngfǔ 房仲甫 schreibt in dem Werk *5000 Jahre Segel nach Amerika hissen* (*Yángfān Měizhōu wǔ qīan nián* 揚帆美洲五千年), daß in Amerika in einer Höhle in Peru die nackte Figur einer weiblichen Gottheit, die in den Händen eine bronzene Tafel trägt, entdeckt wurde. Auf der Tafel stehen groß die drei in Bronze gegossenen Zeichen „Wǔdāng-Berge" (*wǔdāng shān* 武當山), der Schriftstil ist die vereinfachte Kanzleischrift (*lìshū* 隸書). Diese Götterstatue ist in etwa auf die Zeit der Nördlichen und Südlichen Dynastien datierbar. In der *Chronik der Berge der Höchsten Harmonie* (*Tàihé shān zhì* 太和山志) heißt es, daß Yǐn Xǐ 尹喜 zur Östlichen Zhōu-Zeit, nachdem er den *Klassiker vom Weg und von der Wirkkraft* (*Dàodéjīng* 道德經) in Empfang genommen hatte, „eine Krankheit vorgab und sein Amt aufgab". Dann sei er in die Wǔdāng-Berge gegangen und habe „sich zurückgezogen zu den Steinmauern des Tores der Drei Himmel, wo er sich [fortan] aufhielt". Zur Hàn-Zeit nutzte der Armeegeneral Dài Mèng 戴孟 die Gelegenheit, sich am Gipfel der Zurückgelassenen Kappe in den Wǔdāng-Bergen zu verstecken, als er in den heiligen Bergen Arzneikräuter pflückte. Mǎ Míngshēng 馬明生[4] raffinierte in den Felshöhlen der Wǔdāng-Berge sein Elixier und stellte Arzneidrogen zusammen, und auch Yīn Zhángshēng 陰長生[5] zog sich zum Felsen der Unsterblichkeit beim Palast der Fünf Drachen in den Wǔdāng-Bergen zurück, um ein Elixier herzustellen. Allerdings sind bis heute keine Substanzen, die auf Überreste eines Elixiers hindeuten, erhalten.

Infolge der zur Wèi-Jìn-Zeit und zur Zeit der Südlichen und Nördlichen Dynastien stattfindenden gesellschaftlichen Umwälzungen wurden die Wǔdāng-Berge zu einem Ort, an dem Gelehrte und Beamte geistiges Asyl finden konnten. Táo Hóngjǐng[6] 陶弘景

---

[3] Die Organisation der Himmelsmeister ist ausführlich beschrieben bei Robinet 1995: 89 ff. [Anm. d. Üb.]

[4] Mǎ Míngshēng 馬明生 lebte in der östlichen Hàn-Zeit. Er gab seinen Beamtenposten auf, um einem Heiligen in die Berge zu folgen, nachdem dieser ihn von einer Krankheit geheilt hatte. Durch die Einnahme eines besonderen Elixiers wurde er zu einem Unsterblichen. [Anm. d. Üb.]

[5] Auch Yīn Zhángshēng 陰長生 lebte in der östlichen Hàn-Zeit. Er war ein Schüler von Mǎ Míngshēng 馬明生. [Anm. d. Üb.]

[6] Táo Hóngjǐng 陶弘景 (456-536) war ein umfassend gebildeter Gelehrter. Er stand in der Gunst des Kaiserhofes der Liáng-Dynastie, da sich der Kaiser von ihm ein Unsterblichkeits-Elixier erhoffte. Er gründete ein Zentrum zur Kultivierung der Unsterblichkeit am Máo-Berg (Máoshān 茅山) und editierte und kompilierte Werke zur Drogenkunde und Texte des Shàngqīng 上清 -Daoismus. [Anm. d. Üb.]

Vergoldete Bronzestatue des Großen Kaisers Wahrer Krieger

(Zhēnwǔ dàdì 眞武大帝)

Der Wahre Krieger (Zhēnwǔ 眞武) hat sich eigentlich aus dem Dunklen Krieger (Xuánwǔ 玄武) entwickelt, er wird auch Ahnherr Wahrer Krieger genannt. Im Daoismus der Wǔdāng-Berge ist er die Hauptgottheit. In dem Werk *Auf der Suche nach dem Übernatürlichen* (*Sōushénjì* 搜神記) steht, daß der Wahre Krieger der Legende nach der Kronprinz des Landes der reinen Freude sei, welcher aber den Thron seines Vaters nicht übernommen habe. Vom uranfänglichen Fürsten des purpurnen *qì* sei er unterrichtet worden und dann in die Wǔdāng-Berge gegangen, wo er das *dào* kultiviert habe und schließlich empor gestiegen sei. Der Jadekaiser habe ihm dann den Titel „General, der die Dämonen ausrottet, Kanzler der jadenen Leere, Kaiser des dunklen Himmels" gegeben. Während der Regierungsdevise Xiángfú 祥符 der nördlichen Sòng-Zeit änderte Kaiser Zhēnzōng 眞宗 den Namen „Dunkler Krieger" in „Wahrer Krieger" um, da die Namen der kaiserlichen Eltern tabuisiert waren.[1] Er verlieh ihm den Titel „Den Himmel schützender Wahrer Krieger, welcher der wahrhafte Fürst ist, der durch wundersame Vorzeichen die Heiligkeit bewahrt". Im 8. Jahr der Regierungsdevise Dàdé 大德 der Yuán-Dynastie (1304) verlieh ihm Kaiser Chéngzōng 成宗 den Titel „Erster Heiliger des Dunklen Himmels, welcher der oberste, mit Mitleid und imponierender Stärke ausgestattete Kaiser ist". In der Míng-Dynastie wurde er folgendermaßen betitelt: „Begründer und Überlieferer der Lehre des ursprünglichen Chaos und der sechs Himmel, der die Wahrhaftigkeit kultiviert und des *dào* gewahr ist, der alles Unheil und alle Hindernisse von den Lebewesen abhält; 82. Verwandlung des Ahnherrn der drei Lehren, der von grossem Mitleid und Erbarmen ist und aus Leid und Not rettet; Hauptverwalter der drei ursprünglichen Metropolen; Großer Botschafter, der zwischen den neun Himmeln umherreist; Großer General, an dessen östlicher Seite sich der siebte Stern des Großen Wagens und der Nordpol befinden und an dessen westlicher Seite sich ein von einem Sternbild umgebener Raum befindet; Fürst Wahrer Krieger, der den Himmel schützt und den richtigen Ablauf [der Dinge] unterstützt; Wahrer Fürst, der mit wohltätiger Wirkkraft und überströmendem Segen antwortet, Menschlichkeit und Erbarmen sowie aufrechte Verdienste zeigt und den Kreislauf [der Dinge] unterstützt; Wohltätige Gottheit, welche die Welt regiert; Kanzler der jadenen Leere; Kaiser des dunklen Himmels, Verkörperung des goldenen Wachturms; Himmlischer Würdiger, der die Dämonen ausrottet". Er wurde zu der Gottheit, die gleich hinter den Drei Klarheiten und dem Jadekaiser steht. Diese Statue stellt den Wahren Krieger barfüßig und mit einer Kriegsrobe bekleidet dar. Es heißt, Kaiser Chéngzǔ 成祖 der Míng-Dynastie habe für diese Skulptur Modell gestanden. Der Dunkle Krieger [Schildkröte und Schlange] zu seinen Füßen stellt die ursprüngliche Form des Wahren Kriegers dar.

[1] Das Zeichen *xuán* 玄 (dunkel) war im Namen der Eltern des Zhēnzōng 眞宗 enthalten und durfte deshalb eine bestimmte Zeit lang nicht verwendet werden. [Anm. d. Üb.]

schreibt in den *Aufzeichnungen aus der jadenen Schatulle* (*Yùkuì jì* 玉匱記): „Die Berge der Höchsten Harmonie erstrecken sich von Norden nach Süden in die Länge, sie sind hoch und majestätisch. Geistwesen halten sich in ihnen auf, und zahlreich sind diejenigen, die sich dorthin zurückziehen." Der Begriff „Höchste Harmonie" (*tàihé* 太和) entstammt dem *Buch der Wandlungen* (*Yìjīng* 易經), Kapitel *Qían* 乾: „Wird die Höchste Harmonie bewahrt, so ist es von vorteilhafter Bestimmung. Mit dem Kopf ragt man über die Dinge hinaus und die Staaten sind alle friedlich." Dadurch wird einerseits ausgedrückt, daß die Wǔdāng-Berge schon sehr früh existierten, wie es auch in den daoistischen Klassikern beschrieben ist: „Seit es das höchste Äußerste (*tàijí* 太極) gibt, gibt es auch schon diese Berge." Aufgrund ihrer frühen Existenz sind sie auch mit dem ursprünglichen Qì der höchsten Harmonie ausgestattet, das „den Himmel hervorbringt und die Erde errichtet". Andererseits wird ausgedrückt, daß das feine Qì (*jīngqì* 精氣) der höchsten Harmonie das ursprüngliche Qì ist, in dem Yīn 陰 und Yáng 陽 zusammenkommen und sich verbinden. Mit diesem Qì als Grundlage entstehen Himmel und Erde und die menschliche Natur. So kommt es, daß alle, die den Weg (*dào*) erlernen, sich in diesen Bergen der Kultivierung widmeten. Bào Shèng 鮑聖 sagt in den *Aufzeichnungen aus dem südlichen Yongzhou* (*Nán Yōngzhōu jì* 南雍州記), von den Wǔdāng-Bergen: „Die Studierenden des Dào müssen [in Einheiten] von Hunderten gezählt werden, sie folgen einander und [kommen] ohne Unterbrechung." Der aus Lìyáng 歷陽 stammende Xiè Yǔn 謝允 und der Vorsteher von Huáyáng 華陽, Xú Zǐpíng 徐子平, aus der Östlichen Jìn-Zeit sowie die Präfekten von Yìzhōu 益州, Liú Liàng 劉亮 , Xiāo Qíshí 蕭齊時 und Liú Qiú 劉虯, aus der Liáng-Zeit kündigten ihren Beamtenposten oder verließen ihre Familien und gingen einer nach dem anderen in die Wǔdāng-Berge, um vom Getreide abzulassen[7] und das Dào zu kultivieren. So wurden die Wǔdāng-Berge seinerzeit zum wichtigsten Rückzugsgebiet für alle, die Wahrhaftigkeit kultivieren wollten.

In der Suí- und Táng-Dynastie entwickelten sich die Wǔdāng-Berge allmählich zu heiligen Bergen und zu einem segensreichen Ort des Daoismus (*xiānshān fúdì* 仙山福地). In den Jahren der Regierungsdevise Zhēnguān 貞觀 der Táng fanden die Gebete des militärischen Vorstehers von Wǔdāng, Yáo Jiǎn 姚簡, um Regen Gehör, woraufhin Kaiser Tàizōng 太宗 der Táng den Befehl erließ, einen Gedächtnistempel der Fünf Drachen erbauen zu lassen. Durch die herrschende Klasse der mächtigen und einflußreichen Adelsfamilien erfuhr der Daoismus der Wǔdāng-Berge eine Veränderung und entwickelte sich von der frühen Lehre der Fünf-Scheffel-Reis hin zu einer vollständig ausgereiften religiösen Lehre, er wandelte sich von einer Volksreligion zu einer von offizieller Seite legitimierten Religion. Gegen Ende der Táng-Dynastie wurden die Wǔdāng-Berge als neunter segensreicher Ort (*fúdì* 福地) der insgesamt 72 segens-

[7] Daoistische Praxis, sich gewöhnlicher Nahrung zu enthalten und nur noch *qì* und bestimmte Heilkräuter aufzunehmen. [Anm. d. Üb.]

Vergoldete Bronzestatue des Dunklen Kriegers

Der Dunkle Krieger ist in der chinesischen Mythologie die Gottheit des Nordens, er steht für die sieben nördlichen Sternbilder innerhalb der 28 Sternbilder. Der Dunkle Krieger, der Grüne Drache, der Weiße Tiger und der Rote Vogel werden zusammen als die vier Gottheiten der vier Himmelsrichtungen bezeichnet. Diese vier Gottheiten hatten im Daoismus im Laufe seiner Entwicklung stets die Funktion von Schutzgottheiten. Da die chinesischen Herrscher späterer Zeiten vornehmlich aus dem Norden kamen, löste sich der Dunkle Krieger allmählich heraus und wurde zu einer eigenständigen himmlischen Gottheit. Tituliert wird er als „Wahrhafter Fürst“, „Dunkler Kaiser“, „Großer Kaiser“ und „Höchster Kaiser“.

Polychrome Malerei aus der Míng-Zeit mit dem Titel „Glückbringende Abbildung der Wǔdāng-Berge“

reichen Orte des Daoismus eingestuft.[8] Mit den segensreichen Orten der Höhlenhimmel (*dòngtiān fúdì* 洞天福地) werden im Daoismus besondere Landschaften bezeichnet, in denen Unsterbliche leben. Es gibt „zehn große Höhlenhimmel", „36 kleine Höhlenhimmel" und „72 segensreiche Orte". „Die 72 segensreichen Orte [des Daoismus] befinden sich in den berühmten Bergen der Erde. Der höchste Kaiser beauftragte die Wahrhaftigen, diese zu verwalten. Unter ihnen gibt es zahlreiche Orte, an denen das Dào zu erlangen ist".[9]

Die Wŭdāng-Berge liegen im chinesischen Hinterland, wo die Gebirgsmassive prächtig geformt sind, das Klima mild ist, und die Tier- und Pflanzenwelt sowie die Naturressourcen sehr üppig sind. Der Anblick dieser Gegend erfreut den Menschen, so daß man sich hier gerne niederläßt. Und auch die geistige Entwicklung der Menschen wird hier positiv beeinflußt. Nach den traditionellen ästhetischen Vorstellungen in China stellt dieses Gebiet ein ideales, außerhalb der Welt liegendes Paradies dar. Aufgrund der speziellen geographischen Verhältnisse und der außergewöhnlichen Landschaft sowie der tiefen kulturellen Wurzeln ist es nicht außergewöhnlich, daß die Religion diese Gegend für sich entdeckt hat. Die religiöse Entwicklung von der Verehrung einer Vielzahl von [gleichberechtigten] Gottheiten zur Verehrung einer höchsten Gottheit sowie die Entwicklung von einer Stammesreligion zur Volksreligion fand in China im Großen und Ganzen gleichzeitig mit der Entwicklung der chinesischen Feudalgesellschaft statt. Während der frühen und mittleren Periode der Feudalgesellschaft lag das politische Zentrum Chinas in den Städten Cháng'ān 長安, Luòyáng 洛陽 und Kāifēng 開封, welche alle im Bereich des Mittel- und Unterlaufes des Gelben Flusses in der Nordchinesischen Tiefebene liegen. Die Wŭdāng-Berge befinden sich genau in dem Gebiet, wo sich die Nordchinesische Tiefebene und die Tiefebene am Mittel- und Unterlauf des Langen Flusses schneiden. Im Nordwesten sind es 280 km nach Xī'ān 西安 (Cháng'ān 長安), im Norden etwa 290 km nach Luòyáng 洛陽 und im Nordosten 400 km nach Kāifēng 開封. Diese von der Hauptstadt abgelegene, aber doch nicht zu weit entfernte Lage war der religiösen Entwicklung in besonderem Maße zuträglich. Hinzu kommt, daß die Wŭdāng-Berge und die damals berühmten Berge Huáshān 華山 und Sōngshān 嵩山 nur 250 bis 300 km voneinander entfernt sind und so eine Situation des Gleichgewichts zwischen den drei mächtigen Bergen bestand. Die Höhe der Hauptgipfel liegt bei allen drei Bergen zwischen 1400 und 2000 m über dem Meeresspiegel. Es ist also möglich, sie zu erklimmen, allerdings ist der Aufstieg nicht einfach, wodurch sie wiederum Aufmerksamkeit auf sich ziehen. Besonders in der späten Phase der Feudalgesellschaft entwickelte sich der Süden allmählich zum wirtschaftlichen Zentrum Chinas, was dazu führte, daß auch die verschiedenen politischen Mächte sich

---

[8] [Táng] Dù Guāngtíng 杜光庭: *Dòngtiān fúdì yuèdú míngshānjì* 洞天福地岳瀆名山記. (*Aufzeichnungen über die berühmten Berge, [welche zu den] segensreichen Orten von Bergen und Flüssen in den Höhlenhimmeln [gehören]*).

[9] Siehe *Yúnjí qīqiān* 雲笈七籤 (*Sieben Bambusstreifen aus dem Wolkenbücherkoffer*).

in Richtung Süden orientierten. All diese Faktoren bedingten die rasche Entwicklung der Wŭdāng-Berge zu heiligen Bergen und zu einem segensreichen Ort. Die Wŭdāng-Berge wurden zum neunten segensreichen Ort, sie sind „der Ort, an dem der Wahre Krieger das Dào erlangte und sich selbst kultivierte“. Der Wahre Krieger (Zhēnwŭ 眞武) heißt auch Dunkler Krieger (Xuánwŭ 玄武), der Ursprung seiner Verehrung liegt in vorgeschichtlichen Legenden und in der Anbetung der Sterne begründet. In den vorgeschichtlichen Legenden ist der Dunkle Krieger die Gottheit des Nordens und repräsentiert auch die nördlichen sieben Sternbilder der 28 Sternbilder. In den *Anmerkungen zu den Reisen in die Ferne in den Elegien aus Chŭ* (*Chŭcí yuănyóu buzhu* 楚辭遠游補注) heißt es: „'Dunkler Krieger' bezeichnet eine Schildkröte und eine Schlange, sein Platz ist im Norden, deshalb heißt er 'dunkel'. Am Körper trägt er Schuppen und einen Panzer, deshalb heißt er 'Krieger'.“ Da der Norden innerhalb der Fünf Wandlungsphasen dem Wasser zugeordnet wird, ist der Dunkle Krieger auch die Gottheit des Wassers. In der *Biographie des Wáng Liáng*, enthalten in der *Dynastiegeschichte der Späteren Hàn* (*Hòuhàn shū, Wáng Liáng zhuàn* 後漢書王梁傳) heißt es: „Dunkler Krieger ist der Name der Gottheit des Wassers.“ Die Wŭdāng-Berge liegen im Süden, innerhalb der Fünf Wandlungsphasen entspricht dieser dem Feuer. Daß sich der Dunkle Krieger in den Wŭdāng-Bergen der Selbstkultivierung widmete und das Dào erlangte, entspricht innerhalb der Fünf Wandlungsphasen der Vorstellung der wechselseitigen Beziehung von Feuer und Wasser, die sich gegenseitig bändigen und hervorbringen.

Als das Reich der Nördlichen Sòng gegründet wurde, verkündete der Kaiser aus der Familie Zhào 趙, daß er „durch das großartige Vorzeichen der Wirkkraft des Feuers“ an die Herrschaft gelangt sei. In der *Fortsetzung des Durchgängigen Spiegels für die Unterstützung bei der Regierung in ausführlicher Kompilation* (*Xù zīzhì tōngjiàn chángbiān* 續資治通鑒長編) von Lĭ Shòu 李壽 aus der Sòng-Zeit heißt es in Rolle 25: „Der Himmel erschuf die kaiserliche Sòng-Dynastie, für lange Zeit erhielt sie [das himmlische Mandat] durch die Wirkkraft des Feuers.“ Zur „Kontrolle der brennenden Sòng-Dynastie“ wurde der Wassergott Dunkler Krieger vom Kaiserhof verehrt. Wegen der Tabuisierung von kaiserlichen Namen wurde der Dunkle Krieger in den Wahren Krieger umbenannt und bekam den Titel „Den Himmel schützender Wahrer Krieger, welcher der Wahrhafte Fürst ist, der durch wundersame Vorzeichen die Heiligkeit bewahrt“ verliehen. Ein eigener Gedächtnistempel für Opfer wurde errichtet, so daß Yīn und Yáng im Einklang sind, und „die Dynastie der Sòng beschützt wird und ewig und ohne Ende [andauern wird]“. Die ursprüngliche Tiergestalt des Wahren Kriegers, eine von einer Schlange umwundene Schildkröte, änderte ihre Gestalt nun zu der eines mächtigen und einflußreichen Generals, der Wahre Krieger wurde zu einer personifizierten Gottheit. In Übereinstimmung mit dieser Wandlung wurde im Daoismus die göttliche Genealogie des Wahren Kriegers *Aufzeichnungen, wie der Kaiser des Dunklen Himmels zu einem Heiligen wird* (*Xuántiān shàngdì qĭshèng lù* 玄天上帝啓聖錄)

zusammengestellt.[10] Darin heißt es, der Wahre Krieger sei zu Zeiten des Gelben Kaisers von der Kaiserin Shànshèng 善勝 des Palastes der Reinen Freude (Jìnglè gōng 淨樂宮) aus ihrer linken Brustkorbseite geboren worden. Er sei groß, kühn und unerschrocken gewesen und habe den Thron des Vaters nicht übernommen. Vom Uranfänglichen Fürsten des Purpurnen Qì, welcher der heilige Ahn der Jadenen Klarheit ist (Yùqīng Shèngzǔ zǐqì yuánjūn 玉清聖祖紫氣元君), sei er unterrichtet worden und habe das oberste, grenzenlose Dào erhalten. Dann habe er sich in die Berge der Höchsten Harmonie begeben und sich dort 42 Jahre lang selbst kultiviert. Nachdem er das Dào erlangt habe, sei er empor geflogen und vom Jadekaiser zum Wahren Krieger ernannt worden. Die Berge der Höchsten Harmonie wurden deshalb auch in Wǔdāng-Berge umbenannt, da „kein anderer als der Wahre Krieger diesem Ort ebenbürtig ist".[11] Weil der Daoismus der Wǔdāng-Berge vom Kaiserhaus geschätzt wurde, begannen berühmte Daoisten wie Chén Tuán 陳摶, Dèng Ruòzhuō 鄧若拙, Xiè Tiāndì 謝天地, Sūn Yuánzhèng 孫元政, Dèng Ānzào 鄧安造 und Cáo Miàoguān 曹妙觀 mit der Errichtung von Tempeln und Klöstern, sie verbesserten die Ausbildung, verfaßten und kompilierten daoistische Klassiker und stellten Regeln für die Daoisten auf, wodurch der Daoismus der Wǔdāng-Berge neuen Aufschwung erhielt.

Da die Kaiser der Yuán-Dynastie dem Einfluß der hanchinesischen Kultur unterlagen, wurde im Kaiserhaus der Yuán ebenfalls Wert auf die Verehrung des Wahren Kriegers gelegt. Der Überlieferung nach erschienen in der Hauptstadt Dàdū 大都 eine Schildkröte und eine Schlange aus dem Gāoliáng 高梁-Fluß als Kaiser Shìzǔ 世祖 der Yuán, Khubilai Khan, den Thron gerade bestiegen hatte (im 6. Jahr der Regierungsdevise Zhìyuán 至元). Der Minister des Amtes für Geschichtsschreibung, Xú Shìlóng 徐世隆, berichtete dem Kaiser, daß der Gott des Nordens, der Wahre Krieger, durch dieses Vorzeichen seine Macht demonstriere und die blühende Wirkkraft im Wasser läge. Das Wasser würde das Feuer überwältigen und so sei bestimmt, daß die Yuán die Sòng auslöschen und das Reich einigen könnten. Khubilai Khan erließ den Befehl, dem Wahren Krieger Opfer zu bringen, und seitdem wurde der Wahre Krieger als die Gottheit verehrt, die den Weg für das Kaiserreich der Yuán ebnete. Im 8. Jahr der Regierungsdevise Dàdé 大德 der Yuán verlieh Kaiser Chéngzōng 成宗 dem Wahren Krieger den Titel „Erster Heiliger des Dunklen Himmels, welcher der oberste, mit Mitleid und imponierender Stärke ausgestattete Kaiser ist". Der Wahre Krieger stieg also vom Wahren Fürsten der Sòng-Dynastie zum Himmlischen Kaiser der Yuán-Dynastie auf, sein Rang wurde beträchtlich erhöht. Gleichzeitig legten die Yuán-Kaiser besonderes Gewicht auf die „Quelle seiner Unsterblichkeit", die Wǔdāng-Berge, als den Ort, an dem er zum Heiligen wurde. Kaiser Rénzōng 仁宗 der Yuán, der am dritten Tag des dritten Monats geboren wurde und damit am gleichen Tag wie der Wahre Krieger

---

[10] *Dàozàng* 道藏 606.

[11] Die beiden Zeichen *wǔdāng* 武當 sind mit „Krieger" (*wǔ* 武) und „gegenüberstehen, ebenbürtig sein" (*dāng* 當) zu übersetzen. [Anm. d. Üb.]

Felsen der jadenen Leere

(Yùxu yán 玉虚岩)

Der Felsen der jadenen Leere liegt etwa 1,5 km südlich der Tiānjīn (Himmelsfurt) 天津-Brücke auf einem Vorsprung oberhalb des nördlichen Ufers des Baches der neun Übergänge (Jiǔdù jiàn 九渡澗). Es ist einer der Felsentempel in den Wǔdāng-Bergen, dessen Ausmaße ziemlich groß sind und der relativ gut erhalten ist. Eine heute noch erhaltene Gedenktafelinschrift aus dem dritten Jahr der Regierungsdevise Zhìyuán 至元 der Yuán-Dynastie (1337) verzeichnet, daß dieser Felsen vom Dunklen Kaiser (dem Kaiser Wahrer Krieger) häufig besucht wurde, um hier Wahrhaftigkeit zu kultivieren. Erbaut wurde der Tempel im ersten Jahr der Regierungsdevise Tàidìng 泰定 der Yuán-Dynastie (1324). In ihm befanden sich die Statuen des Wahren Kriegers und verschiedener Donnergottheiten, welche im ersten Jahr der Regierungsdevise Zhìyuán der Yuán-Dynastie (1330) modelliert wurden. Die Gebäude am Felsen der jadenen Leere fügten sich in den Felsen ein, sie waren originell und kunstvoll konzipiert. Der kaiserliche Ahnentempel stand majestätisch da und glänzte in roten, grünen und goldenen Farben. Da die Gebäude in späterer Zeit lange vernachlässigt wurden, ist der größte Teil der ursprünglichen Bauten baufällig geworden. Der Legende nach hielt sich in alten Zeiten ein Eremit namens Yú Shèngzhé 俞聖哲 an diesem Ort auf und rezitierte klassische Schriften, weswegen die Stelle auch Felsen des verehrten Herrn Yú heißt. Der Felsentempel befindet sich in einer Spalte mitten in einer steil abfallenden Felswand, er schwebt in der Höhe über einem tiefen Tal, in welchem Bergbäche rauschen und wo die Stimmen wie Donner hallen. Richtet man seinen Blick nach oben, so sieht man, daß der Ort von schroffen Felsen und tiefem Wald umgeben ist und es scheint, als hätte der Himmel einen Spalt geöffnet. Zwischen den Berggipfeln kann man in der Ferne die Goldene Halle auf dem Gipfel des Himmelspfeilers in die Höhe ragen sehen.

Geburtstag hatte, schickte jedes Jahr an seinem Geburtstag Gesandte in die Wǔdāng-Berge, um Ehrfurcht zu bezeugen. Auf der Gedenktafel, die von der Großen Yuán Dynastie an den Palast des Langen Lebens der Wundersamen Vorzeichen in Form der großen fünf Drachen in den Wǔdāng-Bergen überreicht wurde (*Dà Yuán chìcì Wǔdāngshān dà wǔ lóng língyìng wànshòu gōng bēi* 大元敕賜武當山大五龍靈應萬壽宮碑) von Jiē Xīsī 揭傒斯 aus der Yuán-Zeit heißt es:

> *Der Geburtstag von Kaiser Rénzōng* 仁宗 *ist genau am gleichen Tag wie der des Wahren Kriegers. [...] Jährlich werden Gesandte geschickt, um an jenem Tag eine Goldene Opferzeremonie* (jīnjiào 金醮) *durchzuführen und die Berge zu beglückwünschen. Unter den verschiedenen Kaisern wird der Geburtstag jedes Jahr aufs neue genauso wie früher gefeiert.*

In dieser Zeit erlebte der Daoismus der Wǔdāng-Berge eine große Blüte und verbreitete sich schnell in die umliegenden Gebiete. „Am dritten Tag des dritten Monats, dem Geburtstag des Wahren Kriegers, versammeln sich unzählige junge Männer und Frauen, und Gaben von Gold und Seide sammeln sich wie Wolken und kommen in Strömen [dorthin].“[12] Bekannte Daoisten wie Wāng Zhēncháng 汪貞常, Zhāng Dàoguì 張道貴, Yè Yúnlái 葉雲萊, Lǔ Dàyòu 魯大宥 und Zhāng Shǒuqīng 張守清 nutzten die günstige Gelegenheit und bauten in kurzer Zeit eine religiöse Organisation auf. „Sie bebauten Felder von mehreren hundert *qǐng* 頃 Größe und versammelten eine große Anzahl von Bediensteten, die dort lebten“. Die Wǔdāng-Berge wurden täglich bedeutender, und entwickelten sich zu „einem Ort, an dem die Unsterblichen ihr Wesen läutern und ihr Bewußtsein kultivieren, und zur Halle, in der für das Glück des Landes gebetet wird“.[13] Sie stellten nun einen heiligen Ort des Daoismus dar, der gleichermaßen bekannt war wie die Drachen- und Tiger-Berge (Lónghǔ shān 龍虎山), der Gründungsort der Schule der orthodoxen Einheit (Zhēngyī pài 正一派).

Zu Beginn der Míng-Dynastie eroberte der König von Yān 燕 aus Běipíng 北平, Zhū Dì 朱棣, unter dem Vorwand, die Schwierigkeiten im Land zu befrieden, mit Waffengewalt den Kaiserthron und wurde zum Kaiser Chéngzǔ 成祖 der Míng. Um seine Usurpation des Throns zu rechtfertigen, erklärte er, er habe während der ganzen Zeit, in der er Truppen aushob, das Land befriedete und die Regierungsmacht der Dynastie übernahm, „den geheimen Beistand“ des Wahren Kriegers gehabt; all dies stelle „die Durchführung des Weges (*dào*) im Auftrag des Himmels“ dar. Er setzte die öffentliche Meinung durch, „[in seiner Person] seien Himmel und Mensch vereinigt“. Im 10. Jahr der Regierungsdevise Yǒnglè 永樂 (1412) beauftragte Zhū Dì 朱棣 das Ministerium für öffentliche Bauten, 200 000 Soldaten, Arbeiter und Handwerker zu schicken, die

---

12 *Palastgedenktafel, die dem Himmlischen ersten Wahrhaftigen anläßlich der Feier des langen Lebens in den Wǔdāng-Bergen überreicht wurde* (*Chìcì Wǔdāngshān Tiānyǐzhēn qìng wànshòu gōng bēi* 敕賜武當山天乙眞慶萬壽宮碑) aus der Yuán-Zeit.

13 *Sammlung der Wahrhaftigkeiten über den segensreichen Ort der Wǔdāng-Berge* (*Wǔdāng fúdì zǒngzhēnjí* 武當福地總眞集).

Die 72 Gipfel der Wŭdāng-Berge

Gipfel des Himmelspfeilers
Gipfel der sichtbaren Festigkeit
Gipfel der zehntausend *zhàng* 丈
Gipfel des Löwen
Gipfel der kaiserlichen Klippe
Gipfel des kleinen Pinsels
Gipfel des purpurnen Wolkenhimmels
Gipfel der umwölkten Steine
Gipfel des unersättlichen Wolfes
Gipfel des riesigen Tores
Gipfel des Wohlstands und des Bewahrens
Gipfel der gelehrten Lieder
Gipfel der Aufrichtigkeit
Gipfel der kriegerischen Lieder
Gipfel der besiegten Truppen
Gipfel des mittelgroßen Notiztäfelchens
Gipfel der tausend *zhàng* 丈
Gipfel der großen Lotusblume
Gipfel der kleinen Lotusblume
Gipfel des großen Pinsels
Gipfel des mittleren Pinsels
Gipfel des purpurnen *qì*
Gipfel der zurückgelassenen Kappe
Gipfel der weißen Wolken
Gipfel des purpurnen Schirms
Gipfel der Kiefern und Kletterpflanzen
Gipfel des Pfirsichblütenlands
Gipfel des übereinander getürmten Universums
Gipfel des goldenen Dreifuß
Gipfel des sich herabbeugenden Drachens
Gipfel der fünf Drachen
Gipfel der Audienz bei den Heiligen
Gipfel der wundersamen Vorzeichen
Gipfel des strahlenden Kranichs
Gipfel des kräftigen Menschen
Gipfel des großen Lehrers
Gipfel des großen Meisters
Gipfel des großen Wächters
Gipfel des anfänglichen Alten
Gipfel des wahrhaftigen Alten
Gipfel des gelben [Kaisers] und des Alten
Gipfel des dunklen Alten
Gipfel des uranfänglichen Alten
Gipfel der Unsterblichen
Gipfel der Eremiten
Gipfel der großen Klarheit
Gipfel der mittelgroßen Nase
Gipfel der sich sammelnden Wolken
Gipfel der festhaltenden Hand
Gipfel des dünnen Bambus
Gipfel des Zahns des wilden Hundes
Gipfel der Küchentür
Gipfel der neun Minister
Gipfel der sich verbergenden Dämonen
Gipfel der jadenen Bambussprosse
Gipfel der sich auf einen Stock stützt
Gipfel des großen Barbaren
Gipfel der gehaltenen Nadel
Gipfel des Zinnoberofens
Gipfel des himmlischen Pferdes
Gipfel des krähenden Hahns
Gipfel des Hühnerkäfigs
Gipfel des Brunnenrandes
Gipfel des wiederkehrenden Morgens
Gipfel des Weihrauchbrenners
Gipfel der neun Übergänge
Gipfel der ausgebreiteten Flagge
Gipfel des goldenen Türschlosses
Gipfel des grünen Schafes
Gipfel der sieben Sterne
Gipfel des angebundenen Pferdes
Gipfel der Versammlung der Unsterblichen.

in den Wŭdāng-Bergen mit dem Bau von Tempelanlagen beginnen sollten. Außerdem wählte er aus allen großen daoistischen Tempeln des Landes berühmte daoistische Meister aus, welche die Verwaltung in den Wŭdāng-Bergen übernehmen sollten. Sie wurden Klostervorsteher mit dem Rang *zhèngliù* 正六 [14] und bekamen relativ viele Privilegien. Im politischen und wirtschaftlichen Bereich gewährte er starke Unterstützung, so daß die Wŭdāng-Berge der größte Ort daoistischer Aktivitäten und religiöser Organisation in China wurden. Um die Berge zu schützen, erließ der Kaiser den Befehl, den Bergwald im Umkreis von mehreren hundert Quadratkilometern um die Wŭdāng-Berge als staatliches Gebiet zu markieren, in dem das Fällen von Bäumen strengstens verboten war. Aus dem tausend Haushalte umfassenden Jūnzhōu 均州 verlegte er 500 Truppeneinheiten, welche die Tempelanlagen bewachen sollten, und legte fest, daß Beamte des Kaiserpalastes die allgemeinen Angelegenheiten des religiösen Lebens in den Wŭdāng-Bergen regeln sollten. Die Wŭdāng-Berge bekamen den Titel „Berge der Höchsten Harmonie unter den Großen Bergen" (Dàyuè Tàihé shān 大岳太和山) verliehen, die Tempelanlagen wurden zu Tempeln der kaiserlichen Familie, und der Daoismus der Wŭdāng-Berge wurde zu einer im Dienst des Kaiserhofes stehenden Religion. Im 31. Jahr der Regierungsdevise Jiājìng 嘉靖 der Míng (1552) erließ Kaiser Shìzōng 世宗 den Befehl, die Anlagen in den Wŭdāng-Bergen zu restaurieren und errichtete den Gedenkbogen mit der Inschrift „Geheimnisvolle Berge, welche die Welt regieren" (*Zhìshì xuányuè* 治世玄岳). Die Inschrift besagt, daß die Welt mit dem Geist des Daoismus der Wŭdāng-Berge regiert werden soll. Aufgrund der großen Verehrung, die den Bergen vom Kaiserhaus und anderen gesellschaftlichen Schichten entgegengebracht wurde, kamen immer mehr Intellektuelle aus der gebildeten Gesellschaftsschicht in die Berge, um sich selbst zu kultivieren. Dadurch wurden die Wŭdāng-Berge zu einem Ort, an dem sich zahlreiche Persönlichkeiten von hochstehender Kultiviertheit hervortaten, wie Zhāng Sānfēng 張三豐, Qīu Xuánqīng 丘玄清, Sūn Bìyún 孫 碧雲 und Rén Zìyuán 任自垣, welche alle über umfangreiche Bildung und profunde Kenntnis daoistischer Techniken verfügten. Sie verehrten den Großen Kaiser Wahrer Krieger, schätzten die Selbstkultivierung mittels der Inneren Alchemie, verstanden sich gut auf die Abwendung von Unheil durch daoistische Talismane und betonten die Theorien der Loyalität und Pietät, wodurch der Daoismus der Wŭdāng-Berge, dessen hauptsächliches Merkmal die Verschmelzung der drei Lehren[15] ist, seine vollständige Ausformung erlangte. Als die Entwicklung des Daoismus der Wŭdāng-Berge auf ihrem Höhepunkt angelangt war, wurden die Berge zu den „im ganzen Reich wichtigsten Bergen, in denen Unsterblichkeit kultiviert wird".

---

[14] Beamtenränge wurden in China meist in erste Ränge (*zhèng* 正) und zweite Ränge (*cóng* 從) unterteilt, die dann jeweils noch weitere Unterstufen hatten. Die genaue Einteilung und Anzahl der Ränge variierte von Dynastie zu Dynastie oder auch unter den verschiedenen Kaisern. Die Vorsteher hier erhielten also den sechsten Platz (*liù* 六) des ersten Ranges (*zhèng* 正). [Anm. d. Üb.]

[15] Gemeint sind die konfuzianische, buddhistische und daoistische Lehre. [Anm. d. Üb.]

Felsen des purpurnen Wolkenhimmels
(südlicher Felsen)

Die 36 stillen und verlassenen, von Sonne beschienenen und in der Höhe liegenden Felsen der Wŭdāng-Berge erfahren seit alters her das Wohlwollen derjenigen, welche das *dào* kultivieren. Der Erste der 36 Felsen ist der Felsen des purpurnen Wolkenhimmels, an dessen Fuß [die Landschaft] durchtrennende Bergbäche liegen. Befindet man sich oberhalb dieser tausend *rèn* 仞 [1 *rèn* 仞 entspricht etwa 2,3 bis 2,6 m] hohen, jäh abfallenden Felswand, so breiten sich in der Ferne Wald in allen Grüntönen, umherschwebende Wolken, zahllose mit Kiefern bewachsene Abgründe und tausende von Felsen vor den Augen aus. Eremiten und Weise hielten sich häufig in dieser Gegend auf. Der Felsen des im verborgenen lebenden Unsterblichen befindet sich oberhalb des Bambus-Passes, von wo aus man das Hàn-Gewässer (Hànshuǐ 漢水) sehen kann. Der Legende nach ist hier der Ort, an dem Yĭn Xĭ 尹喜 und Yĭn Guǐ 尹軌 lebten und viele Rezeptkundige (*fāngshì* 方士) der Vergangenheit ihr großes Elixier raffinierten. Weiter gibt es noch den Felsen der jadenen Leere, den Felsen des Kronprinzen, den Felsen der wirkkräftigen Leere, den Felsen des Unsterblichen Yáng 楊 etc. Von diesen 36 Plätzen sind manche von Bergketten umgeben und in großer Höhe gelegen, grenzen an die purpurnen Wolken und jadegrüne Bäche befinden sich zu ihren Füßen. Andere Felsen schweben gleichsam in der Luft, umgeben von Weite und sich geräuschlos bewegendem, feinem Nebel und sind weit entfernt von der irdischen Welt. An all diesen Orten lebten zurückgezogene Eremiten, die sich von der Morgenröte und von *qì* ernährten.

Die 36 Felsen sind: Felsen des purpurnen Wolkenhimmels, Felsen des im verborgenen lebenden Unsterblichen, Felsen der unsterblichen Kameraden, Felsen des schlafenden Drachen, Felsen des Yĭn Xĭ 尹喜 , Felsen der jadenen Leere, Felsen der fünf Drachen, Felsen der jadenen Klarheit, Felsen der großen Klarheit, Felsen des Kronprinzen, Felsen der Kaiserin, Felsen der weißen Wolken, Felsen der drei Herzöge, Felsen des himmlischen Pferdes, Felsen der verborgenen Wolken, Felsen des Eremiten, Felsen der Mutter der Wolken, Felsen des Unsterblichen Yáng 楊, Felsen des Unsterblichen Shěn 沈, Felsen des tropfenden Wassers, Felsen des immerwährenden Frühlings, Felsen der sich sammelnden Wolken, Felsen der Dankbarkeit an die Welt, Felsen des Großen Wagens, Felsen des flammenden Feuers, Felsen des schwarzen Drachen, Felsen des weißen Drachen, Felsen des schwarzen Tigers, Felsen der aufsteigenden Wahrhaftigkeit, Felsen des jadegrünen Gipfels, Felsen der unsterblichen Schildkröte, Felsen des Donners, Felsen des Windes, Felsen der neun Minister, Felsen der wirkkräftigen Leere und Felsen des Höchsten.

„Am Oberen Anfang"
(Shàngyuán 上元)

„Am Mittleren Anfang"
(Zhōngyuán 中元)

Kopf eines ungehörnten Drachen
am „Unteren Anfang"
(Xiàyuán 下元)

Während der Qīng-Dynastie glaubten die oberen Schichten und das Kaiserhaus an den Schamanismus, so daß der Daoismus nun, im Vergleich zu seiner besonderen Stellung in der Míng-Zeit, nur geringfügig gefördert wurde. Der Glaube an den Wahren Krieger wandelte sich und drang jetzt ins Volk ein. Der Wahre Krieger wurde zu einer der beliebtesten Gottheiten des Volkes, da zu seinen magischen Fähigkeiten die Erhörung der Gebete um Regen oder schönes Wetter, das Heilen von Krankheiten, das Abwenden von Unglück, die Erfüllung des Kinderwunsches, die Unterstützung beim Erlangen von Wohlstand, akademischen Würden und langem Leben und andere übernatürliche Leistungen gehörten, welche die verschiedensten irdischen Wünsche der Menschen zufrieden stellen konnten. Den Wǔdāng-Bergen wurde die breite Aufmerksamkeit der mittleren und unteren Schichten der Bevölkerung zuteil, da sie der Ort waren, an dem der Wahre Krieger zu einem Unsterblichen wurde und an dem seine Macht zu spüren war. Pilgerfahrten sowie das Darbringen von Räucherwerk wurden zu einem populären Brauch der Gläubigen aus allen Gegenden, und auch heute folgen die Pilger noch immer dicht aufeinander, wobei ihre Anzahl stetig zunimmt. In jenem Zeitraum verwendeten Daoisten wie Bái Xuánfú 白玄福, Yáng Chángxuàn 楊常炫, Zhāng Jìngmíng 張靜明, Yáng Láiwàng 楊來旺, Wáng Fùmiǎo 王復渺 und Xú Běnshàn 徐本善 Spenden aus der Bevölkerung, um die Tempelanlagen und Klöster instand zu halten. Sie erläuterten die Klassiker und verbreiteten die Lehre und trugen so tatkräftig zur neuen Blüte des Daoismus der Wǔdāng-Berge bei.

Nachdem die Volksrepublik China gegründet war, wurde eine Politik der Religions- und Glaubensfreiheit betrieben, so daß der Daoismus der Wǔdāng-Berge sich weiterhin den normalen religiösen Aktivitäten widmen konnte. Die Regierung ergriff außerdem auch zahlreiche Maßnahmen, um die daoistischen Kulturgüter und die Tempelanlagen der Wǔdāng-Berge zu schützen. Seit den Reformen und der Öffnung Chinas etablierte und vervollständigte die neue Generation religiöser Persönlichkeiten der Daoistischen Gesellschaft der Wǔdāng-Berge unter der Leitung des Präsidenten Wáng Guāngdé 王光德 ein umfassendes Verwaltungssystem, so daß sich alle religiösen Aktivitäten in bester Ordnung befinden. Die Daoistische Gesellschaft der Wǔdāng-Berge beschaffte außerdem aus verschiedenen Quellen Geldmittel von über 30 Millionen *yuán* 元, mit denen eine vollständige Restaurierung der Tempel und der heiligen Orte, an denen daoistische Aktivitäten stattfinden, durchgeführt wurde, und mit denen die Lebensbedingungen der daoistischen Mönche in den Wǔdāng-Bergen erheblich verbessert werden konnten. So wurde eine gute natürliche und menschliche Umgebung für die Verbreitung der daoistischen Kultur geschaffen. Seit vielen Jahren richtet die Daoistische Gesellschaft der Wǔdāng-Berge ihre Aufmerksamkeit auf die Erschließung, Erforschung und Anwendung der Quellen der daoistischen Kultur und veranlaßt so, daß die daoistische Musik, die Fausttechniken der inneren Stile (*nèijiā quán* 内家拳) und die daoistische Medizin zutage gefördert, geordnet und weitergegeben werden können. Um die Freundschaft mit den Völkern der verschiedenen Länder der Erde zu fördern, und die Freundschaft unter den im In- und Ausland lebenden Chinesen zu vertiefen, bildete die Daoistische Gesellschaft der Wǔdāng-Berge schon mehrmals Gruppen, die auf Einladung nach Italien, Singapur, Thailand, Malaysia und in andere Länder reisten. Zusammen mit Hongkong und Táiwān 臺灣 wurden Aktivitäten zum wissenschaftlichen Austausch der daoistischen Kultur und des Wǔdāng-Gōngfū veranstaltet. Der Präsident Wáng Guāngdé 王光德 leitet die daoistischen Lehrangelegenheiten seit über zehn Jahren, er leitet die daoistischen Anhänger dazu an, das Vaterland und ihre Religion zu lieben, knüpft überall Freundschaften, widmet sich aktiv der Sache des gesellschaftlichen Gemeinwohls und führt die Freunde des Daoismus im In- und Ausland zusammen, wodurch die daoistische Kultur der Wǔdāng-Berge zu einer neuen Entwicklungsstufe geführt wird.

Kreisender Nebel und schwebende Wolken in einer dunstigen Landschaft von Unsterblichen

Götterstatue der Mutter des Großen Wagens (Dòumŭ 鬥姆)

Schatzkammer der Kunst

Der Daoismus der Wŭdāng-Berge steht mit der traditionellen Kultur und Kunst in enger Verbindung. Aus dem Blickwinkel der Kunstgeschichte gehören Kunst und Religion von ihrer Denkweise her beide zum Bereich der Phantasie und zur Welt der Gefühle. Sie beide sind geistige Wege, durch die sich der Mensch von seinen tatsächlichen Verhältnissen lösen, die Emotionen des alltäglichen Lebens überwinden, nach seelischer Verzückung streben und positiven Einfluß auf sich selbst ausüben kann. Von besonderer Bedeutung ist die religiöse Kunst, bei der künstlerischer Schönheitssinn und religiöser Eifer aufs engste miteinander verbunden sind, da sie dem gleichen seelischen Bereich entspringen. Gleichzeitig beeinflussen und inspirieren sich Kunst und Religion gegenseitig, so daß auf kognitiver Ebene wechselseitig Anleihen gemacht werden, und eine tendenzielle Gleichartigkeit von Religion und Kunst in den Bereichen der Wahrnehmung, der Imagination, der Assoziation und der Emotionen entsteht. Mit anderen Worten ist die Religion der Nährboden für künstlerische Entfaltung, und die Kunst wiederum aktiviert religiöse Entwicklung. Die daoistische Kunst der Wŭdāng-Berge stellt hier keine Ausnahme dar. Skulpturen, Gemälde, Opferutensilien und andere Kulturgüter sind in der daoistischen Kultur der Wŭdāng-Berge die wichtigste Ausdrucksform der figürlichen Kunst.

Die daoistischen Kunstgegenstände der Wŭdāng-Berge wurden größtenteils von Pilgern dargebracht und mit Hilfe von Spenden verschiedener gesellschaftlicher Kräfte hergestellt. Wegen der großen Wertschätzung seitens des Kaiserhauses der Táng- und Sòng-Zeit und der Aussendung zahlreicher Gesandter, welche in den Wŭdāng-Bergen Opferzeremonien durchführten, sind zahlreiche Götterskulpturen und Steinschnitzereien erhalten. Zur Yuán- und Míng-Zeit wurden die Wŭdāng-Berge als daoistischer Schauplatz immer offensichtlicher, der Trend kaiserlicher Wallfahrten nahm insbesondere zur Míng-Zeit ständig zu. Kaiser Chéngzŭ 成祖 der Míng-Dynastie verlieh den Wŭdāng-Bergen den Titel „Große Berge“ (Dàyuè 大岳), und nachdem [ihre Tempel] in die Reihe der Tempel des Kaiserhauses, in denen „auf oberer Ebene den verstorbenen Eltern des Kaisers Ehre erwiesen wird und auf unterer Ebene für das Reich und alles Lebende um Glück gebetet wird“ aufgenommen waren, schickten die historischen Kaiser alle Beamte in die Wŭdāng-Berge, um ehrerbietig Opfer zu erbringen. Diese Aktivitäten erschöpften sich nicht, und so entwickeln sich die Wŭdāng-Berge zu einem riesigen daoistischen Kunstmuseum. Bisher wurden über 7760 Kultur- und Kunstschätze registriert. Die in den Wŭdāng-Bergen aufbewahrten Stücke sind Statuen von

Keramiktopf vom Typ *guàn* 罐
(östliche Hàn-Zeit (25-211 n.Chr.)

Bronzespiegel (Jīn-Dynastie)

Tiger aus Bronze (Yuán-Dynastie)

goldener Drache (Míng-Dynastie, 6. Jahr der Regierungsdevise Jiànwén 建文 (1399)

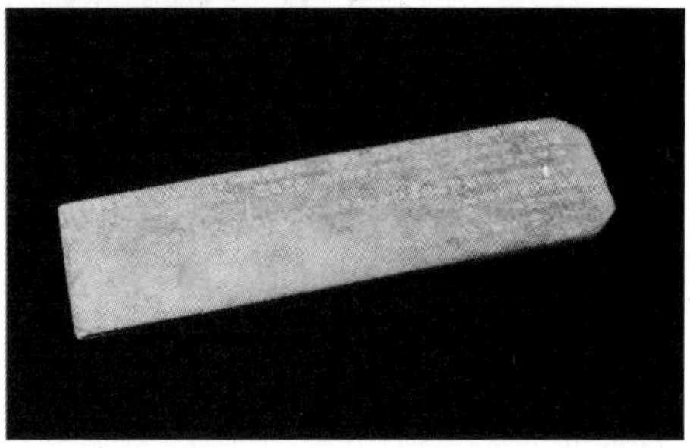

Schrifttäfelchen aus Stein (Míng-Dynastie, 6. Jahr der Regierungsdevise Jiànwén 建文 (1399)

Göttinnen der neun Himmel (Jiǔtiān xuánnǚ 九天玄女)
(Míng-Dynastie)

Daoistische Kulturschätze

Seit die Wǔdāng-Berge zu berühmten Bergen des Daoismus geworden waren, genossen sie die Aufmerksamkeit und das Wohlwollen der historischen Kaiserhäuser. Insbesondere nachdem das Kaiserhaus der Míng die Wǔdāng-Berge zu Tempeln der kaiserlichen Familie bestimmt hatte, ließen alle darauffolgenden Herrscher in einer großen Zahl von kaiserlichen Edikten Skulpturen gießen und beauftragten die besten Handwerker, mit großer Sorgfalt die verschiedensten daoistischen Opferutensilien und Kultgegenstände anzufertigen. Beamte von hohem Rang, Minister von abhängigen Königshäusern, Lokalbeamte und selbst das Volk wollten dem in nichts nachstehen. Aus Aufzeichnungen auf Bronze- und Steintafeln aus den Wǔdāng-Bergen und anfänglichen Zählungen der Behörde für Kulturgüter wird ersichtlich, daß diese Kulturschätze aus über 20 Provinzen, Städten und unabhängigen Verwaltungsbezirken des ganzen Landes stammen und über deutliche regionale Besonderheiten und zeitliche Charakteristika der jeweiligen Epoche verfügen. Für die Forschung in den Bereichen der historischen Metallurgie, Kunstschnitzerei, Malerei, Kleidung und Schmuck sowie Politik, Wirtschaft, Militär und Kultur liefern sie eine seltene Grundlage in Form von materiellen Gegenständen. Die daoistischen Kunstgegenstände der Wǔdāng-Berge sind größtenteils wertvolle Metallskulpturen und edle Holzschnitzereien. Steinschnitzereien und Tonskulpturen stellen ebenfalls einen beträchtlichen Teil dar. An Metallen wurde Gold, Silber, Bronze, Eisen und Zinn, an Holz größtenteils *nánmù* 楠木-Holz (*Phoebe nanmu*), Kampferholz und Sandelholz verwendet. Aus verschiedenen historischen Gründen, wie Brandkatastrophen oder finanziellem Abfluß, sind viele der exquisiten Stücke aus den Wǔdāng-Bergen beschädigt worden. Heute existieren nur noch über 1700 Götterstatuen, 650 Opferutensilien, über 400 Kultgegenstände, 4510 verschiedene Stücke und über 500 Gedenktafeln mit Inschriften. Insgesamt sind es 7760 Kunstgegenstände, wobei alle historischen Dynastien vertreten sind (jedoch keine Stücke vor der Zeit der Kämpfenden Reiche). Unter den bronzenen Kulturgütern wiegt die größte, aus Bronze gegossene und vergoldete Palasthalle über 100 Tonnen, die kleinste, ebenso aus Bronze gegossene und vergoldete [Miniatur einer] Halle weniger als 20 Pfund. Die größte metallene, vergoldete Götterstatue ist 1,7 Tonnen, die kleinste keine 500 Gramm schwer. Die Tonskulpturen sind ebenfalls eine Besonderheit der daoistischen Berge. Die für die große Halle des Palastes des purpurnen Wolkenhimmels überreichte Götterstatue aus Ton ist 4,8 Meter hoch, der Goldknabe (Jīntóng 金童) und das Jademädchen (Yùnǚ 玉女) sind 2,86 Meter hoch. In der Táng-Zeit auf kaiserlichen Befehl hergestellte Tonplastiken des Grünen Drachengotts (Qīnglóng 青龍) und des Weißen Tigergotts (Báihǔ 白虎) im Palast der fünf Drachen sind über 5 Meter hoch. Diese edlen Stücke stammen meist aus Händen bekannter Meister daoistischer Kunst. Die Technologie des Metallgusses ist fortschrittlich, Holzschnitzereien, polychrome Malereien, Steinschnitzereien und Tonskulpturen haben ausgeprägten Charakter und sind mit überdurchschnittlichem künstlerischen Können hergestellt, sie alle erreichen höchste Perfektion. Zahlreich sind die in den Wǔdāng-Bergen aufbewahrten daoistischen Kulturgüter, ebenso wie die verwendeten Materialien; in China ist eine so große Zahl an „Göttern und Unsterblichen" selten zu sehen. Von vielen Fachleuten und Gelehrten als „Schatzkammer der Kunst" oder „Palast der Kunst" gelobt, werden die Wǔdāng-Berge respektvoll als „Kunstmuseum" bezeichnet. Diese kostbaren Gegenstände, die von hohem künstlerischen, historischen und wissenschaftlichen Wert sind, stellen nicht nur einen wichtigen Bestandteil der daoistischen Kultur der Wǔdāng-Berge, sondern auch der daoistischen Kultur ganz Chinas dar. Chinesischen und ausländischen Wissenschaftlern geben sie Einblick in die chinesische Kunst und Geschichte.

Gottheiten, in Stein gravierte Inschriften, Steinschnitzereien, mit Inschriften versehene Tafeln, kanonische Schriften, Gedenktafeln, Wandmalereien, polychrome Malereien, daoistische Kultgegenstände und Opferutensilien. Die verwendeten Materialien sind Gold, Silber, Bronze, Eisen, Zinn, Holz und Stein. Darunter finden sich viele Einzelstücke, die in China und im Ausland nur selten anzutreffen sind.

Unter den Kunstgegenständen weisen die Statuen daoistischer Gottheiten die größten Besonderheiten auf, sie haben den höchsten künstlerischen Wert.

Die daoistischen Götterstatuen sind der Mittelpunkt der von den Göttern geschaffenen daoistischen Lehre. Sie sind der zentrale Gedanke im Daoismus, auf den sich seine Existenz beruft und stellen sein theoretisches Stützgerüst dar. Der chinesische Daoismus weist eine vollständige Genealogie von Gottheiten auf. Laut Angaben in den daoistischen Klassikern vor der Sòng-Zeit gibt es im Daoismus über 400 Gottheiten, die in sieben Ränge unterteilt sind, wobei jeder Rang mit einem Hauptgott versehen ist. Diese Gottheiten stellen im großen und ganzen die Gesamtheit der Himmelsgottheiten, Erdgottheiten, der Geister von Verstorbenen und Unsterblichen dar, wobei die Drei Klarheiten (Sānqīng 三清) und die Vier Kaiserlichen (Sìyù 四御) die höchsten Gottheiten sind. Die Drei Klarheiten bestehen aus dem Himmlischen Würdigen des Uranfangs (Yuánshǐ tiānzūn 元始天尊), der im Bereich der Jadenen Klarheit des Klaren und Tiefgründigen Himmels (Qīngwēitiān yùqīngjìng 清微天玉清境) residiert, dem Himmlischen Würdigen des Geistigen Schatzes (Língbǎo tiānzūn 靈寶天尊), der im Bereich der Obersten Klarheit des Sich in die Weite erstreckenden Himmels (Yǔyútiān shàngqīngjìng 禹餘天上清境) wohnt, und dem Himmlischen Würdigen des Weges und der Wirkkraft (Dàodé tiānzūn 道德天尊) (es handelt sich um Lǎozi), der im Bereich der Obersten Klarheit des Großen Roten Himmels (Dàchìtiān tàiqīngjìng 大赤天太清境) zu Hause ist. Die Vier Kaiserlichen sind der Große Jadekaiser und Höchste Würdige des Ausgedehnten Himmels mit den Goldenen Türmen (Hàotiān jīnquè wúshàng zhìzūn yùhuáng dàdì 昊天金闕無上至尊玉皇大帝), der Große Kaiser des Nördlichen Pols, der sich in der Purpurnen Verborgenheit des Mittleren Himmels [aufhält] (Zhōngtiān cǐwēi běijí dàdì 中天紫微北極大帝), der Große Himmelskaiser aus dem Obersten Palast Gōuchén 勾陳 (Gōuchén shànggōng tiānhuáng dàdì 勾陳上宮天皇大帝) und der Erdkaiser des Ererbten Himmels und der Wirksamen Methode (Chéngtiān xiàofǎ tǔhuáng dìzhī 承天效法土皇地祗).

Im Daoismus der Wǔdāng-Berge wird hauptsächlich der Große Kaiser Wahrer Krieger (Zhēnwǔ dàdì 眞武大帝) verehrt. Ausgehend von diesem leitet sich eine einzigartige Genealogie von Gottheiten ab. Der Wahre Krieger stellt die oberste Gottheit dar, der Goldene Knabe, das Jademädchen und die beiden Generäle des Wassers (Shuǐjiàng 水將) und des Feuers (Huǒjiàng 火將) sind Dienergottheiten, der Grüne Drache und der Weiße Tiger sind Schutzgottheiten. Bedienstete Götter sind der Geisterbeamte Wáng 王 (Wáng língguān 王靈官), die Fünfhundert Geisterbeamten (Wǔbǎi língguān 五百靈官), die Sechs Geistergeneräle der ersten Kategorie (Liùjiǎ shénjiàng 六甲神將), die verschiedenen Donnergottheiten (Léibù zhūshén 雷部諸神), der Marschall Lord

aus Bronze gegossene goldene Halle (Yuán-Zeit)

versteinerter Bambusproß

auf kaiserlichen Wunsch hergestelltes bronzenes Opfergefäß (Míng-Zeit)

kaiserliche Gedenktafel mit Steingravur (Míng-Zeit)

Götterstatue der Mutter des Großen Wagens (Dòumǔ 鬥姆)

Lampe mit den Acht Unsterblichen (Bā xiān 八仙)

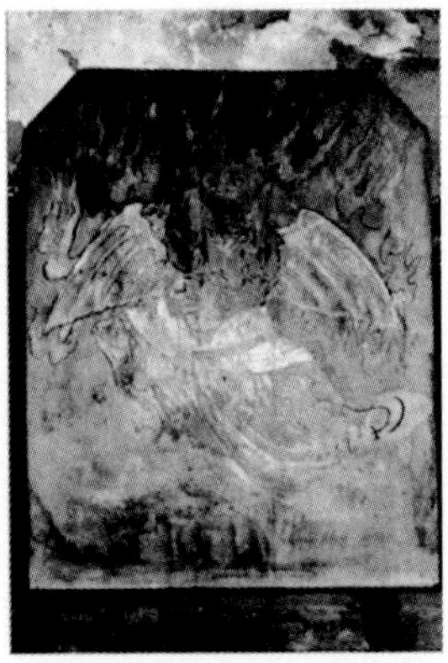

Stele mit einem Bildnis des Wahren Kriegers

Original des [songzeitlichen Kalligraphen] Mǐ Fèi 米芾

bronzenes Modell der Wǔdāng-Berge

Götterstatue aus Ton

Gottheit des schwarzen Tigers (Hēihǔ 黑虎) (Steinschnitzerei)

Geisterbeamte (Língguān 靈官) am Felsen der jadenen Leere

Zhào 趙 (Zhào gōng yuánshuài 趙公元帥), der Himmelsfürst Guān 關 (Guān tiānjūn 關天君), Marschall Wēn 溫 (Wēn yuánshuài 溫元帥) und der Himmelsfürst Mǎ 馬 (Mǎ tiānjūn 馬天君). Der Heilige Vater (Shèngfū 聖夫) und die Heilige Mutter (Shèngmǔ 聖母) sowie die Mutter des Großen Wagens (Dòumǔ 鬥姆) sind alle Würdige Gottheiten. In dieser Genealogie werden alle Arten von Gottheiten und Geistern aus der Welt des Himmels, der Hölle und der verstorbenen Seelen zusammengefaßt und bilden ein über grenzenlose übernatürliche Kraft verfügendes und allmächtiges System von Göttern.

In den Wǔdāng-Bergen gibt es gegenwärtig etwa über 1700 Statuen von Gottheiten, darunter über 450 bronzene Statuen und über 530 eiserne Statuen. Nahezu alle Götterstatuen wurden von Pilgern dargebracht, wobei kaiserliche Geschenke des Kaiserhofes der Míng den größten Teil ausmachen. Im 16. Jahr der Regierungsdevise Yǒnglè 永樂 der Míng (1418) erließ Kaiser Chéngzǔ 成祖 ein Dekret, daß die Gebäudegruppe der 33 auf kaiserlichen Befehl erbauten Paläste in den Wǔdāng-Bergen überall mit kaiserlich hergestellten Götterstatuen, Opferutensilien, Kultgegenständen, Tempelbannern, Zelten für die Gottheiten und Nischen für Figuren ausgestattet werden sollten. Auf der kaiserlich verfaßten Gedenktafel für die daoistischen Paläste in den Großen Bergen, den Bergen der Höchsten Harmonie [heißt es]:

> *Wir, der Kaiser, hoben Truppen aus, um Unruhen im Inneren [des Landes] zu befrieden, die Götter standen den Gefolgsleuten bei; Wind wehte und Donner grollte, die Anzeichen waren äußerst deutlich [...] Respektvoll befahl [der Kaiser], daß sich Staatsmänner und Offiziere einige zehn* lǐ 里 *östlich vom Gebiet der Fünf Drachen einfinden und einen landschaftlich schönen Ort auswählen sollten, um dort den Palast der Jadenen Leere des Dunklen Himmels (Xuántiān yùxūgōng* 玄天玉虛宮*) zu errichten. Im Gebiet des Purpurnen Wolkenhimmels, am Südlichen Felsen und im Gebiet der Fünf Drachen ließ der Kaiser den Palast des Purpurnen Wolkenhimmels des Höchsten Mysteriums (Tàixuán Zǐxiāogōng* 太玄紫霄宮*), den Palast des Südlichen Felsens des Großen Heiligen (Dàshèng Nányángōng* 大聖南岩宮*) und den Palast der Fünf Drachen der Blühenden Heiligkeit (Xīngshèng Wǔlónggōng* 興聖五龍宮*) erbauen. Da sie der Spitze des Himmelspfeilers (Tiānzhù* 天柱*) nahe sind, wurden die Hallen aus Bronze gemacht und mit Gold ausgeschmückt. Die als Vorlagen für die Gottheiten dienenden Statuen erhielten unzählige Opfergaben. Die Paläste der Gottheiten und die Hallen der Unsterblichen erstrahlten in völlig neuem Glanz.*

Im 9. Jahr der Regierungsdevise Chénghuà 成化 (1473) nahm der kaiserliche Eunuch Chén Xǐ 陳喜 das Dekret entgegen, dem Palast der Höchsten Harmonie (Tàihégōng 太和宮) einen Satz aus Bronze gegossener und vergoldeter Götterstatuen zu überbringen: es waren eine Statue des Wahren Kriegers, vier Statuen von Dienergottheiten, (ein Geisterbeamte, das Jademädchen, der Fahnenträger (Zhǐqí 執旗) und der Schwertträger (Pěngjiàn 捧劍)), zwei Statuen von Schutzgottheiten (der General des Wassers und der General des Feuers), zehn Donnergottheiten (Himmelsfürst Dèng 鄧 (Dèng tiānjūn 鄧天君), Himmelsfürst Xīn 辛 (Xīn tiānjūn 辛天君), Himmelsfürst Zhāng 張 (Zhāng tiānjūn 張天君), Himmelsfürst Táo 陶 (Táo tiānjūn 陶天君), Himmelsfürst Xún 荀 (Xún tiānjūn 荀天君), Himmelsfürst Bì 畢 (Bì tiānjūn 畢天君), Marschall Mǎ 馬, Marschall Zhào 趙 (Zhào yuánshuài 趙元帥), Marschall Wēn 溫 und Marschall Guān 關 (Guān yuánshuài 關元帥) sowie Opferutensilien und Kultgegenstände. Dem Palast der Jadenen Leere wurde ein Satz aus Bronze gegossener und vergoldeter Götterstatuen dargebracht: eine Figur des Wahren Kriegers, vier Statuen von Dienergottheiten, (der Geisterbeamte, das Jademädchen, der Fahnenträger und der Schwertträger), zwei Statuen von Schutzgottheiten (der General des Wassers und der General des Feuers), sowie Kultgegenstände. Nach Zählungen des heute vorhandenen Materials schenkte der Kaiserhof zwischen dem 9. Jahr Chénghuà 成化 und dem 33. Jahr Jiājìng 嘉靖 (1473-1554) 18-mal Götterstatuen. Insgesamt wurden 93 Götterstatuen überreicht, darunter sieben aus Gold, sechs aus vergoldetem Silber, acht aus mit Goldfolie überzogener Bronze, 53 aus Bronze gegossene und vergoldete Statuen und 19 aus Holz geschnitzte, mit Goldfolie überzogene, weiß getünchte und farbig bemalte Statuen. Die überreichten Opferutensilien zählen 185 Stück, darunter 14 aus vergoldetem Silber, zwei aus mit Goldfolie überzogener Bronze, über 200 aus vergoldeter Bronze sowie eine große Anzahl von Kultgegenständen. Die Geschenke der Kaisergenerationen nach Jiājìng 嘉靖 unterschritten diese Zahlen nicht. Laut unvollständigen Zählungen erließen die Generationen der Míng-Kaiser insgesamt über 369 kaiserliche Edikte an die Wǔdāng-Berge. Man kann sich die riesige Größenordnung der kaiserlichen Schenkungen ausmalen.

Die religiösen Gebrauchsgegenstände, die vom Kaiserhaus der Míng geschenkt wurden, wurden größtenteils auf dem See- oder Landweg von Peking zu den Wǔdāng-Bergen transportiert. In den Jahren der Regierungsdevise Yǒnglè 永樂 wurde der Kaiserkanal ausgebaut. Ein Edikt des Kaisers Chéngzǔ 成祖 aus dem 9. Monat des 14. Jahres Yǒnglè 永樂 (1416) ließ den Militärgouverneur Hé Jùn 何竣 die Goldene Halle und Seefahrzeuge eskortieren; sie gelangten vom Kaiserkanal ausgehend über den Langen Fluß (Chángjiāng 長江) und dem Hàn 漢-Fluß zu den Wǔdāng-Bergen. Ein kaiserliches Edikt des Kaisers Xiàozōng 孝宗 aus dem 14. Jahr Hóngzhì 弘治 (1501) [lautet]: „Der Kaiser befiehlt, daß der kaiserliche Eunuch Wáng Ruì 王瑞 den Wǔdāng-Bergen Statuen des Dunklen Kriegers überreichen soll. Er soll kaiserliche Schiffe und Schnellboote benutzen und über 80 Stück [überbringen].“ Der Seeweg war nicht nur schnell und komfortabel, er stellte auch einen Schutzfaktor für den sicheren Transport der Götterstatuen dar.

Im Laufe der über 200-jährigen Míng-Dynastie wurden die Wǔdāng-Berge eine „Welt von Gold und Silber“, die „den ersten Platz an Reichtum unter dem Himmel“ einnahm. Im 22. Jahr Yǒnglè 永樂 der Míng (1424) erließ Kaiser Chéngzǔ 成祖 ein Edikt an Zhūgé Píng 諸葛平, einen Verwaltungsbeamten zur Rechten der Provinzverwaltung aus Húguǎng 湖廣, welches besagt, daß die für das Bauprojekt in den Wǔdāng-Bergen

Der Große Jadekaiser

Der „Große Jadekaiser und höchste Würdige des ausgedehnten Himmels mit den goldenen Türmen" (Hàotiān jīnquè wúshàng zhìzūn Yùhuáng dàdì 昊天金闕無上至尊玉皇大帝) ist am 9. Tag des 1. Monats im Jahre *bǐngwǔ* 丙午 geboren, er wird kurz „Jadekaiser" genannt. Er ist einer der im Daoismus verehrten Gottheiten von höchstem Rang und höchstem Amt. Er ist Hauptverwalter des gesamten Schicksals der Drei Welten (obere, mittlere und untere Welt), der Zehn Richtungen (vier Dimensionen, vier Himmelsrichtungen, oben und unten), der Vier Arten von Lebewesen (Lebendig geborene, aus Eiern entstehende, aus dem Dampf entstehende und durch Transformation entstehende Lebewesen) und der Sechs Welten der Reinkarnation (Himmel, Menschen, Gespenster, Hölle, Haustiere und hungrige Geister). In den Wǔdāng-Bergen gibt es heutzutage noch den „Gipfel des Jadekaisers", den „Pavillon des Jadekaisers" und die „Halle des Jadekaisers" sowie Skulpturen des Jadekaisers. Die Abbildung stellt eine Götterstatue des Großen Jadekaisers und des Wahren Kriegers in der Halle des purpurnen Wolkenhimmels dar.

Bronzene Götterstatue des Großen Kaisers Wahrer Krieger im Palast der fünf Drachen
(Ausschnitt)

Donnergottheit

verbrauchten Mittel derart riesig seien, daß „es schwierig ist, die Menge des ausgegebenen Silbergelds zu zählen". In den *Aufzeichnungen über die Leistungen hoher Beamter* (*Míngqīng jījì* 名卿績記), Rolle 3, heißt es: „Im Palast des Dunklen Kriegers (Xuánwǔgōng 玄武宮) in den Wǔdāng-Bergen sind die Türstürze und Stützbalken aus glasierten Ziegeln gemacht, überall verwendete man Gold, so daß die Goldreserven dieser Zeit nahezu aufgebraucht wurden." Im dem Werk *Kleine Werke vom Emporsteigenden Wimpel* (*Yǒngchuáng xiǎopǐn* 涌幢小品), Rolle 32, schreibt der mingzeitliche Autor Zhū Guózhēn 朱國楨: „Das Bauprojekt in den Bergen der höchsten Harmonie wurde aufgrund der Leistungen der stillschweigenden Unterstützung vollbracht, die materielle Kraft zweier Dynastien zeigte ihr Äußerstes." In der *Chronik der Berge der Höchsten Harmonie, den Großen Bergen* (*Dàyuè Tàihéshān zhì* 大岳太和山志) des mingzeitlichen Wáng Zuǒ 王佐, Rolle 16, werden die Worte des Gù Lín 顧璘 zitiert: „Gewöhnlich spiegeln die Paläste die Würde des kaiserlichen Throns in den Hallen des Himmels wider, aber selbst wenn sie als kleine Hütten oder [gewöhnliche] Unterkünfte gemacht wären, so werden dafür doch immer die Erzeugnisse der gewöhnlichen Leute verbraucht." In dem Werk *Weiterführung der Aufzeichnungen von den Palasthallen* (*Guǎngzhì yì* 廣志繹) des mingzeitlichen Wáng Shìxìng 王士性, Rolle 4, heißt es: „Als Kaiser Wén 文 die fünf Paläste erbauen ließ, benutzte er dazu die Steuern der fünf südlichen Provinzen; nach 14 Jahren waren sie fertiggestellt. [Eine Zahl] von 10000 mal 10000 reicht nicht aus, um das [aufgewendete] Geld zu zählen." Das Gedicht *Palast des Jadetigers* (*Yùhǔgōng* 玉虎宮) des mingzeitlichen Wáng Shìzhēn 王世貞 lautet: „In weiter Ferne ragt eine Welt aus gelbem Gold hoch auf, in der Höhe schweben Brücken aus weißer Jade." In der Schrift *In der Morgendämmerung auf den Gipfel des Himmelspfeilers steigen* (*Xiǎo dēng Tiānzhùfēng* 曉登天柱峰) von Xú Zhōngxíng 徐中行 heißt es: „ Glänzende Sonnenstrahlen werden von der Goldenen Halle widergespiegelt, der Dunkle Krieger steht hoch aufragend dem Palast des Roten Kaisers gegenüber." Sūn Yìng'áo 孫應鰲 schreibt in dem Werk *Palast der Höchsten Harmonie* (*Tàihégōng* 太和宮): „Der Himmelspfeiler öffnet seine goldenen Tore, der Regenbogen als Dachbalken ziert die jadenen Palasttreppen." Die Schrift *An einem verschneiten Tag zusammen mit Lín Méichuāng* 林梅窗 *den Berg der Höchsten Harmonie erklimmen* (*Xuětiān tóng Lín Méichuāng dēng Tàihé* 雪天同林梅窗登太和) von Yè Jiǔquán 葉九全 besagt: „Geradewegs aufsteigen zu den Toren des Himmels, dort ist die Szenerie noch stiller und verlassener; die Goldene Stadt und die Goldene Halle sind der schönste Bezirk." In *Auf den Gipfel des Himmelspfeilers steigen* (*Dēng Tiānzhù fēng* 登天柱峰) von Zhū Zhuófāng 朱灼方 heißt es: „Der Glanz der Berge und die Schatten der Wolken wandern gemeinsam umher, schlängelnd entfalten sich goldene Türme und silberne Wandschirme." Die goldene und silberne Atmosphäre der Wǔdāng-Berge regte diese umfassend Gelehrten zu verschiedenartigen Gefühlen der Ergriffenheit an.

Allgemein gesprochen kommt religiöser Glaube hauptsächlich durch religiös-rituelles Verhalten zum Ausdruck und wird dadurch erst faßbar. Durch Zeremonien, in denen der Mensch Gottheiten verehrt, zu ihnen betet, ihnen Opfer darbringt und sie lobpreist, drückt er seine Ehrfurcht, Frömmigkeit und Ergebenheit gegenüber den Göttern aus. Deshalb ist die Herstellung von Götterstatuen eine äußerst heilige und wichtige Angelegenheit. Es ist nötig, daß für die Anfertigung Handwerker höchsten Niveaus ausgewählt werden, und diese all ihre Fähigkeiten ausschöpfen, um die von der Religion geforderten Vorstellungen bestmöglich umzusetzen.

Die daoistischen Götterstatuen der Wǔdāng-Berge sind äußerst sorgfältig gearbeitet und von hoher Qualität, sie repräsentieren mingzeitliche Bildhauerkunst exzellenten Niveaus. Die Statuen, für deren Herstellung Kaiser Chéngzǔ 成祖 in der Ära Yǒnglè 永樂 persönlich Sorge getragen hat, sind besonders herausragend. Im 4. Monat des 17. Jahres Yǒnglè 永樂 (1419) gab Kaiser Chéngzǔ 成祖 ein Edikt an den Marquis von Lóngpíng 隆平, Zhāng Xìn 張信, und den kaiserlichen Schwiegersohn des 6. Adelsranges, Mù Xīn 沐昕, heraus: „Am Felsen des Kronprinzen und am Abhang des Kronprinzen soll jeweils eine Statue [einer Gottheit] aufgestellt werden; rasch soll ein genauer Plan der Ausmessungen [des Ortes] angefertigt und hergebracht werden. Dies ist der Befehl."

Die Statue des Wahren Kriegers in der Goldenen Halle wirkt still und zurückhaltend. Er trägt eine Kriegsrobe, darunter einen goldenen Panzer, ist barfuß und sitzt aufrecht auf einem kaiserlichen Stuhl. Sein Gesicht sieht friedvoll aus, seine Miene ist ernst und gewissenhaft; er bringt Frieden, Tiefgründigkeit, Anmut und Weisheit zum Ausdruck. Beide Hände liegen flach auf den Knien. Kraftvoll und gütig repräsentiert er eine Führungsgottheit, der man vertrauen kann. Es scheint, als ob er jedem Pilger ein Zeichen gäbe, daß er bereit ist, ihm zu helfen sein Leid zu überwinden und ein glückliches Himmelreich zu erreichen.

Neben dem Wahren Krieger befinden sich in der Goldenen Halle auch noch der Goldknabe und das Jademädchen sowie der General des Wassers und der General des Feuers. Der Goldknabe hält ein Register der Unsterblichen in Händen, das Jademädchen ein Göttersiegel; der General des Wassers und der General des Feuers tragen jeweils ein Schwert oder eine Fahne und sind zu beiden Seiten aufgestellt. Sie gelten ebenfalls als Kostbarkeiten der mingzeitlichen Bildhauerkunst.

Die Gruppe von Skulpturen in der Goldenen Halle ist anders als buddhistische Skulpturen. Die buddhistischen Götterstatuen sind sehr groß, mehrere Meter oder Dutzende von Metern hoch, manchmal erreicht eine Figur sogar die Größe eines ganzen Berges. Um das ungleiche Verhältnis zwischen Mensch und Gottheit zu kontrastieren, wird die Größe und Würde der Gottheit zur Schau gestellt. Die daoistischen Götterstatuen entsprechen von ihrer Größe her wirklichen Menschen. Ihre Gestalt, Kleidung und Schmuck sind in genauer Übereinstimmung mit der mingzeitlichen Leibgarde des Kaiserpalastes angefertigt. Kopfschmuck, Muster der Kleidung, die Nachahmung von Geweben und bestickten Gürteln zeigen große Lebensechtheit, so als ob sie der Geschichte entsprungen wären, was dem Menschen das Gefühl der Vertrautheit und der Menschlichkeit vermittelt. Die Gottheit ist kein unerreichbarer Führer mehr, son-

Jademädchen

Goldknabe

General des Feuers

General des Wassers

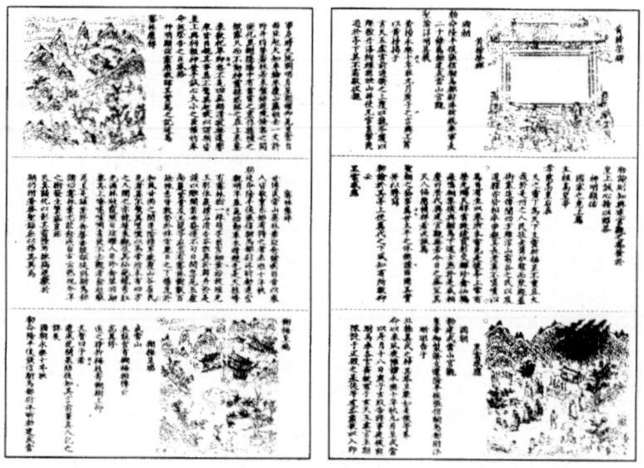

Míngzeitliches, daoistisches Gemälde aus den Wǔdāng-Bergen [mit dem Titel] ***Illustrationen und Texte über die glückverheißende Begegnung mit dem Kaiser des dunklen Himmels aus der Großen Míng-Zeit*** (*Dàmíng xuántiān shàngdì ruìyìng túlù* 大明玄天上帝瑞應圖錄), [enthalten im] *Daoistischen Kanon* (*Dàozàng* 道藏).

Größtenteils handeln diese Bilder von der glückverheißenden Erscheinung des Kaisers des dunklen Himmels unter den Menschen. Die *Illustrationen und Texte* teilen die beiden Bereiche Himmel und Erde in 17 Abschnitte ein. Im Vordergrund enthalten sie die „kaiserlich verfaßte Gedenkschrift für die daoistischen Paläste in den Großen Bergen, den Bergen der höchsten Harmonie“ aus dem 16. Jahr Yǒnglè 永樂, drei kaiserliche Edikte aus dem 11. Jahr Yǒnglè und zwei kaiserliche Edikte aus dem 3. und 4. Jahr Yǒnglè 永樂 an Lǐ Sùxī 李素希. Im mittleren Teil sind die Illustrationen jeden Abschnitts von einem Text begleitet. Folgende Bilder werden dargestellt: „Ruhm und Glanz der gelben Namensliste“, „Reaktion der schwarzen Wolken“, „Über den Wäldern schweben und auf Glück treffen“, „Glückverheißend aussehende Betelnuß und japanische Aprikose [Lángméi 榔梅-Frucht]“, „An einem riesigen Baum verweilende Gottheit“, „Aus einer großen Glocke hervorsprudelndes Wasser“, und „Elf Abbildungen, wie der Heilige in strahlendem Glanz in Erscheinung tritt“.

Die *Illustrationen und Texte* sind die früheste in China derzeit anzutreffende Bildergeschichte. Diese Art der Bildergeschichte, bei denen Illustrationen und Text gleichermaßen prachtvoll sind, sind für die chinesische Kunstgeschichte von großer Bedeutung.

dern ein für die Angelegenheiten des menschlichen Lebens zuständiges Familienoberhaupt, an das man sich um Rat wenden kann.
Unter den bildhauerischen Kunstwerken sind insbesondere die aus Bronze gegossenen und vergoldeten verschiedenen Donnergottheiten erwähnenswert. Die Größe dieser Gruppe von Statuen liegt meist bei etwa einem halben Meter, sie sind äußerst lebendig gestaltet. Die Figur des Donnergotts (Léishén 雷神) kann als besonders herausragendes Stück bezeichnet werden. Der Donnergott wird auch als Lord des Donners (Léigōng 雷公) oder Meister des Donners (Léishī 雷師) bezeichnet. Er ist die Gottheit, die es für das Volk regnen und donnern läßt. Im Daoismus ist man der Ansicht, daß der Donner für den Himmel „sprechen" kann. Im *Jadenen Klassiker des Donners aus der Dunklen Hauptstadt, die in der Jadenen Klarheit, der Großen Reinheit und der Purpurnen Verborgenheit der Neun Wolkenhimmel gelegen ist* (*Tiānshàng jiǔxiāo yùqīng dàfàn zǐwēi xuándū léitíng yùjīng* 天上九霄玉清大梵紫微玄都雷霆玉經) heißt es: der Donnergott „regiert über Unglück und Glück des Himmels, ihm obliegt das Abwägen über die Dinge. Er hält Dinge und Menschen in Händen, er verwaltet Leben und Tod." Der Donnergott trägt die Kleidung eines Kriegers, in einer Hand hält er einen Hammer, in der anderen einen Meißel. Mit zornigen Augen, Reißzähnen und hervortretenden Muskeln zeigt er kriegerische Stärke und ungestüme Macht. Die flatternden Muster der Kleidung und die Krümmung seiner Beine bergen eine gewaltige Kraft und vermitteln dem Betrachter das Gefühl von Bewegung. Was die Korrespondenz zwischen dem Wahren Krieger und den Dienergottheiten betrifft, so führen die verschiedenen Gottheiten der Abteilung Donner die Befehle der höheren Gottheit mit kriegerischer Stärke aus.
Diese Skulpturen besitzen nicht nur sehr hohen künstlerischen Wert, die aus Bronze gegossenen Götterstatuen sind auch von großer wissenschaftlicher Bedeutung. Die Gießereihandwerker verwendeten die damals auf der Welt fortschrittlichste Technik des Gusses mit Wachsschmelzverfahren. Dazu entwarf man zunächst ein Wachsmodell des Gußstückes, mit feuerfestem Material wurde dessen Kern dann ausgefüllt und das Äußere überzogen. Unter Hitzeeinwirkung wurde das Wachsmodell herausgeschmolzen und ließ das gesamte Gußstück als hohle Form zurück. Zum Schluß wurde die flüssige Bronze eingegossen. Der Guß im Wachsschmelzverfahren bildet das Gußstück nicht nur als Ganzes ab und hinterläßt keine Abdrücke der Gußform, auch die filigranen Teile des Gußstückes, welche zum Ausdruck kommen sollen, werden alle haargenau wiedergegeben. Nach dem Gießen wurden die Götterstatuen vergoldet. Mit strahlendem Glanz und reichen Farben stellen sie erlesene und unübertroffene Stücke dar.
Die Malerei und polychrome Malkunst der Wǔdāng-Berge bilden ebenfalls einen wichtigen Bestandteil der daoistischen Kultur.
Vor kurzem entdeckte, relativ frühe daoistische Gemälde der Wǔdāng-Berge sind die in den *Daoistischen Kanon* (*Dàozàng* 道藏) aufgenommenen *Illustrationen und Texte über die glückverheißende Begegnung mit dem Kaiser des Dunklen Himmels aus der Großen Míng-Dynastie* (*Dàmíng xuántiān shàngdì ruìyìng túlù* 大明玄天上帝瑞應

圖錄). Sie sind auf Wunsch des Míng-Kaisers Chéngzǔ 成祖 in der Yǒnglè 永樂-Ära von Malern des Kaiserhofes angefertigt worden. Die *Illustrationen und Texte über die glückverheißende Begegnung mit dem Kaiser des Dunklen Himmels aus der Großen Míng-Dynastie* stellen, wie der Name schon sagt, die glückverheißende Erscheinung des Kaisers des Dunklen Himmels unter den Menschen dar. Die *Illustrationen und Texte* teilen die beiden Bereiche Himmel und Erde in 17 Abschnitte ein. Im Vordergrund enthalten sie die „kaiserlich verfaßte Gedenkschrift für die daoistischen Paläste in den Großen Bergen, den Bergen der Höchsten Harmonie" aus dem 16. Jahr Yǒnglè 永樂, drei kaiserliche Edikte aus dem 11. Jahr Yǒnglè 永樂 und zwei kaiserliche Edikte aus dem 3. und 4. Jahr Yǒnglè 永樂 an Lǐ Sùxī 李素希. Im mittleren Teil sind die Illustrationen jeden Abschnitts von einem Text begleitet. Folgende Bilder werden dargestellt[1]: „Ruhm und Glanz der gelben Namensliste", „Reaktion der schwarzen Wolken", „Über den Wäldern schweben und auf Glück treffen", „Glückverheißend aussehende Betelnuß und japanische Aprikose [Lángméi 榔梅-Frucht]", „An einem riesigen Baum verweilende Gottheit", „Aus einer großen Glocke hervorsprudelndes Wasser", und „Elf Abbildungen, wie der Heilige in strahlendem Glanz in Erscheinung tritt". Den Hintergrund bildet die Szenerie, wie Kaiser Chéngzǔ 成祖 der Míng dem Marquis von Lóngpíng, 隆平 Zhāng Xìn 張信, und dem kaiserlichen Schwiegersohn des 6. Adelsranges, Mù Xīn 沐昕, den Befehl erteilte, über 200000 Soldaten und Arbeiter anzuführen und Paläste und Tempel in den Wǔdāng-Bergen zu erbauen. Am Himmel und auf der Erde sind überall unzählige glückverheißende Symbole abgebildet. Die Darstellungen in den *Illustrationen und Texten* sind streng durchdacht, alle künstlerischen Möglichkeiten wurden ausgeschöpft. Im Bereich der Erde sind Berg-Seelen, Erdgeister sowie Götter und Geister der Residenzen des Wassers dargestellt, die alle miteinander in Beziehung stehen. Der Bereich des Himmels umfaßt elf Illustrationen, die beschreiben, wie der Wahre Krieger zwischen den Wolken strahlend als Gottheit in Erscheinung tritt. Ihre Aneinanderreihung ist außergewöhnlich: Am 6. Tag des 5. Monats des 11. Jahres Yǒnglè 永樂 (1413) tritt er einmal, am 21. Tag ebenfalls einmal und am 25. Tag zweimal in Erscheinung. Am 17. Tag des 8. Monats tritt er fünfmal, am 19. Tag zweimal in Erscheinung. Diese Anordnung birgt nicht nur Rhythmus, die Art des wellenförmigen Ansturms vermittelt auch ein Gefühl der Spannung, was für die Verbreitung der religiösen Botschaft vorteilhaft ist. Man kann sich vorstellen, wie erregt die Gemüter der damaligen Untertanen und Gläubigen waren, wenn sie den Kaiser des dunklen Himmels so unmittelbar aufeinander folgend in Erscheinung treten sahen.

Die *Illustrationen und Texte* sind die früheste in China derzeit anzutreffende Bildergeschichte. Diese Art der Bildergeschichte, bei denen Illustrationen und Text gleichermaßen prachtvoll sind, haben in der chinesischen Kunstgeschichte große Bedeutung.

[1] Die Titel der Bilder beziehen sich jeweils auf verschiedene Legenden oder Geschichten. [Anm. d. Üb.]

Wandmalerei und polychrome Malerei

Die Wandmalereien und polychromen Malereien der Wǔdāng-Berge sind hauptsächlich in den grösseren Tempeln, dem Palast des purpurnen Wolkenhimmels, dem Palast des südlichen Felsens, dem Kloster der Rückkehr zur Wahrhaftigkeit sowie dem Brunnen, an dem die Nadel gefeilt wurde und im Kloster der ursprünglichen Harmonie erhalten. Am besten erhalten sind die Malereien im Palast des purpurnen Wolkenhimmels. Diese exquisiten Stücke der polychromen Malerei heißen „Die Acht Unsterblichen lassen Glück herabfallen", „Qín'gāo 琴高 reitet auf dem Fisch", „Der Kronprinz kultiviert sich zu einem Unsterblichen" und „24 Pietäten".

Aus Rotlack geschnitzte Tafel mit einem kaiserlichen Edikt als Inschrift, dekoriert mit Wolken- und Drachenmustern sowie intarsiertem Blattgold (11. Jahr Yǒnglè 永樂 der Míng-Zeit (1413))

In der Míng-Zeit auf kaiserlichen Auftrag hin hergestellte „Heilige Tafel der Wǔdāng-Berge für den Kaiser des dunklen Himmels“

Bronzene Figur einer Dienerin (Yuán-Dynastie)

Die Wandmalereien und polychromen Malereien der Wǔdāng-Berge sind hauptsächlich in den größeren Tempeln, dem Palast des Purpurnen Wolkenhimmels, dem Palast des Südlichen Felsens, dem Kloster der Rückkehr zur Wahrhaftigkeit sowie am Brunnen, an dem die Nadel gefeilt wurde und im Kloster der Ursprünglichen Harmonie erhalten. Am besten erhalten sind die Malereien im Palast des Purpurnen Wolkenhimmels. Diese exquisiten Stücke der polychromen Malerei heißen „Die Acht Unsterblichen lassen Glück herabfallen“, „Qín'gāo 琴高 reitet auf dem Fisch“, „Der Kronprinz kultiviert sich zu einem Unsterblichen“ und „24 Pietäten“. Die Komposition der polychromen Bilder ist kompakt, die Pinselführung kräftig, die Farbgebung vollendet, die Formen von Menschen und Gegenständen sind lebendig; sie sind von großem künstlerischen Wert.
Unter den kaiserlichen Geschenken befindet sich auch eine äußerst kostbare, aus Rotlack geschnitzte Tafel mit einem kaiserlichen Edikt aus dem 11. Jahr Yǒnglè 永樂 als Inschrift, die mit Wolken- und Drachenmustern sowie intarsiertem Blattgold dekoriert ist. Es handelt sich um das früheste im In- und Ausland bis heute erhaltene Edikt, welches die Wǔdāng-Berge betrifft. Es lautet:

> *In allen Tempeln der Berge der Höchsten Harmonie, den Großen Bergen, gibt es um die eigene Kultivierung bemühte Meister. Sie sind heiteren Geistes, bewahren die Wahrhaftigkeit, umfassen das Eine und halten fest an der Einfachheit. Ihre körperliche Gestalt ist überirdisch. Sie lehnen die menschlichen Angelegenheiten ab und haben mit den weltlichen Dingen gebrochen. Nicht für einen Augenblick unterbrechen sie ihre Übungen der Techniken der Stille. Allen kommenden und gehenden Wanderern ist es strengstens verboten Tumult und lautes Geschwätz zu erzeugen und dadurch ihre stillen Techniken zu stören und die Durchführung ihres Weges zu behindern. Zuwiderhandlung wird als schweres Vergehen geahndet. Äußerst ehrliche Männer jedoch, die wünschen, zum Dunklen Paß (Xuánguān* 玄關*) aufzusteigen und im Denken das gewöhnliche Wesen übersteigen wollen, die mit aufrechtem Herzen den Daoisten respektvolle Aufwartung machen, unterliegen diesen Verboten nicht. Wenn es unter den Meistern des Dào jedoch einen gibt, der seiner Lehre nicht dient, Unruhe stiftet, der Gemeinschaft schadet oder den Ruf der Vorfahren schädigt, so wird dieser in leichten Fällen unverzüglich gerügt; er wird ausgewiesen und muß die Berge verlassen. In schweren Fällen wird ein Memorandum zur Anhörung entworfen, dies wird als schweres Vergehen behandelt. 18. Tag des 10. Monats des 11. Jahres Yǒnglè* 永樂.

Dies ist ein von dem Yǒnglè 永樂-Kaiser speziell für die Daoisten der Wǔdāng-Berge konstituiertes „Gesetz“; es ist ein wichtiges Dokument über die Wǔdāng-Berge als Tempel des mingzeitlichen Kaiserhauses. Die Tafel hat die Form eines Rechtecks, das an der Oberseite abgerundet ist. Sie besitzt einen Holzkern und ist äußerst exquisit gemacht. In der Mitte des abgerundeten oberen Teils befindet sich die Inschrift „Kaiserliches Edikt“ (*shèngzhǐ* 聖旨) zu deren beiden Seiten ein goldener Drache als Intarsie

Schatzkammer der Kunst in den berühmten daoistischen Bergen

polychrom bemalte Tonskulptur des Großen Kaisers Wahrer Krieger aus der Míng-Zeit

eingelegt ist. Die Zeichen sind in Normalschrift geschrieben, ihre Form ist quadratisch, sie sind flüssig und leicht geschrieben. Es handelt sich um ein Meisterstück mingzeitlicher Kalligraphie, das großen historischen Wert besitzt. In den rot lackierten unteren Bereich des ganzen Stücks sind gerollte Wolkenmuster eingeschnitzt. Die Linien sind rund und fließend, fein wie Seidenfäden und mit Blattgold eingelegt, was die Pracht des Stückes noch erhöht. Wie schriftliche Aufzeichnungen belegen, handelt es sich bei dieser Art Lackware um eine Sonderanfertigung der kaiserlichen Werkstatt des Kaiserpalastes. Der Arbeitsprozeß des Lackierens und Verzierens umfaßte insgesamt über 80 Vorgänge. Die Tafel stellt ein besonderes Stück früher mingzeitlicher Lackware dar.

Weitere wertvolle Kunstgegenstände sind goldene Drachen, Steininschriften und Jadestücke, die anläßlich der Durchführung von Opferzeremonien vom König aus Húnán 湖南, Zhū Bó 朱柏, im 1. Jahr Jiànwén 建文 (1399) dem Palast des Purpurnen Wolkenhimmels überreicht wurden. Da die Zeit Jiànwén 建文 von kurzer Dauer war, ist diese Gruppe genau datierbarer Kulturgüter von besonderem Wert. Noch erwähnenswert ist die kaiserlich hergestellte „Heilige Tafel der Wǔdāng-Berge für den Kaiser des Dunklen Himmels“. Sie ist ein herausragendes Stück, eine hochwertige Keramik des Fünf-Farb-Stils (*wǔcǎi* 五彩), die im kaiserlichen Brennofen hergestellt wurde. Sie ist 1,01 m hoch und 0,5 m breit. Zusammengesetzt wurde sie aus insgesamt sieben Teilen, einem Sockel, einer Deckplatte, Seitenteilen und einem zentralen Stück. Auf dem Sockel in Form des Berges Xūmí 須彌[2] befinden sich plastisch gearbeitete, fliessende Wolkenmuster, Unsterbliche und Kraniche. Die beiden Seitenteile sind mit fliegenden Drachen, die mit Kugeln spielen, und glückverheißenden Wolken dekoriert. Die Deckplatte hat die Form des *rúyì* 如意-Symbols[3], sie ist verziert mit glückverheißenden Drachen, die aus Wolken hervorkommen. Der zentrale Teil trägt die Inschrift: „Heilige Tafel der Wǔdāng-Berge für den Kaiser des dunklen Himmels“ (*Wǔdāngshān xuántiān shàngdì shèngpái* 武當山玄天上帝聖牌). Das Design der heiligen Tafel ist einzigartig: sie ähnelt weder den Göttertafeln der großen kaiserlichen Tempel, noch den volkstümlichen Ahnentafeln. Unter den daoistischen Göttertafeln stellt sie ein Einzelstück dar, als Kulturgut hat sie großen Wert.

---

[2] Ein Berg der buddhistischen Legende. [Anm. d. Üb.]

[3] Ein S-förmiges Glückssymbol. [Anm. d. Üb.]

Der Felsen des Fürsten Lao (Lǎojūnyán 老君岩)

An der östlichen Seite des Löwengipfels in den Wǔdāng-Bergen, in einer Höhe von 688,8 m über dem Meeresspiegel gelegen, befindet sich eine in den Felsen gemeißelte Höhle. Sie ist etwa 4 m breit, etwa 3,2 m hoch und 2,3 m tief. Im Umkreis der Höhle auf Vorsprüngen und steilen Felswänden befinden sich zahlreiche größere und kleinere Höhlen, in denen insgesamt mehrere hundert als Intarsien gearbeitete Tafeln mit Abbildungen zu finden sind. Überall stößt man auf Inschriften, die in den Felsen graviert sind. Im Inneren der Höhle ist eine riesige steinerne Götterstatue eingemeißelt, kreisbogenförmig um die Statue sind dreizehn als Relief geschnitzte Bildnisse [von Gottheiten] aufgereiht. Rechts und links an den beiden Wänden der Höhle befinden sich vier Reliefs stehender Schutzgottheiten, die sieben Unsterblichen aus Pénglái 蓬莱 und ein Relief „Der Kronprinz kultiviert sich selbst". Darüber hinaus sind zahlreiche in den polierten Felsen gravierte Inschriften vorhanden. Der Felsen des Fürsten Lǎo 老 hieß ursprünglich „Heiligtum am Tor zu den Bergen" (Shānménān 山門庵). In der Táng-Zeit wurde der Bau begonnen, in der Sòng-Zeit weiter fortgeführt. Heute ist noch die Inschrift „Aus dem 9. Jahr der Regierungsdevise Tiānshèng 天聖" (1031) erhalten. Es ist der Ort der frühesten religiösen Aktivität in den Wǔdāng-Bergen.

Steinerne Halle im Palast des langen Lebens und des wahrhaften Glücks des himmlischen Zweiten (Tiānyǐ zhēnqìng wànshòu gōng 天乙眞慶萬壽宮)

Zusammengerollt liegender, grüner Drache (Weihrauchbrenner in Form eines Drachenkopfes)

Die prächtige Landschaft der Großen Berge

Die Wŭdāng-Berge befinden sich im mittleren Teil Chinas, sie sind der östliche Ausläufer des Dàbā 大巴-Gebirgszuges, der in der Mitte zwischen der Faltengebirgskette Qínlĭng 秦嶺 und dem Yìn 印-Ausläufer des Faltengebirgsgürtels Nánlĭng 南嶺 liegt. Im Osten schließt sich die Ebene von Jiānghàn 江漢 an, im Süden grenzen die Berge an [das Gebiet von] Shénnóngjià 神農架. Sie verlaufen über das Wū 巫-Gebirge hinweg und auch der Lange Fluß (Chángjiāng 長江) ist nicht weit entfernt. Den Nordosten nimmt das Becken von Nányáng 南陽 ein, der Hàn 漢-Fluß schlängelt sich von Nordwesten nach Südosten. „[Die Berge] der höchsten Harmonie liegen dort, wo sich das Jīng 荆-Gebirge und das Liáng 梁-Gebirge mit der Provinz Yù 豫 [Hénán 河南] kreuzen. Ihr Fuß wickelt sich um die Erdachse, ihre Gipfel stoßen zur Achse des Himmels empor. Zu ihrer Linken liegt das Mín 岷-Gebirge, der Lange Fluß windet sich an ihrer südlichen Seite. Zur Rechten breitet sich das Bōzhŏng 嶓冢-Gebirge aus, im Norden schlängelt sich der Hàn 漢-Fluß."[1] Die Wŭdāng-Berge haben also in eine äußerst günstige geographische Lage.

Durch tektonische Bewegung haben sich die Wŭdāng-Berge vor etwa 800 Millionen Jahren aus dem tiefen Meer emporgehoben. Während sich das Terrain anhob und wieder absenkte, Verwerfungen entstanden, Klüfte aufplatzten, sich Gletscher bewegten und Sonnen- und Mondfinsternisse stattfanden, entstand das gesamte Gebirgsmassiv in seiner pyramidenartigen Form. Ein hochragender Gipfel als Zentrum und zahllose weitere Gipfel, welche diesen strahlenförmig umgeben, sowie eine Gruppe von Gipfeln, die entlang der Bergterrasse aufragen, bilden diesen imposanten und großartigen Anblick der „72 Gipfel, die alle zum großen Gipfel zur Audienz kommen". Innerhalb dieses Gebietes landschaftlicher Sehenswürdigkeiten gibt es drei große Verwerfungen, die aufgrund von inneren und äußeren Spannungen entstanden sind, tiefe Flußtäler und durchsichtige Flüsse, kreuz und quer verlaufende Bergbäche, den Schwert-Fluß (Jiànhé 劍河), den Ost-Fluß (Dōnghé 東河) sowie den Fluß der neun Wege (Jiŭdàohé 九道河), die sich schlängeln und biegen, prächtige Höhlen und Grotten durchqueren und die tiefen Wälder mit ihren Quellen umgeben. In dem *Fù-Gedicht über die Großen Berge, die Berge der Höchsten Harmonie* (*Dàyuè Tàihéshān fù* 大岳太和山賦), einer Dichtung von hohem ästhetischen Wert, von Yàng Jù 揚踞 aus der Míng-Zeit heißt es:

---

[1] [Republikzeit] Xióng Bīn 熊賓: Fortsetzung der Chronik der Großen Berge, den Bergen der Höchsten Harmonie (Xùxiū Dàyuè Tàihéshān zhì 續修大岳太和山志).

Als die Großen Berge entstanden, wurde zunächst ihre Gestalt in der ausgedehnten Weite des ursprünglichen Zeitalters festgelegt. Alle Orte waren von Chaos und Kälte erfüllt, da wurde ausgewähltes Qì mit Glockenschlägen auf die Erde [gesandt]. Ausgehend vom Bōzhǒng 嶓冢-Gebirge verteilte es sich, und smaragdgrüne Wogen wurden in die Wǔdāng-Berge gepreßt. Bergspitzen fügten sich zusammen und Gipfel wurden miteinander verbunden, Bergketten türmten sich aufeinander und Grate vervielfachten sich. [Nun] ragt [das Gebirge] an der südlichen Windung des Hàn 漢-Flusses empor und überschreitet die Begrenzungen des gesamten Raumes. Es durchzieht die Trennungslinie der beiden Sternbilder yì 翼 *und* zhěn 軫 *und ist in Übereinstimmung mit der Aufreihung der Sternbilder im Himmel [angeordnet]. Kräftig wickelt es sich um die Erdachse und greift nach dem Paß des Himmels in alter Höhe. Wie Adern breiten sich die Gebirgszüge über das Jīng 荆-Gebirge aus und Ausläufer spalten sich ins Nèifāng 内方-Gebirge ab. Die Wurzeln der 72 Gipfel reichen 800* lǐ 里 *tief, ihre felsigen Spitzen sind respektvoll aufgereiht. Felsenhügel, kleine Berge und hochaufragende Spitzen sind miteinander verbunden, angeordnet wie Paare stehen sie aufgereiht da, als ob sie auf etwas warteten. Die dunkle Tiefe der 36 Felsen, das eilige Strömen der 24 Bergbäche, die Weite der fünf Terrassen und der zehn Brunnen, das Plätschern der drei Quellen und der beiden tiefen Teiche. [...] Sieht man die zahlreichen Berge, wie sie sich ringsum treffen, im Kreise stehen und sich zu den sie umgebenden Gipfeln verneigen, so ist es das Bild eines Königs, der seine Lehensfürsten empfängt. Der Ahnherr blickt zu seinen Angehörigen herunter, er ist wie der ältere Bruder der Fünf heiligen Berge und wie der Onkel der wichtigsten Berge der Vier Himmelsrichtungen.*

In den Wǔdāng-Bergen entspricht die natürliche Landschaft den feudalistischen Ansichten über Ästhetik, die Schönheit der äußeren Form und die Schönheit des inneren Gehalts sind hier miteinander vereint. Durch die Wechselbeziehung zwischen den ästhetischen Anforderungen und den Anforderungen politischer, religiöser und anderer Art erst konnte die vielseitige Schönheit der Wǔdāng-Berge entfaltet werden.
Die Wǔdāng-Berge liegen in der subtropischen Zone im Gebiet des Monsunklimas und haben die Eigenschaften eines Übergangsklimas von Norden nach Süden. Vom Gebiet des Dānjiāngkǒu 丹江口-Stausees zum Gipfel des Himmelspfeilers sind die vertikalen Klimagebiete deutlich erkennbar, hier existieren viele verschiedenartige kleine lokale Klimate nebeneinander. Es ist feucht und regnet viel, die Niederschlagshäufigkeit liegt bei etwa 110 Tagen im Jahr, was für das Wachstum von Pflanzen des nord-südlichen [Übergangsklimas] äußerst vorteilhaft ist. Der mingzeitliche Autor Xú Xiákè 徐霞客 verzeichnet in seinem *Tagebuch über die Berge der Höchsten Harmonie* (*Jì Tàihéshān rìjì* 記太和山日記):

Die ganzen Berge sind voller prächtiger Bäume, welche die Wege säumen. Dicht bedecken sie die Bergspitzen und Täler als ob man in einem grünen Zelt umherginge. Innerhalb von 100 lǐ 里 *nur majestätische Bäume, die eng nebeneinander stehen, die Sonne verbergen und turmhoch in den Himmel ragen. Nähert man sich den Bergen auf einige Dutzend* lǐ 里*, so umgeben außergewöhnliche Kiefern und alte Zypressen aneinandergereiht die von Bergen umringte Ebene.*

Wāng Shìzhēn 王世貞 aus der Míng-Zeit äußert sich folgendermaßen:

> *Immer tiefer und verlassener die Täler, immer älter die Bäume. Die großen unter ihnen sind 100* chǐ 尺 *hoch, sie sind so dick, daß [nur] mehrere Leute sie umfassen können. Ihre Wurzeln treten verschlungen und verflochten auf den Wegen zum Vorschein, es sind unzählig viele. Die dickeren sehen wie gewundene Riesenschlangen aus, die dünneren wie [kleine] Schlangen.*

Untersuchungen ergaben, daß die heute vorhandenen Bäume, deren Alter über 100 Jahre liegt, 24 verschiedenen Familien, 33 Gattungen und 46 Arten angehören, insgesamt sind es 453 Bäume. 101 Bäume davon sind über 300 Jahre alt.
Schon in alten Zeiten waren die Wǔdāng-Berge ein hervorragender Ort für wilde Tiere, sie hielten sich hier besonders gerne und zahlreich auf. Mingzeitliche Aufzeichnungen in Chroniken über die Berge besagen, daß es in dieser Region Tiger, Leoparden, Bären, Braunbären, Wildschweine, Wölfe, Rotwild, Wasserrehe, Ziegen, Gazellen, Affen, Ohrenschuppentiere, Pythonschlangen, Schlangen, „Fünf-Farben-Fische" (*wǔsèyú* 五色魚), Schildkröten, Weichschildkröten, Krähen, Mandschurenkraniche, Fasane, Silberfasane, Goldfasane, *Pteropus pselaphon* (*hánhào* 寒號)[2], Bambushühner, *Garrulax canorus canorus* (*huàméi* 畫眉)[3], Störche, Elstern und den Vogel, der *wǒshī* 我師 [„mein Lehrer"] schreit, gab. Durch die Zerstörung großer Teile des Waldes und die schon seit langer Zeit ausgeübte Jagd auf diese Tiere verringerte sich im Laufe der Jahre jedoch [ihre Vielfalt]. Untersuchungen aus den letzten Jahren zeigen, daß es im Moment noch 49 verschiedene Spezies von Tieren gibt, wovon 11 Tierarten unter den nationalen Artenschutz fallen. Es gibt 130 Arten von Vögeln, 12 Arten davon fallen unter den Artenschutz zweiten Ranges. Bei den Fischen gibt es 65 Arten, unter den Insekten 28 Ordnungen und 213 Familien, insgesamt sind es 1055 Arten.

Auch die als Arzneimittel verwendbaren Pflanzen in den Wǔdāng-Bergen sind äußerst zahlreich. In einer umfassenden Untersuchung aus dem Jahr 1985 wurde festgestellt, daß es in der gesamten Bergregion 617 Arten von Arzneipflanzen gibt. Der berühmte Arzt der Míng-Zeit Lǐ Shízhēn 李時珍 kam eigens hierher, um Arzneikräuter zu sammeln und zeichnete in seiner *Nach Monographien und sachlichen Gesichtspunkten geordneten Drogenkunde* (*Běncǎo gāngmù* 本草綱目) über 400 Arten auf. Die Daoisten der Wǔdāng-Berge nutzten diese pflanzlichen Naturschätze in vollem Maße und gaben ihr Bestes, um deren spezielle Wirkungen zur Geltung zu bringen. Etwas Besonderes ist die Anwendung der Lángméi 榔梅-Frucht[4]. Laut Überlieferung

---

[2] Dieses Tier sieht wie eine Fledermaus aus, ist aber größer. [Anm. d. Üb.]

[3] Eine Drosselart. [Anm. d. Üb.]

[4] Der Begriff *lángméi* 榔梅 ist eine Kombination aus zwei Pflanzennamen, der Ulme (*láng* 榔) und der japanischen Aprikose (*méi* 榔). [Anm. d. Üb.]

Unzählige Gipfel, grün wie Jade, drängen sich zusammen

Stetig fließt der Hàn 漢-Fluß dahin

Schlüsselprojekt für den Wasserbau am Dān 丹-Fluß (Dānjiāng 丹江)

Die Wasserbauanlage befindet sich unterhalb der Wǔdāng-Berge. Im Jahre 1958 wurde mit ihrem Bau begonnen, ab 1968 wurde Strom erzeugt, und 1973 war das gesamte Projekt fertig gestellt. Die Anlage wurde aus Stahlbeton konstruiert, die höchste Stelle ist 162 Meter hoch und 26 Meter breit, die Gesamtlänge beträgt 2,5 Kilometer. Sie hat vielfältige Funktionen, wie Schutz vor Hochwasser, Erzeugung von Elektrizität, Bewässerung, Schiffahrt und Aufzucht von Wassertieren. Die Wasseroberfläche beträgt 317,79 Quadratkilometer. Die Anlage ist in der Lage, drohende Überschwemmungen des Mittel- und Unterlaufs des Hàn 漢-Flusses auszugleichen. Im Inneren befinden sich sechs Generatorenaggregate, insgesamt haben sie eine Kapazität von 900000 Kilowatt, die pro Jahr erzeugte Strommenge beträgt 4000 Millionen Kilowattstunden. Der elektrische Strom wird nach Wǔhàn 武漢, Zhèngzhōu 鄭州, Ānkāng 安康 und in zahlreiche andere, große und mittelgroße Städte und Dörfer gebracht. Mit dem Wasser werden 3,5 Millionen *mǔ* 畝 Ackerland in Hénán 河南, Húběi 湖北, Xiāngyáng 襄陽 und anderen Orten bewässert. Der gewöhnliche Wasserstand des Stausees beträgt 145,3 Meter, das Gewässer ist für tausend Tonnen schwere Frachtdampfer Tag und Nacht schiffbar.

Wildwachsende chinesische Stachelbeeren
(*Actinidia chinensis*) (Lángméi 榔梅–Früchte)

Kräutergarten

Grundstoffe für die Herstellung von Arzneien, die in der Sonne getrocknet und bearbeitet werden

ist die Lángméi 榔梅 [-Pflanze] ein Produkt der Selbstkultivierung des Wahren Kriegers. In der *Sammlung aller Wahrheiten über den segensreichen Ort Wǔdāng* (*Wǔdāng fúdì zǒngzhēnjí* 武當福地總眞集) heißt es: „Als der Dunkle Krieger [einst] eine Blüte der japanischen Aprikose auf eine Ulme pfropfte und schwor: 'Wenn ich jemals das Dào erreiche, dann wirst du Früchte tragen' und dies auch geschah, so passierte es, weil er beim Schleifen der Nadel zu plötzlicher Erkenntnis gelangt war." Im 3. und 4. Jahr Yǒnglè 永樂 der Míng-Dynastie (1405, 1406) schickte der Daoist Lǐ Sùxī 李素希 aus den Wǔdāng-Bergen zweimal Leute mit Lángméi 榔梅-Früchten [in die Hauptstadt] Nánjīng 南京, um diese dem gerade inthronisierten Kaiser Chéngzǔ 成祖 der Míng zu überreichen und damit das Auftreten eines glückbringenden Omens kundzutun. Da diese Früchte den Erfolg der Selbstkultivierung versinnbildlichen, die die nördliche Gottheit Wahrer Krieger im Süden des Landes erlangt hatte, waren sie für den Kaiser ein Symbol für seine Erfahrungen, wie er vom Norden ausgehend Truppen aushob und die Hauptstadt Nánjīng 南京 [im Süden] einnahm. Natürlich war Kaiser Chéngzǔ 成祖 über [dieses Geschenk] sehr erfreut und schickte mehrere Male kaiserliche Bevollmächtigte, die Lǐ Sùxī 李素希 huldvoll Geschenke überbrachten. Die Lángméi 榔梅 [-Früchte] reihte er unter die Tributgaben ein und überreichte sie bedeutenden Beamten des Kaiserhofes zum Probieren. Seit dieser Zeit richtete Kaiser Chéngzǔ 成祖 seine Aufmerksamkeit auf die Wǔdāng-Berge. Im 7. Jahr Yǒnglè 永樂 (1409) berief er den Daoisten Jiǎn Zhōngyáng 簡中陽 aus den Wǔdāng-Bergen zu sich in eine Halle des Kaiserpalastes und erkundigte sich ausführlich nach den Heldentaten, die der Dunkle Krieger des Nordens in den Wǔdāng-Bergen vollbracht hatte, während er die Wahrhaftigkeit kultivierte. Zum Schluß verhalf er dem großen Bauprojekt in den Wǔdāng-Bergen zum Erfolg. Im 10. Jahr Yǒnglè 永樂 überreichte der Kaiser ein Edikt an Zhāng Yǔqīng 張宇清, dem Patriarchen der Schule der Orthodoxen Einheit (Zhēngyī 正一):

> *Wir, der Kaiser, errichteten Paläste und Klöster in den Wǔdāng-Bergen. In den [Tempeln] höheren Ranges werden die verstorbenen kaiserlichen Eltern gepriesen und mit reichen Gaben der Wirkkraft des Himmels empfohlen, in den unteren [Tempeln] wird für das Glück aller Lebewesen im Reich gebetet. Die himmlische Wahrhaftigkeit möge Schutz gewähren und die Wünsche erhören, der strahlende Glanz möge den Wolkenhimmel beständig erhellen. Ulme und japanische Aprikose trugen Früchte, ein ergebener Staatsmann zeichnete eine Abbildung [davon] und überbrachte diese zusammen mit den Früchten respektvoll dem Kaiserhof. Zuerst wurden die Früchte an Hofbeamte verteilt, diese zeigten wahre Freude [daran]. Nun schicken wir eigens Leute, um Euch die Abbildung und hundert Lángméi 榔梅-Früchte zu überbringen, Ihr möget dieses kaiserliche Geschenk annehmen.*

In dem Werk *Illustrationen und Texte über die glückverheißende Begegnung mit dem Kaiser des Dunklen Himmels aus der Großen Míng-Zeit* (*Dà Míng xuántiān shàngdì ruìyìng túlù* 大明玄天上帝瑞應圖録), enthalten im *Daoistischen Kanon* (*Dàozàng*

道藏), ist eine Abbildung der glückverheißend aussehenden Lángméi 榔梅-Früchte abgedruckt; der Text auf dem Bild lautet:

> *Am Palast der Fünf Drachen in den **Wǔdāng-Bergen** gibt es **Lángméi** 榔梅 [-Bäume], die Legende besagt: Als der hohe Wahrhaftige [der Wahre Krieger] das Dào kultivierte, brach er einen Zweig der japanischen Aprikose und pfropfte ihn auf eine Ulme, er blickte zum Himmel auf und schwor: „Wenn es mir gelingt, den Weg zu vollenden, dann werden Blüten entstehen und Früchte werden sich bilden." Seine Worte bewahrheiteten sich später, und der Wahrhafte **Qiándǒng** 前董 zeichnete alles ganz ausführlich auf. Im Herbst des 10. Jahres der Regierungsdevise **Yǒnglè** 永樂 wurden der Marquis von **Lóngpíng** 隆平, **Zhāng Xìn** 張信, und der kaiserliche Schwiegersohn des 6. Adelsranges, **Mù Xīn** 沐昕, in einem kaiserlichen Edikt beauftragt, Paläste und Tempel in den **Wǔdāng-Bergen** zu erbauen. Im Frühling des 11. Jahres erblühten **Lángméi** 榔梅-Bäume, sie waren über und über bedeckt von roten und weißen Blüten und ein tiefer Duft breitete sich aus. Die Bäume waren schon von Weitem zu sehen und zu riechen. Im fünften Monat waren die Früchte herangereift [...] Alle, die dies sahen, stießen Rufe des Erstaunens aus und sagten verwundert, dies seien [tatsächlich] Früchte. Es gab dort einen unsterblichen alten Mann, welcher [das Gebiet] verwaltete, [der bestätigte], daß die Bäume seit alten Zeiten noch nie in solch üppiger Blüte gestanden hätten. Es ist also die Antwort der Götter auf die Aufrichtigkeit unseres Kaisers, und da die **Lángméi** 榔梅-Früchte Früchte der Unsterblichen sind, verheißen sie großes Glück. Der Marquis und der kaiserliche Schwiegersohn pflückten sie und überbrachten sie dem Kaiserhof. Um die Außergewöhnlichkeit dessen zu zeigen wurde der Vorfall auch aufgeschrieben, so daß der Betrachter den ergebenen Glauben darin erkennen kann.*

Die Lángméi 榔梅-Früchte der Wǔdāng-Berge waren in der Míng-Zeit sehr in Mode. Als der berühmte Geograph Xú Xiákè 徐霞客 vom Südlichen Felsen zum Mittleren Kloster ging und den ganzen Weg gesäumt von Lángméi 榔梅-Bäumen sah, schrieb er: „In diesem üppigen Grün sind überall Lángméi 榔梅-Blüten zu sehen, schon aus der Ferne glänzen sie."[5] Nach dem Niedergang der Míng-Dynastie wurden [die Geschichten] von den Lángméi 榔梅-Bäumen nicht mehr weiter überliefert. In der Qīng-Zeit begab sich Jià Dǔběn 賈篤本 aus Chūnnóng 春農 in Jūnzhōu 均州 eigens in die Wǔdāng-Berge auf die Suche, die in den Aufzeichnungen beschriebenen Lángméi 榔梅-Bäume konnte er jedoch nicht finden. Das Rätsel der Lángméi 榔梅-Bäume war sehr widersprüchlich und verwirrend, es verlieh den Wǔdāng-Bergen etwas Mysteriöses. In neuester Zeit fanden Gelehrte durch Nachforschungen heraus, daß die Lángméi 榔梅-Früchte wildwachsende chinesische Stachelbeeren (*Actinidia chinen-*

---

[5] Siehe *Reiseaufzeichnungen des Xú Xiákè* 徐霞客, *Tagebuch einer Reise zu den Bergen der Höchsten Harmonie* (*Xú Xiákè yóujì, Yóu Tàihéshān rìjì* 徐霞客游記，游太和山日記).

Seltene Baumarten und als Arzneimittel verwendete Pflanzen

In den Wäldern der Wŭdāng-Berge gibt es zahlreiche seltene und besondere Baumarten. Zu den Baumarten, die vom Staat schwerpunktmäßig geschützt werden, gehören die Metasequoia (*Metasequoia glyptostroboides*), der Taubenbaum (*Davidia involucrata*), der Gingkobaum (*Gingko biloba*), *Emmenopterys henryi* (*xiāngguŏshù* 香果樹), die chinesische Goldlärche (*Pseudolarix kaempferi*), *Cephalotaxus oliveri* (*bìzi sānjiānshān* 篦子三尖杉), *Tetracentron sinense* (*shuĭqīngshù* 水青樹), die chinesische Eibe (*Taxus chinensis*) und der chinesische Tulpenbaum (*Liriodendron chinensis*), insgesamt sind es 28 Arten. Unter die Sondergattungen der Bäume fallen zum Beispiel *Sinowilsonia henryi* (*shānbáishù* 山白樹), der Flügelzürgel (*Pteroceltis tatarinowii*), *Magnolia amoena* (*tiānmù mùlán* 天目木蘭) und *Litsea auriculata* (*tiānmù mùjiāngzi* 天目木姜子). Andere Pflanzen, wie die Lángméi 榔梅-Frucht, der tausendjährige Beifuß (*qiānniánài* 千年艾), die zehntausendjährige Kiefer (*wànniánsōng* 萬年松) und der „über den Wäldern schwebende Tee“ (*qiānlínchá* 騫林茶) sind Spezialitäten der Region, die alle stark mit den daoistischen Legenden verwoben sind. Auch die als Arzneimittel verwendbaren Pflanzen in den Wŭdāng-Bergen sind überaus zahlreich, die Berge werden als „natürliches Lager von Arzneimitteln“ bezeichnet.

sis) sind. Die Geschichte der Verwendung und des Anbaus dieser Frucht muß also 500 Jahre früher angesetzt werden.[6]

Neben den Lángméi 榔梅-Früchten wurden von den Wǔdāng-Bergen zweimal jährlich, im Frühling und im Herbst, Tributgaben an das Kaiserhaus der Míng gebracht. Im Frühling bestanden die Tributgaben aus gesalzenen und getrockneten Bambussprossen (*yángànsǔn* 鹽幹筍), gesalzenen und getrockneten Bambussprossen nach Art des Adlers (*yángàn yīngjǔsǔn* 鹽幹鷹咀筍), Bambussprossen nach Art des Hirschschwanzes (*lùweǐsǔn* 鹿尾筍), Tee, der über den Wäldern schwebt (*qiānlínchá* 騫林茶), Kerne nach Art der neun Unsterblichen (*jiǔxiānzǐ* 九仙子) und Alkohol nach Art jenseits der Berge (*géshānqīng* 隔山清). Im Herbst bestanden sie aus mit Honig gedämpften Weißwurzeln, gedämpften und in der Sonne getrockneten Weißwurzeln, mit Honig gedämpften Lángméi 榔梅-Früchten und anderen Dingen.

Der außergewöhnliche Charme der Landschaft und die üppigen Naturschätze des Waldes sind die Quelle der Verführungskraft der Wǔdāng-Berge. Wenn die ziehenden Wolken und der schwebende Nebel rasch und unbemerkt aus den stillen Berghöhlen in die Höhe steigen und wenn der klare Wind in Schüben den Duft der Blüten von den reinen Bächen sanft herüberträgt, dann sind die durch ihre schlichte Anmut betörenden Berge von einer lebendigen Kraft durchdrungen, die den Geist des vorbeikommenden Wanderers beschwingt, sein Auge blendet und seine Seele berührt, und gerne erträgt man dieses schöne Gefühl der geistigen Erregung und Benommenheit.

Gestützt auf die uns bekannten Quellen läßt sich etwa folgende Entwicklung in der ästhetischen Beurteilung der Landschaft der Wǔdāng-Berge ausmachen: Zur Wèi-Jìn-Zeit und zur Zeit der Südlichen und Nördlichen Dynastien erregte der Gipfel des Weihrauchbrenners (Xiānglúfēng 香爐峰) wegen seiner würdevollen Form als erster das ästhetische Interesse der Leute und sein Gebiet wurde erschlossen. Lì Dàoyuán 酈道元 aus der Nördlichen Wèi-Dynastie zitiert in seinen *Anmerkungen zum Klassiker des Wassers* (*Shuǐjīng zhù* 水經注) das Kapitel *Zusätzliche Aufzeichnungen* (*Fùjì* 附記) aus dem Werk *Abbildungen und Aufzeichnungen aus Jīngzhōu* 荊州 (*Jīngzhōu tújì* 荊州圖記). Dort heißt es: „Die Form der Berge ist besonders schön, sie heben sich ab von den zahlreichen anderen Bergen. Der Gipfel ersten Ranges in diesem weiten Gebirge ist der [Gipfel des] Weihrauchbrenners, anmutig und vornehm sticht er schon von Weitem hervor. Zahlreich in dieser Gegend sind diejenigen, die zur Verlängerung ihrer Jahre Arzneikräuter zu sich nehmen." Zur Táng-Zeit, als die Gebete des Yáo Jiǎn 姚簡 im Gebiet der Fünf Drachen um Regen erhört wurden, verlagerte sich das ästhetische Interesse zum Gebiet der Fünf Drachen. Lǚ Dòngbīn 呂洞賓 schreibt in dem Gedicht *Ode an den Südlichen Felsen in den Bergen der Höchsten Harmonie* (*Zàn Tàihéshān Nányán* 贊太和山南岩):

---

[6] Siehe *Archäologie des Gebietes zwischen Langem Fluß und Hàn* 漢*-Fluß* 1996: 4, Untersuchung über die sonderbaren Lángméi 榔梅-Früchte in den Wǔdāng-Bergen (*Jiānghàn kǎogǔ* 江漢考古 1996: 4, *Wǔdāng qízhēn lángméiguǒ kǎo* 武當奇珍榔梅果考).

Wilde Tiere

Schon in alten Zeiten waren die Wǔdāng-Berge ein hervorragender Ort für wilde Tiere, sie hielten sich hier besonders gerne und zahlreich auf. Mingzeitliche Aufzeichnungen in Chroniken über die Berge besagen, daß es in dieser Region Tiger, Leoparden, Bären, Braunbären, Wildschweine, Wölfe, Rotwild, Wasserrehe, Ziegen, Gazellen, Affen, Ohrenschuppentiere, Pythonschlangen, Schlangen, „Fünf-Farben-Fische" (*wǔsèyú* 五色魚), Schildkröten, Weichschildkröten, Krähen, Mandschurenkraniche, Fasane, Silberfasane, Goldfasane, *Pteropus pselaphon* (*hánhào* 寒號)[1], Bambushühner, *Garrulax canorus canorus* (*huàméi* 畫眉)[2], Störche, Elstern und den Vogel, der *wǒshī* 我師 [„mein Lehrer"] schreit, gab. Durch die Zerstörung großer Teile des Waldes und schon seit langem praktizierter Jagd auf diese Tiere verringerte sich im Laufe der Jahre jedoch [ihre Vielfalt]. Untersuchungen aus den letzten Jahren zeigen, daß es im Moment noch 49 verschiedene Spezies von Tieren gibt, wovon 11 Tierarten unter den nationalen Artenschutz fallen. Es gibt 130 Arten von Vögeln, 12 Arten davon fallen unter den Artenschutz zweiten Ranges. Bei den Fischen gibt es 65 Arten, unter den Insekten 28 Ordnungen und 213 Familien, insgesamt 1055 Arten.

---

[1] Dieses Tier sieht wie eine Fledermaus aus, ist aber größer. [Anm. d. Üb.]

[2] Eine Drosselart. [Anm. d. Üb.]

Als das ursprüngliche Chaos begann sich zu teilen, ragte dieser Felsen bereits empor in den Bergen der Höchsten Harmonie. Sein Antlitz blickt auf die große Spitze, an seinem Rücken sprudelt süßes Quellwasser in Windungen hinunter. Wie Fadenknäuel geformte Steine werden zu fliegenden Phönixen, wie Drachen aussehende [Felsen-]Bündel werden zu jadegrünen Haarknoten. Drei Seiten sind umrahmt von wundersamen Quellen und Höhlen der Unsterblichen, alter Wacholder und grüne Kiefern umgeben das gesamte Gelände. Regentropfen wie wunderbare Perlen klopfen auf den steinernen Weg, der Wind pfeift wie Flöten aus Jade und läßt den mit Kiefern bewachsenen Paß erklingen. Der Hahn kündigt die Morgendämmerung an, im Osten ist schon das Licht der aufsteigenden Sonne [zu sehen]. Der Kranich kehrt spät zurück, der Mond erhellt die Biegung des Flusses. In den Eingängen zu den Höhlen rufen unsterbliche Vögel laut und unaufhörlich ihr Lied, an den Berggipfeln klimmen geheimnisvolle Tiere geschickt empor. Jeder ist [hier] wie selbstverständlich zwischen Himmel und Erde, inmitten der ursprünglichen Freiheit von Sonne und Mond. Dies ist der Ort, an dem der hohe Wahrhaftige seinen Weg vollendete, hier hinterließ er seine Spuren in der Welt der Menschen. Wie viele unsterbliche Gefährten mögen es sein, die seit alter Zeit aus Liebe zu diesen berühmten Bergen zu ihnen zurückgekehrt sind?

In diesem Gedicht wird die Landschaft des Gebietes der Fünf Drachen beschrieben. In der Sòng-Dynastie verlagerte sich das Zentrum des ästhetischen Interesses wiederum nach Osten zum Gipfel des Purpurnen Wolkenhimmels, der in der Nähe des Gipfels des Weihrauchbrenners liegt. In der nördlichen Sòng-Zeit verehrten die Kaiser den Wahren Krieger. Kaiser Huīzōng 徽宗, welcher der Vorstellung anhing, daß „das Jahr *jiǎwǔ* 甲午 das Zeitalter des Feuers sei, in dem sich Leute erheben und das Feuer in den Süden bringen werden“ bat einen Meister der Geomantik, den Gipfel der Ausgebreiteten Flagge am Purpurnen Wolkenhimmel als einen wichtigen Ort für die Kontrolle des Feuers zu bestätigen. Er ließ die große Halle des Purpurnen Wolkenhimmels erbauen und sie dem Wahren Krieger weihen. In der Yuán-Zeit verlagerte sich das Zentrum des ästhetischen Interesses weiter nach oben [zum Südlichen Felsen]. Im 3. Jahr der Regierungsdevise Zhìdà 至大 (1310) willigte der Abt des Südlichen Felsens, Zhāng Shǒuqīng 張守清, auf ein Edikt des Kaisers Wǔzōng 武宗 ein, für die Kaiserinmutter die klassischen Schriften zu rezitieren und eine Goldene-Register-Zeremonie zu veranstalten. Im 1. (1312) und 2. Jahr der Regierungsdevise Huángqìng 皇慶 unter Kaiser Rénzōng 仁宗 gab es eine große Dürre im Land, und erneut gab Zhāng Shǒuqīng 張守清 einem kaiserlichen Edikt statt und betete in der Höhle der Donnergottheiten um Regen. Seine Gebete wurden erhört, worüber Kaiser Rénzōng 仁宗 sehr erfreut war und in einem Erlaß verkündete, daß Zhāng Shǒuqīng 張守清, der „Wahrhafte, der das Dunkle Mysterium verkörpert und der Höchsten Harmonie entspricht“, die gesamte Leitung der religiösen Angelegenheiten der Berge übertragen bekommt. Kaiser Rénzōng 仁宗 war folgender Ansicht: „[Der Palast des] Wahrhaften Glücks (am Südlichen Felsen) ist ein wirkkräftiger Gedächtnistempel für die südlichen

Opfer, er unterstützt und schützt die kaiserliche Familie, und der Wahre Krieger regiert das königliche Qì des Nordens. Nur wenn man sein Herz und seine Gedanken im Gebet erschöpft, dann werden Glück und Ehren üppig sein.“ Unter der Leitung der Kaiserinmutter nahmen zahlreiche hohe Beamte und Adlige ihr privates Geld, um Zhāng Shǒuqīng 張守清 bei der Errichtung der Palasthallen des Wahrhaften Glücks des Himmlischen Zweiten (Tiānyì zhēnqìng 天乙眞慶) zu unterstützen. Der Südliche Felsen wurde zum berühmtesten Zentrum religiöser Aktivität der Yuán-Zeit. In der Míng-Dynastie brachte Kaiser Chéngzǔ 成祖 alle Sehenswürdigkeiten in den Bergen mit der Lehre von der Kultivierung des Wahren Kriegers in Zusammenhang. Die Geschichten, wie der Wahre Krieger seine Familie verläßt, wie er sich selbst kultiviert und das Dào erlangt, wie er auf der Achat-Terrasse seinen Titel verliehen bekommt und wie er unter der Himmelsfestung sitzt, wurden [den Sehenswürdigkeiten] vom Palast der Reinen Freude ausgehend bis zur Goldenen Spitze hin zugeordnet. Dadurch wurden die ursprünglich eigenständigen Sehenswürdigkeiten der Wǔdāng-Berge nicht nur in ihrer alten kulturellen Atmosphäre erhalten, sondern auch in einen Gesamtzusammenhang gestellt.

Das touristische Gebiet landschaftlicher Sehenswürdigkeiten in den Wǔdāng-Bergen mit seinen 312 Quadratkilometern Umfang wird gemäß der heute noch vorhandenen Sehenswürdigkeiten in sechs Gebiete unterteilt. Es ist das Gebiet des Tores zu den Geheimnisvollen Bergen (Xuányuèmén 玄岳門), das Gebiet des Abhangs des Kronprinzen (Tàizipō 太子坡), das Gebiet des Südlichen Felsens (Nányán 南岩), das Gebiet der Goldenen Spitze (Jīndǐng 金頂), das Gebiet der Achat-Terrasse (Qióngtái 瓊台) und das Gebiet der Fünf Drachen (Wǔlóng 五龍).

Das Gebiet des Eingangs zu den Geheimnisvollen Bergen liegt am nordöstlichen Fuß der Wǔdāng-Berge in der Nähe des Dānjiāng 丹江-Stausees. Die zu besichtigenden Hauptattraktivitäten sind das Heiligtum zur Stürmenden Leere (Chōngxū'ān 衝虛庵), das Tor zu den Geheimnisvollen Bergen, der Palast des Zusammentreffens mit dem Wahrhaftigen (Yùzhēngōng 遇眞宮), das Heiligtum zur Residenz der Unterstützung (Xiāngfǔān 襄府庵), das Kloster der Ursprünglichen Harmonie (Yuánhéguàn 元和觀), der Tempel des Tàishān 泰山 (Tàishān miào 泰山廟) und der Palast der Jadenen Leere (Yùxūgōng 玉虛宮). Von oben nach unten sind es ungefähr sechs Kilometer, das Gebiet liegt etwa 200 Meter über dem Meeresspiegel. Die sehenswerten historischen Stätten dieses Gebietes sind der steinerne Gedenkbogen [mit der Aufschrift] „Geheimnisvolle Berge, welche die Welt regieren“, der auf Veranlassung des Kaisers Shìzōng 世宗 der Míng-Dynastie erbaut wurde, der schöne Dānjiāng 丹江-Stausee unterhalb des Tores zu den Geheimnisvollen Bergen, die Ruine des Palastes des Zusammentreffens mit dem Wahrhaftigen, in der Zhāng Sānfēng 張三豐, der Gründer der Wǔdāng-Kampftechniken, verehrt wird, das daoistische Gefängnis im Kloster der Ursprünglichen Harmonie und die Ruine des Palastes der Jadenen Leere, der größten Palasthalle in den Wǔdāng-Bergen.

Edle Pagode auf dem Drachen-Berg (Lóngshān 龍山)

Der steinerne Gedenkbogen, das Tor zu den Geheimnisvollen Bergen

Das Relief „Geheimnisvolle Berge, welche die Welt regieren“

Ziehende Wolken und Höhenrauch im Gebirge

Palast des Zusammentreffens mit dem Wahrhaftigen

Halle der Zusammenkunft der Unsterblichen

Kloster der Ursprünglichen Harmonie

Nimmt man am Staudamm in Dānjiāngkōu 丹江口 ein Boot und fährt nach Westen, dann kann man das weit ausgedehnte Gewässer des Stausees erblicken. Man sieht den Nebel das Wasser bedecken und die kleinen Inseln im See, die wie glänzende, in den Himmel intarsierte Juwelen aussehen und außergewöhnlich funkeln. Im See gleiten die Fische dahin und Vögel treiben ihr Spiel, sie sehen aus wie an der Oberfläche schwimmendes Silber und hüpfendes Gold, eine wirklich poetische und malerische Szene. Genau unterhalb dieses künstlichen Sees, dessen blaue Wellen sich kräuseln, befinden sich Palastanlagen im Wasser verborgen, deren Gebäude an die hundert zählen. Es sind zwei der acht Paläste in den Wǔdāng-Bergen: Der Palast der Reinen Freude (Jìnglègōng 浄樂宮) und der Palast der Entgegenkommenden Barmherzigkeit (Yíng' ēngōng 迎恩宮), die von diesem unermeßlichen Gewässer überflutet wurden.
Der Palast der Reinen Freude war eine der größten Palastanlagen in den Wǔdāng-Bergen. Er wurde im 16. Jahr Yǒnglè 永樂 (1418) der Míng erbaut und im 31. Jahr Jiājìng 嘉靖 der Míng restauriert. Der Palast der Reinen Freude wurde in Anlehnung an die Legende vom Kronprinzen des Landes der Reinen Freude, die im *Daoistischen Kanon* (*Dàozàng* 道藏) enthalten ist, errichtet. Wáng Yòu 王佑 aus der Míng-Zeit schreibt in der *Chronik der Großen Berge, den Bergen der Höchsten Harmonie* (*Dàyuè Tàihéshān zhì* 大岳太和山志): „Der Überlieferung nach ist der Vater des Kaisers (des Wahren Kriegers) der König des Landes der Reinen Freude. [...] Deshalb hat man den Palast so benannt." Ursprünglich nahm der Palast der Reinen Freude eine Fläche von nahezu einer Million Quadratmetern ein, und verfügte über mehr als fünfhundert Wohnräume für die Daoisten. Er hatte drei Höfe und fünf Eingänge, rechts und links gab es einen östlichen und einen westlichen Palast; insgesamt war die Anlage sehr beeindruckend. 1958 wurde der Palast infolge des Baus des Dānjiāng 丹江-Stausees überschwemmt.
Geht man dann an der Anlegestelle in Cǎodiàn 草店 von Bord, dann befindet sich das Tor zu den Geheimnisvollen Bergen direkt vor einem. Das Tor kennzeichnet den Eingang in die Wǔdāng-Berge. Es ist ein Gedenkbogen aus Stein mit vier Säulen und drei Durchgängen sowie fünf Etagen, der im 31. Jahr Jiājìng 嘉靖 der Míng-Dynastie errichtet wurde. Der Querbalken wurde auf Befehl des Jiājìng 嘉靖-Kaisers mit der Inschrift „Geheimnisvolle Berge, welche die Welt regieren" versehen. Diese Inschrift preist die politisch unübertroffen hohe Stellung der Wǔdāng-Berge. Zur Zeit der Míng-Dynastie gab es vor dem Tor zu den geheimnisvollen Bergen eine Halle der Geisterbeamten (Língguāndiàn 靈官殿), in der dem Geisterbeamten Wáng 王 (Wáng língguān 王靈官), einer daoistischen Gottheit, welche die Lehre schützt, geopfert wurde. Es ist eine Gottheit mit zornigem Augenausdruck, sie fletscht ihre Zähne und hält eine Peitsche in der Hand. Da den Gläubigen an diesem Ort bang ums Herz und sie voller Angst und Ehrfurcht waren, gibt es den Spruch „Durchschreitet man das Tor zu den Geheimnisvollen Bergen, dann übergibt man sein Schicksal an die Götter; erst wenn man durch das Tor wieder herauskommt, ist man wieder ein Mensch des Diesseits".

Das Tor zu den Geheimnisvollen Bergen
ist der steinerne Gedenkbogen [mit der Aufschrift] „Geheimnisvolle Berge, welche die Welt regieren". Am Fuße der Wǔdāng-Berge gelegen, im 31. Jahr Jiājìng 嘉靖 der Míng-Dynastie (1552) erbaut, ist er das kennzeichnende Gebäude zwischen dem heiligen Weg (*shéndào* 神道) und den öffentlichen Wegen. Der Gedenkbogen wurde aus miteinander verzapften Steinen konstruiert. Er ist 20 Meter hoch, 12,81 Meter breit und hat die Form eines Gedenkbogens mit vier Säulen, drei Durchgängen und fünf Etagen. Auf dem Stirnbalken genau in der Mitte sind die vier Zeichen „Geheimnisvolle Berge, welche die Welt regieren" (*zhìshì xuányuè* 治世玄岳) eingraviert, sie wurden vom Jiājìng 嘉靖-Kaiser geschrieben. Die horizontalen Tafeln, Gebindesparren und Säulen wurden jeweils mit Reliefs, Gravierungen und dreidimensionalen Figuren geschmückt, als Motive dienen in den Wolken fliegende Mandschurenkraniche und Geschichten der Acht Unsterblichen. Unterhalb der Gebindesparren befinden sich gegenüberliegende Riesenschildkröten, ihre gerollten Schwänze bilden die Stützbalken. Die Dächer sind dekoriert mit Fabeltieren, deren geöffnete Mäuler den Eindruck erwecken, als ob sie den Dachfirst verschlucken wollten. Die Gebindesparren unterhalb der Dachvorsprünge sind mit verschiedenen Blumen- und Gräserdekors verziert. Die Sujets sind reichhaltig, die Gravuren kunstvoll, die Formen graziös und lebendig, der Bogen kann als ein Meisterwerk der Steinschnitzerei bezeichnet werden.

An der nördlichen Seite des Tores zu den Geheimnisvollen Bergen befindet sich das Heiligtum zur Stürmenden Leere, es wird auch „Baum mit goldenen Blüten" (Jīnhuāshù 金花樹) genannt. Vor dem Heiligtum steht eine tausend Jahre alte Zypresse, der Überlieferung zufolge war der Baum übersät von goldenen Blüten, als einst der Wahrhaftige der Stürmenden Leere (Chòngxū zhēnrén 衝虛眞人) hierher kam. Die Nachfahren errichteten dann an dieser Stelle ein Heiligtum, in dem sie Opfer brachten.

Durchquert man das Tor zu den Geheimnisvollen Bergen, so gelangt man zum Palast des Zusammentreffens mit dem Wahrhaftigen. Einst errichtete der legendäre Daoist Zhāng Sānfēng 張三豐 an dieser Stelle eine Hütte, weswegen der Palast auch Halle der Zusammenkunft der Unsterblichen (Huìxiānguǎn 會仙館) heißt. Erbaut wurde der Palast im 10. Jahre Yǒnglè 永樂 der Míng (1412). Weil Zhāng Sānfēng 張三豐 der Gründer der Wǔdāng-Kampftechniken ist, ist dies seit alten Zeiten ein Ort, an dem die Helden aus Kampfkunstkreisen verehrt werden.

Südlich des Palastes des Zusammentreffens mit dem Wahrhaftigen befindet sich das Kloster der Ursprünglichen Harmonie, der auf kaiserlichen Befehl gegebene Name lautet „Residenz des Aufsteigenden Frohsinns der Ursprünglichen Harmonie" (Yuánhé qiānxiàofǔ 元和遷校府). Erbaut wurde es im 11. Jahre Yǒnglè 永樂 der Míng (1413). Der *Wunderbare Klassiker in magischen Zauberformeln, in dem der Höchste die Biographie des Großen Heiligen des Dunklen Himmels, dem Wahren Krieger, erzählt* (*Tàishàng shuō xuántiān dàshèng Zhenwu běnzhuàn shénzhòu miàojīng* 太上說玄天大聖眞武本傳神咒妙經) vermerkt, daß der Große Kaiser Wahrer Krieger „den Posten des Leiters der Residenz des Aufsteigenden Frohsinns der Ursprünglichen Harmonie inne gehabt hat". Die sogenannte „ursprüngliche Harmonie" bezeichnet die bei der Kultivierung durch die Innere Alchemie entstehenden Körpersäfte. Das Kloster der Ursprünglichen Harmonie hat an die einhundert kleinere und größere Hallen. In der Haupthalle werden die aus Bronze gegossenen und vergoldeten Statuen der sechs großen Marschälle (Liù dàshuài 六大帥) und des Jadekaisers verehrt, welche äußerst wertvolle Kulturgüter sind. Der Überlieferung nach war hier früher ein daoistisches Gefängnis, es war der Ort, an dem gegen die Regeln verstoßende Daoisten bestraft wurden. Besucher, die hierher kommen, können eine Vorstellung von den antiken Strafformen, wie das Niederknien und Halten von Räucherstäbchen, die Prügelstrafe durch Bambus und Leder, das Brandmarken der Augenbrauen und anderen Bestrafungen bekommen.

Etwa vier Kilometer vom Kloster der Ursprünglichen Harmonie entfernt liegt der Palast der Jadenen Leere. Der große Kaiser Wahrer Krieger bekam einst den Titel „Kanzler der Jadenen Leere" verliehen und im 11. Jahr Yǒnglè 永樂 (1413) wurde hier ein Palast erbaut. Als Kaiser Chéngzǔ 成祖 der Míng die Wǔdāng-Berge im großen Stil restaurierte, war dieser Ort das Hauptquartier, weswegen ein anderer Name auch „Palast des Alten Feldlagers" (Lǎoyínggōng 老營宮) lautet. Der Palast der Jadenen Leere nimmt eine Fläche von über 800000 Quadratmetern ein, es ist eine umzäunte Anlage mit fünf Höfen und drei Achsen. Der heilige Bereich der Mittelachse setzt

Pavillon mit Steinstele, die von einer Schildkröte getragen wird, im Palast der Jadenen Leere

Brunnen, an dem die Nadel gefeilt wurde

Sein daoistischer Name lautet „Palast des reinen Yáng" (Chúnyánggōng 純陽宮). Er wurde in der Kāngxī 康熙-Ära der Qīng-Zeit (1662-1772) errichtet und im 3. Jahr Xiánfēng 咸豐 (1852) neu aufgebaut. Unter den antiken Gebäuden in den Wǔdāng-Bergen ist es eine typische Anlage von kleinem Format. Der Brunnen, an dem die Nadel gefeilt wurde ist in Anlehnung an die Geschichte der Kultivierung des Wahren Kriegers, die sich im *Wunderbaren Klassiker in magischen Zauberformeln von der Biographie des Wahren Kriegers* (*Zhēnwǔ běnzhuàn shénzhòu miàojīng* 眞武本傳神咒妙經) befindet, errichtet worden. Die Anlage besticht durch ihre Kleinheit, sie ist kompakt und wohlgeordnet angelegt. Ihre verschiedenen Pavillons sind prächtig. Im Winter blüht dort die japanische Aprikose, im Frühling die Chrysanthemen. Das ganze Jahr über steht der Bambus im Grün, weswegen die Leute des Altertums sagten „fröhlich erhellt der Mond den Bambus und der Wind rauscht durch die Aprikosenbäume". Es ist eine besonders hübsche Sehenswürdigkeit, die der Reisende unbedingt besucht haben sollte.

sich zusammen aus einer äußeren Palastmauer, einer verbotenen Stadt und einer inneren Palastmauer. Dazwischen sind eine steinerne Brücke, ein äußeres Tor, die Halle des Drachens und des Tigers (Lónghǔdiàn 龍虎殿), die Halle der Zehn Richtungen (Shífāngtáng 十方堂), die Halle der Sich Zeigenden Heiligkeit (Qǐshèngdiàn 啓聖殿), die Haupthalle und die Halle der Eltern (Fùmǔdiàn 父母殿) aufgereiht. Im Osten und Westen stehen mehrere Seitenhallen hintereinander, mehrstöckige Häuser und Terrassen liegen verstreut da. Der Fluß des Jadenen Gürtels (Yùdàihé 玉帶河) schlängelt sich von der verbotenen Stadt kommend äußerst imposant vorbei. Wáng Shìzhēn 王世貞 aus der Míng-Zeit schreibt in seinem *Lied über die Wǔdāng-Berge* (*Wǔdānggē* 武當歌): „Die Berge der Höchsten Harmonie werden einer Stadtanlage immer ähnlicher, der [Palast] der Jadenen Leere ist dem Āfáng 阿房-Palast [des ersten Kaisers von China] sehr ähnlich.“ [Durch diese Aussage] wird die Größe des Ausmaßes ersichtlich. Weil die Hàndān 漢丹-Eisenbahnlinie durch die äußere Mauer des Palastes der jadenen Leere hindurchführt, sind heute nur noch die Mauer der verbotenen Stadt und die innere Palastmauer erhalten. Innerhalb und außerhalb der Mauer der verbotenen Stadt gibt es vier Pavillons mit kaiserlichen Steinstelen. Die vorderen Pavillons wurden im 31. Jahr der Regierungsdevise Jiājìng 嘉靖 (1552) errichtet, auf den riesigen Steinschildkröten stehen Stelen mit einem Edikt des Kaisers Shìzōng 世宗 der Míng und einer Inschrift zur Restaurierung der Palastanlagen in den Bergen der Höchsten Harmonie. Die hinteren Pavillons wurden im 11. Jahr Yǒnglè 永樂 der Míng-Zeit (1413) erbaut, in ihnen befinden sich Stelen mit einem Edikt des Kaisers Chéngzǔ 成祖 und einer Inschrift über die daoistischen Paläste in den Bergen der Höchsten Harmonie. Die Schildkröten, welche Stelen auf dem Rücken tragen, werden auch Bìxì 贔屭 [der Name einer Flußgottheit] genannt. Die Schildkröten hier verkörpern jedoch die Gottheit des Wassers. Sie repräsentieren das Wasser, welches das Feuer kontrolliert und stehen für die gegenseitige Hervorbringung von Wasser und Feuer. Somit sind sie ein Symbol für den Aufstieg der Wǔdāng-Berge.

Das Gebiet am Abhang des Kronprinzen umfaßt etwa 15 Kilometer von der Spitze des Jadekaisers (Yùhuángdǐng 玉皇頂) zum Felsen der Jadenen Leere (Yùxūyán 玉虛岩), es liegt 400 bis 500 Meter über dem Meeresspiegel. Die wichtigsten Sehenswürdigkeiten für den Besucher sind das Kloster des Sich windenden Drachen (Huílóngguàn 回龍觀), das Heiligtum des Sich umwendenden Herzens (Huíxīn'ān 回心庵), der Brunnen, an dem die Nadel gefeilt wurde (Mózhēnjǐng 磨針井), der Tempel des Guāndì 關帝 (Guāndì miào 關帝廟), die Halle des Lǎojūn 老君 (Lǎojūn táng 老君堂), das Kloster der Rückkehr zur Wahrhaftigkeit (Fùzhēnguàn 復眞觀), die Brücke am Schwert-Fluß (Jiànhè qiáo 劍河橋), [der Ort] der 18 Schritte (Shíbā pán 十八盤) und der Felsen der Jadenen Leere. Die Besonderheiten dieses Gebietes landschaftlicher Sehenswürdigkeiten sind die Verschmelzung des hügeligen Geländes mit den Gebäuden zu einem Ganzen und die Anordnung der Sehenswürdigkeiten in Übereinstimmung mit den Geschichten des Wahren Kriegers, als er noch Kronprinz war und anfing sich zu kultivieren. Am Abhang des Kronprinzen kultivierte sich der Prinz,

Abhang des Kronprinzen

hinter dem Abhang befindet sich der hoch aufragende Felsen des Löwen (Shīziyán 獅子岩), vor ihm liegt der hundert *zhàng* 丈 [hinabstürzende] Wasserfall des Himmlischen Sees, die Umgebung ist märchenhaft. Die Legende erzählt uns, daß der Wahre Krieger Heimweh hatte, als er mit seiner Kultivierung begann und die Berge verließ. Er gelangte zum Brunnen, an dem die Nadel gefeilt wurde, wo der Uranfängliche Fürst des Purpurnen Qì (Zǐqì yuánjūn 紫氣元君) ihm eine Lektion erteilte. Dieser verbarg nämlich seine wahre Gestalt und feilte als altes Mütterchen an einer Nadel. Als der Wahre Krieger sah, daß er eine Eisenstange zu einer Nadel feilen wollte, konnte er dies nicht verstehen und war völlig verwirrt. Er erreichte das Kloster des Sich windenden Drachens und plötzlich wurde ihm die Wahrheit klar, daß „sobald der Erfolg einmal vorhanden ist, es aussieht als ob er von selbst gekommen wäre". Daraufhin kehrte er um und ging zurück zum Kloster der Rückkehr zur Wahrhaftigkeit, wo er sich weiter seiner Kultivierung widmete.

Ist man den Hàn 漢-Abhang hinaufgestiegen, so befindet man sich an der Spitze des Jadekaisers. Nachdem man dann das Kloster des Sich windenden Drachens und das Heiligtum des Sich umwendenden Herzens passiert hat, liegt der Brunnen, an dem die Nadel gefeilt wurde, vor einem. Sein daoistischer Name lautet Palast des reinen Yáng (Chúnyánggōng 純陽宮). Dies ist der Ort, an dem der Wahre Krieger vom Uranfänglichen Fürsten des Purpurnen Qì, der die Nadel feilte, unterwiesen wurde. Im 3. Jahr Xiánfēng 咸豐 der Qīng-Dynastie (1852) wurde er neu aufgebaut und nimmt eine Fläche von fast 10000 Quadratmetern ein. Die Anlage hat über 50 Wohnräume für die Daoisten und besteht aus der Halle der Drei Klarheiten (Sānqīngdiàn 三清殿), dem Pavillon der Alten Frau (Lǎomǔtíng 老姆亭), einem alten Brunnen und einem Hof. Vor der Halle der Drei Klarheiten stehen zwei Eisenstangen, deren Dicke dem Durchmesser einer Reisschüssel entspricht. Sie symbolisieren die Mühsal der alten Frau beim Feilen der Nadel und stehen als Sinnbild für die Schwierigkeiten bei der Selbstkultivierung. In der Halle [der Drei Klarheiten] befindet sich eine sehr eindrucksvolle Wandmalerei, die den Wahren Krieger beim Kultivieren der Wahrhaftigkeit darstellt. Im Pavillon der Alten Frau ist eine Eisenstatue des alten Mütterchens beim Feilen der Nadel aufgestellt und unterhalb der Götternische befindet sich die Öffnung des alten Brunnens.

Begibt man sich am Brunnen, an dem die Nadel gefeilt wurde, in Richtung Süden, kommt man am Tempel des Guāndì 關帝, an der Halle des Lǎojūn 老君 und an der Brücke der Rückkehr zur Wahrhaftigkeit vorbei und gelangt dann zu einer der berühmtesten Sehenswürdigkeiten in den Wǔdāng-Bergen, dem Abhang des Kronprinzen, dem Ort, an dem die Selbstkultivierung des Kronprinzen ihren Anfang nahm. Weil der Kronprinz während seiner Kultivierung an diesen Ort zurückkam, lautet sein alter Name „Kloster der Rückkehr zur Wahrhaftigkeit". Der Abhang des Kronprinzen wurde im 10. Jahr Yǒnglè 永樂 der Míng (1412) erbaut. Der ganze Gebäudekomplex paßt sich den geographischen Bedingungen des Berges an, die Mauern sind gebogen, die Wege schlängeln sich, Pavillons und Hallen sind uneben. Die Gestaltung ist äußerst

Das Wasser des Bergbachs fließt stetig dahin

Brücke der Himmlischen Furt (Brücke am Schwert-Fluß)

Halle des Purpurnen Wolkenhimmels

Der Bau der Halle wurde in der Nördlichen Sòng-Zeit in den Jahren der Regierungsdevise Xuānhé 宣和 (1120-1125) begonnen. Im 10. Jahr Yǒnglè 永樂 wurde sie als große Holzkonstruktion mit einem Doppeldach und einem verkürzten Walmdach als Dachaufbau [wieder aufgebaut]. Die Traufseite ist fünf Pfeilerzwischenräume breit, das Doppeldach hat neun Grate, die Halle hat rote Mauern und ist mit grünen Ziegeln gedeckt. Durch eine dreistufige Palastterrasse wird das Gebäude besonders hervorgehoben, seine Proportionen sind gleichmäßig und seine äußere Erscheinung harmonisch. Diese sehr prunkvolle Halle ist mit zahlreichen Motiven in bunten Farben dekoriert und stellt eine Seltenheit unter den religiösen Gebäuden dar. In den Wǔdāng-Bergen ist es das repräsentativste aus Holz konstruierte Gebäude.

kunstvoll und gleicht in ihrer Schönheit einer Parkanlage. Ein bewundernder Vers lautet: „Die Mauer in Neun Windungen gleicht dem Gelben Fluß (Huánghé 黃河), der Duft der Osmanthusblüten ist schon von Weitem wahrzunehmen. Vier daoistische Tore gibt es innerhalb eines *lǐ* 里 und [die Dachkonstruktion] einer Säule mit zwölf Querbalken." Tritt man durch das äußere Tor am Abhang des Kronprinzen und steigt Stufe für Stufe nach oben, erreicht man das zweite daoistische Tor. Dahinter befindet sich ein abgeschlossener Hof, in dem sich die Terrasse zur Anbetung des Großen Wagens (Bàidǒutái 拜鬥臺), ein Ofen zum Verbrennen von Opfergaben, eine Zwischenmauer und Palastterrassen befinden. Durchquert man dann die Halle des Drachen und des Tigers, erreicht man einen weiten, in sich geschlossenen Hof. In ihm befinden sich die Haupthalle sowie ein westliches und ein östliches Seitengebäude. Im Hof gibt es einen alten Teich, der Tränenteich (Dīlèichí 滴淚池) genannt wird. Der Überlieferung nach kam die Mutter des Kronprinzen, Kaiserin Shànshèng 善勝, einst an diesen Ort, um sich nach dem Aufenthaltsort ihres Sohnes zu erkundigen. Weil der Sohn sich vor ihr verbarg, weinte Kaiserin Shànshèng 善勝 laut vor Trauer, so daß sich ein Teich bildete. An der nördlichen Seite der Haupthalle öffnet sich ein weiterer Hof, in ihm befinden sich der Pavillon, in dem die klassischen Schriften aufbewahrt werden (Zàngjīnggé 藏經閣), die Halle der Kaiserlichen Klassiker (Huángjīngtáng 皇經堂), Wohnräume für die Daoisten und das Gebäude der Fünf Wolken (Wǔyúnlóu 五雲樓). Vor der Halle der Kaiserlichen Klassiker steht ein 500 Jahre alter Osmanthusbaum, sein Duft schwebt in der Luft und ist schon von Weitem wahrzunehmen. Das äußerst sehenswerte Gebäude der Fünf Wolken ist fünf Stockwerke hoch, die Ecken des Gebäudes werden von einer einzigen Säule getragen, die Konstruktion besteht aus einer Säule und zwölf Querbalken.

Geht man vom vierten daoistischen Tor am Abhang des Kronprinzen nach unten, erreicht man den [Ort] der unteren 18 Schritte, und nach weiteren fünf *lǐ* 里 liegt der Bach der Neun Übergänge (Jiǔdùjiàn 九渡澗) vor einem. Laut Legende folgte die Kaiserin Shànshèng 善勝 dem Kronprinzen bis hierher und sah von weitem, wie er, von ihr getrennt durch den Bach, den Berg hinaufstieg. Mit jedem Schritt rief sie ihm hinterher, 18 mal aufeinanderfolgend rief sie und bat den Kronprinzen, zurück in den kaiserlichen Palast zu kommen und die Thronfolge fortzusetzen. Der Kronprinz blickte sich jedoch nicht um, er antwortete nur 18 mal [ablehnend] auf jeden ihrer Rufe und lief den Berg hinauf. Später errichteten die Leute an dieser Stelle den [Ort] der unteren 18 Schritte und den [Ort] der oberen 18 Schritte. Eine andere Legende besagt, daß der König des Landes der Reinen Freude einst fünfhundert kaiserliche Wachen schickte, die den Kronprinzen hierher verfolgten. Der Kronprinz konnte sich jedoch nicht rechtzeitig verstecken, in seiner Not kam er nur noch dazu, das Schwert zu zücken und den Berg zu spalten. Er sah den Himmel einstürzen und die Erde sich auftun, und nachdem sich die durch den Schwertschlag entstandene Helligkeit gelegt hatte, schnitt ihn ein reißender Strom von den kaiserlichen Wachen ab. Im 11. Jahre

Gesamtansicht des Palastes des Purpurnen Wolkenhimmels

Halle der Eltern

Der Felsen des Kronprinzen (Höhle des Kronprinzen) liegt an einer Felswand am Gipfel der Ausgebreiteten Flagge hinter dem Palast des Purpurnen Wolkenhimmels. Der Überlieferung nach ist es der Ort, an dem der Kronprinz die Wahrhaftigkeit kultivierte. Der Eingang zur Höhle ist etwa zehn Meter hoch und zwanzig Meter breit. Die Höhle ist 15 Meter tief, sie ist geräumig und eben. In ihr befindet sich eine kleine Steinhalle, die in den ersten Jahren der Yuán-Dynastie errichtet wurde. An der Seite dieser Halle ist eine steinerne Tafel mit dem Schriftzug „Felsen des Kronprinzen" (Tàiziyán 太子岩) angebracht, sie wurde im 27. Jahr der Regierungsdevise Zhìzhèng 至正 (1290) der Yuán graviert. In der Halle wird die Statue des Kronprinzen im Knabenalter verehrt. Hinter der Höhle gibt es einen Teich, die süße Quelle trocknet das ganze Jahr über nicht aus. Um die Höhle herum befinden sich noch weitere Sehenswürdigkeiten wie die Ruine des Pavillon des Kronprinzen (Tàizitíng 太子亭), der Felsen der Jadenen Klarheit (Yùqīngyán 玉清岩), der Felsen der Höchsten Klarheit (Tàiqīngyán 太清岩), die Höhle des Vorhangs aus Wasser (Shuǐliándòng 水簾洞), die Höhle des Schwarzen Drachen (Hēilóngdòng 黑龍洞) und das Grab des Großvaters mit der Goldenen Fingerspitze (Jīnzhǐtóu wángyéfén 金指頭王爺墳).

Yǒnglè 永樂 wurde eine steinerne Brücke über den Schwert-Fluß erbaut, ihr Name ist Brücke der Himmlischen Furt (Tiānjīnqiáo 天津橋).

Von der Brücke der Himmlischen Furt stromaufwärts gelangt man zum Felsen der Jadenen Leere. Der Felsentempel der Jadenen Leere befindet sich auf einer steilen Felswand oberhalb des Baches der Neun Übergänge. Er bekam seinen Namen deshalb, weil der Wahre Krieger den Titel „Kanzler der Jadenen Leere" verliehen bekommen hatte. Es ist einer der Felsentempel in den Wǔdāng-Bergen, die an einer sehr schwer passierbaren Stelle liegen. Erbaut wurde er im 1. Jahr Tàidìng 泰定 der Yuán-Dynastie (1324). Der Felsentempel nimmt eine Fläche von über tausend Quadratmetern ein, der breiteste Ort mißt zwanzig Meter, der schmalste nur einen halben Meter. An Gebäuden gibt es ein äußeres Tor, einen Fastenraum (*zhāifáng* 齋房), daoistische Wohnräume und eine Haupthalle. In der Felsenhöhle befinden sich aus Ton modellierte Gottheiten der Abteilung Donner, die sehr lebendig gestaltet sind und erlesene Stücke unter den Skulpturen der Wǔdāng-Berge darstellen.

Die wichtigsten [Gebäude] des Gebietes am Südlichen Felsen sind das Kloster der Kraft und Stärke (Wēilièguàn 威烈觀), der Palast des Purpurnen Wolkenhimmels (Zǐxiāogōng 紫霄宮), der Felsen des Kronprinzen (Tàiziyán 太子岩), der Palast des Südlichen Felsens (Nányángōng 南岩宮), das Kloster der Höchsten Beständigkeit (Tàichángguàn 太常觀), die Höhle der Donnergottheiten (Léishéndòng 雷神洞) und der Gedächtnistempel der Ulme und der japanischen Aprikose (Lángméicí 榔梅祠). Das Gebiet liegt etwa zwischen 700 und 1000 Metern über dem Meeresspiegel. Die wesentlichen Besonderheiten dieses Gebietes sind die außergewöhnliche Landschaft, die hochaufragenden Gebirgskämme des Gipfels der Drei Herzöge (Sāngōngfēng 三公峰) und des Gipfels der Fünf Alten (Wǔlǎofēng 五老峰), der erhabene und anmutige Gipfel des Weihrauchbrenners, der wie ein im Wind flatterndes Feldbanner [anmutende] Gipfel der Ausgebreiteten Flagge (Zhǎnqífēng 展旗峰), der in verschiedenen Grüntönen leuchtende und wie ein Tropfen aussehende Gipfel der Kostbaren Perle (Bǎozhūfēng 寶珠峰), der aus überhängenden Felswänden bestehende Südliche Felsen, der steil abfallende Felsen des Fliegenden Aufstiegs (Fēishēngyán 飛升岩) und die Kulturlandschaft, welche in Übereinstimmung mit der Legende von der Kultivierung und vom himmlischen Aufstieg des Kronprinzen angelegt wurde.

Steigt man den [Ort] der 18 Schritte Stufe für Stufe hinauf zum Paß der Unsterblichen (Xiānguān 仙關), so sieht man zu beiden Seiten tausend *rèn* 仞 hohe Felswände aufragen, man ist von schroffen und abschüssigen Gipfeln umringt. Der Tempel des Gottes des Reichtums (Cáishénmiào 財神廟), das Kloster der Kraft und Stärke und das Vierte Himmlische Tor (Sìtiānmén 四天門) stehen an schwer passierbaren Stellen und schmücken die Gruppe von Gipfeln. Überquert man die Brücke der Fußspuren des Yǔ 禹 (Yǔjīqiáo 禹蹟橋), so kann man zwischen dem kleinen und großen Gipfel der Kostbaren Perle einen großen und imposanten Palast unterhalb des Gipfels der ausgebreiteten Flagge aufragen sehen, dies ist der berühmte Palast des Purpurnen Wolkenhimmels. Sein Bau wurde in der nördlichen Sòng-Zeit in den Jahren der

Regierungsdevise Xuānhé 宣和 (1120-1125) begonnen. Weil Kaiser Huīzōng 徽宗 träumte, daß der Gott des Feuers nach Süden zog, ließ er dort Hallen erbauen und Opfer bringen. Im 10. Jahr Yǒnglè 永樂 der Míng (1412) wurde die Anlage neu aufgebaut und auf einen kaiserlichen Befehl hin „Palast des Purpurnen Wolkenhimmels des Höchsten Mysteriums“ (Tàixuán Zǐxiāogōng 太玄紫霄宮) genannt. Der Name steht im Zusammenhang mit dem Wahren Krieger, sein Titel enthält den Ausdruck „Marschall des Höchsten Mysteriums“ (Tàixuán yuánshuài 太玄元帥). In dem *Wunderbaren Klassiker der Biographie des Wahren Kriegers* (*Zhenwu běnzhuàn miàojīng* 眞武本傳妙經) wird beschrieben, wie der Uranfängliche Fürst des Purpurnen Qì dem Kronprinzen rät, sich für seine Kultivierung „unter den zahlreichen Gipfeln denjenigen auszusuchen, der in die Höhe des Purpurnen Wolkenhimmels ragt, um sich dort niederzulassen“. So wurde der Palast „Palast des Purpurnen Wolkenhimmels des höchsten Mysteriums“ genannt, es ist der zweite Ort, an dem sich der Wahre Krieger kultivierte.

Die Wahl des Ortes und der Aufbau des Palastes des Purpurnen Wolkenhimmels sind vollständig nach den Theorien der antiken chinesischen Geomantik durchgeführt. Die Gebäude befinden sich im Norden und sind nach Süden ausgerichtet, hinter ihnen liegen die Berge, vor ihnen das Wasser. Der Palast lehnt sich an den Gipfel der Ausgebreiteten Flagge, der [den Anschein macht, als ob] er hin- und herwehen würde. Zur Rechten und zur Linken befinden sich der Grüne Drache und der Weiße Tiger, die Wache halten und Schutz gewähren. Vor dem Palast liegt der Teich der Fußspuren des Yǔ 禹 (Yǔjīchí 禹蹟池), seine Wellen glänzen farbenfroh wie ein goldenes Becken, das Reichtum und Schätze enthält. Der Fluß des Goldenen Wassers (Jīnshuǐhé 金水河) durchzieht den Gipfel der Horizontale aus Perlen (Zhūhéngfēng 珠横峰) und den Gipfel der Kostbaren Perle wie ein silberner Faden, der Gé 隔-Bergbach wird vom Gipfel der Zwischenmauer (Zhàobìfēng 照壁峰), vom Gipfel der Drei Herzöge, vom Gipfel der Fünf Alten, vom Gipfel der Kerze (Làzhú fēng 蠟燭峰) und vom Gipfel des Weihrauchbrenners abgeschirmt. Dies entspricht genau der für einen segensreichen Ort (*fúdì* 福地) typischen Form. Kaiser Rénzōng 仁宗 der Yuán bezeichnete ihn als „segensreichen Ort des Purpurnen Wolkenhimmels“.

Alle Gebäude des Palastes des Purpurnen Wolkenhimmels befinden sich auf einem Plateau, sie nehmen eine Fläche von ungefähr 100000 Quadratmetern ein. Auf der mittleren Achse liegen die Brücke der Fußspuren des Yǔ 禹, die Halle des Drachen und des Tigers, ein Pavillon mit einer kaiserlichen Gedenktafel, ein Ofen zum Verbrennen von Opfergaben, die Halle der Zehn Richtungen, westliche und östliche Wohnräume der Daoisten, die Haupthalle, Seitenhallen zur Rechten und zur Linken und die Halle der Eltern, außerdem gibt es noch einen östlichen und einen westlichen Palast. Die Haupthalle befindet sich auf einer dreistufigen Palastterrasse. Sie hat ein Doppeldach mit einem verkürzten Walmdach als Dachaufbau. Die Seiten der oberen Dachvorsprünge sind mit fliegenden Drachen [dekoriert], die unteren Dachvorsprünge mit bunten Phönixen, die farbenprächtig und golden glänzen. In der Halle befinden sich in der zentralen Götternische die bunte Statue des Jadekaisers und die aus Bronze gegossene und vergoldete Statue des Wahren Kriegers, zu beiden Seiten warten der Goldknabe und das Jademädchen auf. Unterhalb der Götternische stehen der Himmelsfürst Zhào 趙, der Himmelsfürst Guān 關, der Himmelsfürst Mǎ 馬, der Himmelsfürst Wēn 溫, der General des Wassers und der General des Feuers, links und rechts von ihnen befinden sich der Goldknabe, der ein Schwert trägt, und das Jademädchen, das ein Register hält. Alle Figuren sind eindrucksvoll modelliert und unterschiedlich in ihrem Ausdruck. An der westlichen Seite der Halle befindet sich eine „herbeigeflogene Spießtanne". Sie überträgt Töne: Klopft man sachte an das eine Ende, so kann man das Geräusch am anderen Ende ganz deutlich hören, weswegen sie auch „erklingende Geister-Tanne" heißt. In der Halle gibt es außerdem noch eine Lampe [in Form des] blühenden Palmfarns, eine aus Bronze gegossene und vergoldete große Meereslampe, Räuchergefäße und andere Opfergeräte sowie weitere rituelle Gegenstände. Alle Gegenstände stellen wertvolle Kulturgüter dar.

Hinter der Haupthalle befindet sich die Halle der Eltern. In ihrer zentralen Götternische werden die Eltern der Gottheit Wahrer Krieger verehrt: der Kaiser der Klaren Wahrhaftigkeit (Míngzhēn dàdì 明真大帝) und die Kaiserin Shànshèng 善勝 aus dem Land der Reinen Freude. In den Nischen auf der rechten und linken Seite sind die Göttin, die Söhne bringt (Sòngzǐ niángniáng 送子娘娘) und Guānyīn 觀音 (Bodhisattva, der Barmherzigkeit spendet [Anm. d. Üb.]) aufgestellt.

Tritt man aus der Halle der Eltern heraus und geht an ihrer linken Seite nach oben, so durchquert man den Wald des purpurnen Bambus (Zǐzhúlín 紫竹林) und gelangt zum Felsen des Kronprinzen. Der Felsen[tempel] des Kronprinzen ist in einer Höhle errichtet. Vor der Höhle gibt es ein äußeres Tor. Die Höhle ist zehn Meter hoch, zwanzig Meter breit und fünfzehn Meter tief. In der Höhle befindet sich eine steinerne Halle mit einem verkürztem Walmdach. Sie wurde im 27. Jahr Zhìzhēng 至正 der Yuán-Dynastie (1290) erbaut. In ihr wird die Statue des Kronprinzen verehrt, welche einen entschlossenen Gesichtsausdruck trägt und Kraft und Energie ausstrahlt. Hinter der Halle gibt es eine tausendjährige Quelle mit süßem Wasser. In der Umgebung sind an Sehenswürdigkeiten noch der Felsen der jadenen Klarheit (Yùqīngyán 玉清岩), der Felsen der höchsten Klarheit (Tàiqīngyán 太清岩) und die Höhle des schwarzen Drachen (Hēilóngdòng 黑龍洞) zu sehen.

Über dem Palast des Purpurnen Wolkenhimmels liegt dann der Südliche Felsen. Er befindet sich auf der größten Verwerfung in den Wǔdāng-Bergen, wo die Felsen ungewöhnlich, die Gipfel schwer passierbar und die Flußtäler tief sind. Es ist der landschaftlich schönste Ort in den Wǔdāng-Bergen. Das sehenswerte Gebiet des Südlichen Felsens wird in zwei Abschnitte unterteilt: die Sehenswürdigkeiten an der Steilen Felswand, der im 1. Jahr Yányòu 延佑 der Yuán-Zeit (1314) angelegt wurden und die malerische Landschaft des Kreisförmigen Strahls (Yuánguāng 圓光), die im 11. Jahr Yǒnglè 永樂 (1413) gestaltet wurde.

Hunderte von weißen Seidenbändern
und sprühende feine Jade

Höhle der Donnergottheiten

Daoistische Stupas

Von roten Bäumen berauschter Herbst

Das Südliche Himmlische Tor

Gedenktempel der Ulme und
der japanischen Aprikose

Silberne Saiten lassen frische Töne
erklingen

Die Überlieferung besagt, daß der Wahre Krieger am Südlichen Felsen einige Male in Erscheinung trat, seine Heiligkeit in den Wolken zeigte und fünffarbige, glückbringende Wolken auftraten, als Kaiser Chéngzǔ 成祖 der Míng das große Bauprojekt in den Wǔdāng-Bergen durchführte. Der Kaiser beauftragte die Handwerker, die Gebäude am nördlichen Hang, nämlich das Südliche Himmlische Tor (Nántiānmén 南天門), das Kleine Himmlische Tor (Xiǎotiānmén 小天門), die Halle des Uranfänglichen Fürsten (Yuánjūndiàn 元君門), die Halle des Kreisförmigen Strahls (Yuánguāngdiàn 圓光殿), den Pavillon des von Süden angewehten Rauches (Nánxūntíng 南熏亭), einen Pavillon mit Gedenktafel, die Halle des Drachen und des Tigers, Seitengebäude, Seitenhallen, die Haupthalle, Kammern für den Abt und einen Fastenraum alle im Einklang mit den geographischen Bedingungen des Berges zu errichten. Das malerische Gebiet des Kreisförmigen Strahls umfaßt all diese Gebäude.

Geht man entlang der Haupthalle nach Osten über einen kurvenreichen Steinweg, sieht man eine steile Felswand aufragen. Inmitten dieses überhängenden Felsens befinden sich mehrfach gestufte Palastterrassen sowie Reihe um Reihe stehende Palasthallen und Pavillons. Es sind zwei Zeremonienhallen, der Pavillon der Acht Trigramme (Bāguàtíng 八卦亭), ein mehrstöckiger Pavillon, in dem klassische Schriften aufbewahrt werden, der Pavillon der Alten Schachfiguren (Gǔqítíng 古棋亭), ein Weihrauchbrenner in Form eines Drachenkopfes, der Palast des Wahrhaften Glücks des Himmlischen Zweiten (Tiānyì zhēnqìnggōng 天乙眞慶宮), [die Halle] des Kronprinzen, der in einem Drachen-Bett schläft und ein Glocken-Pavillon.

Der Palast des Wahrhaften Glücks des Himmlischen Zweiten ist die größte heute noch erhaltene Palastanlage, die aus Stein konstruiert wurde. Sie wurde durch Mittel des Kaiserhauses von Zhāng Shǒuqīng 張守清, einem berühmtem Daoisten der Yuán-Zeit, im 1. Jahr Yányòu 延佑 erbaut. Das gesamte Bauwerk ist aus großen, miteinander verzapften Steinen gemauert, wobei das schwerste steinerne Bauelement über 5000 Kilo wiegt. Diese massigen Steinelemente sind alle durch menschliche Kraft zusammengesetzt worden, was auf ebenem Terrain schon ziemlich schwierig ist, ganz zu schweigen von der Ausführung des Baus in einer Höhle, die am Rande eines Abgrunds liegt. In dieser Palastkonstruktion werden die Intelligenz, das Wissen und die überragende Kunstfertigkeit der chinesischen Handwerker des Altertums deutlich.

Biegt man von der Haupthalle nach Westen ab und geht nach unten, so erhebt sich dort ein steiler Gipfel, auf dem die Terrasse der Morgendlichen Toilette (Shūzhuāngtái 梳妝臺) und die Terrasse des Fliegenden Aufstiegs (Fēishēngtái 飛升臺) errichtet wurden. Die Legende besagt, daß der Wahre Krieger, nachdem er sich am Südlichen Felsen erfolgreich kultiviert hatte, eines Tages zur Terrasse der Morgendlichen Toilette kam, um sich anzukleiden und zu frisieren. Der Uranfängliche Fürst des Purpurnen Qì wollte den Wahren Krieger in Versuchung führen, indem er seine wahre Gestalt verbarg und sich als schöne Frau zeigte. Der Wahre Krieger jedoch ließ sich von den Reizen der Schönheit nicht beirren und zog sich auf die Terrasse des Fliegenden Aufstiegs zurück. Die schöne Frau ihrerseits verfolgte ihn dorthin und stürzte sich direkt

Die Unsterblichen steigen den Felsen hinauf

Der Heilige Weg

Abreibung und Steinschnitzerei am steilen Felsen

Perlmuttfarbener Palast der Unsterblichen

an seine Brust. Er wich schnell aus, hatte jedoch nicht bedacht, daß die schöne Frau nicht mehr rechtzeitig anhalten konnte und den Felsen hinabstürzte. Der Wahre Krieger erschrak sehr und dachte im Stillen, daß er nun seine Tugend verloren habe und dies nur mit seinem eigenen Leben wiedergutmachen könne, und so machte er einen Satz und sprang [ebenfalls] den Felsen hinunter. In diesem Moment lobpreisten fünf aus glückbringenden Wolken und feinem Dunst unterhalb des Abhangs hervorkommende Drachen seine Heiligkeit, den Wahren Krieger auffangend erhoben sie sich und flogen davon.

Das Gebiet der Goldenen Spitze befindet sich am Gipfel des Himmelspfeilers. Die hauptsächlichen [Attraktionen] sind die Höhle des Gelben Drachen (Huánglóngdòng 黃龍洞), der Palast der Audienz beim Himmel (Cháotiāngōng 朝天宮), das Erste, Zweite und Dritte Himmlische Tor, der Palast der Höchsten Harmonie (Tàihégōng 太和宮), die Verbotene Stadt (Zǐjìnchéng 紫禁城) und die Goldene Halle (Jīndiàn 金殿). Das Gebiet liegt zwischen 1300 und 1612 Meter über dem Meeresspiegel, in ihm zeigt sich die Essenz der Wǔdāng-Berge. Geht man nach oben, so erhält man eine Vorstellung vom Mysterium des Paradieses der himmlischen Paläste und verspürt die heldenhafte Gesinnung des unterhalb der Himmelsfestung sitzenden Wahren Kriegers. Blickt man nach unten, so sieht man die Formation der 72 Gipfel, die zur himmlischen Audienz kommen und hört, wie ein Hahn bei aufsteigender Sonne und beharrlichem Mond die fröhlichen Klänge der irdischen Welt verkündet.

Die Höhle des Gelben Drachen liegt inmitten einer steilen Felswand am Gipfel des Purpurnen Schirms (Zǐgàifēng 紫蓋峰), gegenüber dem Gé 隔-Bergbach und dem Gipfel des Schwarzen Schafes (Qīngyángfēng 青羊峰). Zwischen den Bergschluchten verläuft der Heilige Weg (*shéndào* 神道) bergaufwärts, an ihm befindet sich der Pavillon zur Höhle des Gelben Drachen. In der Mitte des Pavillons hängt eine hölzerne geschnitzte [Tafel] mit den Zeichen „Höhle des Gelben Drachen“ (Huánglóngdòng 黃龍洞). In seinem Inneren befindet sich eine horizontale Tafel mit der Inschrift „im ganzen Reich weithin bekannt (*tiānxià chímíng* 天下馳名)“. An diesem Ort verkauften die Daoisten früher Arznei für die Augen. Die Abwicklung des Geschäftes war sehr außergewöhnlich: Von der Höhle des Gelben Drachens führte eine hundert *zhàng* 丈 lange Schnur herunter direkt in den Pavillon. Die Pilger zogen im Pavillon an der Schnur und ein daran befestigter Bambuskorb schwebte direkt von der Öffnung der Höhle in den Pavillon herunter. Die Pilger legten eine Geldsumme in den Korb hinein, welche dann zurück in die Höhle transportiert wurde. Die Daoisten legten entsprechend der Summe Arznei in den Korb und schickten diesen wieder hinunter. Diese Verkaufsmethode, bei der sich die beiden Parteien nicht sahen, vermittelte nicht nur eine geheimnisvolle Atmosphäre, sondern vermied auch viele unnötige Konflikte. Da die Arznei sehr wirksam war, war sie „im ganzen Reich weithin bekannt“.

Geht man von der Höhle des Gelben Drachen weiter zum Palast der Audienz beim Himmel und passiert das Erste, Zweite und Dritte Himmlische Tor, so gelangt man zum Palast der Höchsten Harmonie. Dieser Palast wurde im 14. Jahr Yǒnglè 永樂 (1416)

Die glückverheißend [aussehende] Goldene Halle

Alte Bronzehalle in der Morgendämmerung

Die steinerne Treppe der Neun Verbindungen

erbaut und besteht aus der Halle der Audienz bei den Heiligen (Cháoshèngdiàn 朝聖殿), einem Glocken- und einem Trommelturm, der Halle des Uranfänglichen Fürsten (Yuánjūndiàn 元君殿), der Halle der Kaiserlichen Klassiker (Huángjīngtáng 皇經堂), einer Küche, in der Speisen als Opfergaben für die Gottheiten zubereitet werden, einem Fastenraum, der Halle des Wahrhaften Beamten (Zhēnguāntáng 眞官堂), der Halle der Glückbringenden Wendung des Schicksals (Zhuǎnyùndiàn 轉運殿), einer Gebetshalle und der Haupthalle. In der Haupthalle werden der Wahre Krieger, der Goldknabe, das Jademädchen und die Acht großen Gottheiten, welche die Lehre beschützen, verehrt. Vor der Halle sind zwei bronzene Gedenktafeln aufgestellt. Eines ist die Gedenktafel aus dem 31. Jahr Jiājìng 嘉靖 (1552), die [verzeichnet], daß Kaiser Shìzōng 世宗 der Míng den stellvertretenden Minister zur Linken aus dem Ministerium für öffentliche Bauten, Lù Jié 陸杰, schickte, um dem Wahrhaftigen Fürsten des Nördlichen Pols, der die Heiligen schützt (Běijí yòushèng zhēnjūn 北極佑聖眞君), zu opfern. Die andere ist eine Gedenktafel aus dem 39. Jahr Jiājìng 嘉靖 (1560), die ein Edikt des Kaiser Shìzōng 世宗 [enthält], in dem angeordnet wird, einen Altar für die Donnergottheiten zu errichten, [Götter]statuen aufzustellen und eine Opferzeremonie abzuhalten. Beides sind sehr wertvolle Kulturschätze.

Südlich des Palastes der Höchsten Harmonie ragt ein Gipfel empor, dessen Form einer Lotusblüte ähnelt und der deswegen Gipfel der Kleinen Lotusblume (Xiǎoliánfēng 小蓮峰) genannt wurde. An einer Felswand des Gipfels ist die Inschrift „eine Säule hebt den Himmel hoch" (*yīzhù qíngtiān* 一柱擎天) eingraviert, die Zeichen sind in vereinfachter Kanzleischrift kraftvoll und ungekünstelt geschrieben, sie stellen ein Meisterwerk der Kalligraphie dar. Daneben sind die Gedichte *Die Wǔdāng-Berge erklimmen* (*Dēng Wǔdāng* 登武當) von Lǐ Zōngrén 李宗仁 und *Zum Gipfel des Himmelspfeilers reisen* (*Yóu Tiānzhùfēng* 游天柱峰) von Fāng Zhènwǔ 方振武 als Intarsien eingelegt. Auf der Spitze des Gipfels steht eine Halle, in der sich wiederum eine antike Bronzehalle befindet. Es ist die ursprünglich auf dem Gipfel des Himmelspfeilers stehende Halle, die im 11. Jahr Dàdé 大德 (1307) der Yuán-Zeit erbaut wurde. Im 14. Jahr Yǒnglè 永樂 wurde die [jetzige] Goldene Halle von der Hauptstadt zum Gipfel des Himmelspfeilers transportiert und die alte Bronzehalle zum Gipfel der Kleinen Lotusblume gebracht. Weil die Halle von einem Gipfel auf den anderen transportiert wurde (*zhuǎnyùn* 轉運), dieser Ausdruck aber gleichzeitig auch die Bedeutung einer glückbringenden Wendung des Schicksals (*zhuǎnyùn* 轉運) hat, wollen fast alle Pilger, die hierher kommen, die Bronzehalle einmal umrunden, um so eine gute Wendung ihres Schicksals zu erlangen. Die antike Bronzehalle wurde in Wǔchāng 武昌 gegossen, das Geld dafür sammelten einst die Gläubigen aus Hénán 河南 und anderen Gebieten. Es ist die älteste Bronzehalle Chinas, ihr Wert für die Forschung ist deshalb sehr groß.

Der Gipfel des Himmelspfeilers wird von einer Mauer [wie in der] Verbotenen Stadt umgeben. Im 17. Jahr Yǒnglè 永樂 (1419) erließ Kaiser Chéngzǔ 成祖 der Míng ein Edikt für ihren Bau:

Brücke der Zusammenkunft der Unsterblichen

Palast der Höchsten Harmonie

Die Mauer der Verbotenen Stadt

Palast der Audienz beim Himmel

Beauftragt werden der Marquis von Lóngpíng 隆平, Zhāng Xìn 張信, und der kaiserliche Schwiegersohn des 6. Adelsranges, Mù Xīn 沐昕: Auf dem [höchsten] Gipfel der Berge der Höchsten Harmonie soll eine ringsum laufende Mauer erbaut werden. Der Berg darf dabei nicht im Geringsten verändert werden und die Mauer muß sich in jedem Fall den Gegebenheiten des Bodens anpassen. Genaue Maßangaben für die Höhe sind nicht erforderlich, jedoch soll die Mauer so gebaut sein, daß sie von einem Menschen nicht überschritten werden kann. Sie soll solide und fest sein, auf daß sie unzählbare Jahre währen und genauso lange wie Himmel und Erde existieren möge. Dies ist ein Befehl.

Die Mauer dieser Verbotenen Stadt wurde aus bis zu 500 Kilo schweren Steinblöcken gemauert, auf ihr wurden vier Himmlische Tore, im Osten, Süden, Westen und Norden, errichtet. Sie hat starke Ähnlichkeit mit einem himmlischen Kaiserpalast und ist von hohem architektonischen Wert.

Ist man durch das Südliche Himmlische Tor in die Verbotene Stadt eingetreten, steigt man hoch zur Halle der Geisterbeamten (Língguāndiàn 靈官殿) und geht auf der in den Stein gehauenen Treppe der Neun Verbindungen (Jiǔliándèng 九連磴) hinauf zur Spitze des Himmelspfeilers, wo die Goldene Halle majestätisch emporragt. Rechts und links neben der Goldenen Halle gibt es Buden, an denen man Lose ziehen und Räucherwerk kaufen kann, vor der Palastterrasse sind „eine goldene Glocke und ein klingender Stein aus Jade" aufgestellt. Hier können die Reisenden die Götter befragen und sich wahrsagen lassen, Räucherwerk verbrennen und Gelübde ablegen. Vor allem kann man hier jedoch die Einzigartigkeit und Vielseitigkeit des wundervollen Ausblicks von der Goldenen Spitze genießen. Man kann die Klarheit der Morgendämmerung am Himmelspfeiler, das Aufleuchten der Hallen bei Donner und Blitz, den strahlenden Glanz des Ahnherrn [Wahrer Krieger], die Spiegelungen an der Goldenen Halle, Nebel spuckende Seepferdchen, das von Donner aufgeschreckte Flachland, den schnellen Wechsel der Gezeiten, die göttlichen Kiefern, die den Gästen entgegenzukommen [scheinen], den an das Tor des Berges klopfenden Mond und den Sonnenaufgang in den Wǔdāng-Bergen sehen.

Das Gebiet am Palast der Fünf Drachen umfaßt den Felsen des Blühenden Yáng (Huáyángyán 華陽岩), den Felsen des Unsterblichen Yǐn 尹 (Yǐn xiān yán 尹仙岩), den Felsen der Wirkkräftigen Entsprechung (Língyìngyán 靈應岩), den Felsen der Wirkkräftigen Leere (Língxūyán 靈虛岩), das Kloster der Menschlichkeit und Kraft (Rénwēiguàn 仁威觀) und den Palast der Fünf Drachen. Es liegt etwa 700 bis 900 Meter über dem Meeresspiegel. Dieses Gebiet landschaftlicher Sehenswürdigkeiten befand sich zur Táng-Zeit [bereits] im Aufschwung und durch die Bautätigkeiten im Laufe der Geschichte entstand eine vielfältige Kulturlandschaft. Weil hier ein weiterer Heiliger Weg zur Goldenen Spitze hinauf führt, ähneln einige Ortsnamen denen im Gebiet am Abhang des Kronprinzen, wie unter anderem der Gedächtnistempel der Alten Frau (Lǎomǔcí 老姆祠) am Bach zur Gefeilten Nadel und das Heiligtum des Empfangs (Jiēdàiān 接待庵). Das Gebiet liegt an einer Schnittstelle geologischer Verwerfungen,

Die Ruine des Palastes der Fünf Drachen

Grab des Lǐ Sùxī 李素希

Lǐ Sùxī 李素希 war der Wahrhafte der Ulme und der japanischen Aprikose und ein berühmter hoher Daoist der Wǔdāng-Berge. Im 19. Jahr Yǒnglè 永樂 der Míng-Zeit ging er in die Ewigkeit ein, er erreichte ein Alter von 93 Jahren. Nach seinem Tod schickte der Kaiser persönlich Beamte der Hauptstadt, um zu kondolieren. Er gab Anweisungen ein Stupa zu bauen, um dadurch seine besondere Gunst deutlich zu machen.

die Landschaft ist äußerst malerisch. Rechts und links ragen der Gipfel der Kiefern und Kletterpflanzen (Sōngluófēng 松蘿峰), der Gipfel der Fünf Drachen und der Gipfel des Schwarzen Schafes empor, Wasserfälle stürzen in die Tiefe, ein Meer von Bäumen rauscht im Wind und die Bergbäche hören sich wie brüllende Hirsche an.
Mit dem Bau des Palastes der Fünf Drachen wurde in den Jahren Zhēnguān 貞觀 der Táng-Dynastie begonnen, im 11. Jahr Yǒnglè 永樂 der Míng wurde er neu aufgebaut. Ursprünglich bestand er aus einem äußeren Tor, der Halle des Drachen und des Tigers, Pavillons mit kaiserlichen Gedenktafeln, Nebengebäuden, einer Haupthalle, der Halle der Eltern, Seitenhallen, Kammern für den Abt und einem Fastenraum, insgesamt waren es an die tausend Gebäude. Auf kaiserlichen Befehl wurde eine Tafel mit der Inschrift „Palast der Fünf Drachen der Blühenden Heiligkeit" (Xīngshèng Wǔlónggōng 興聖五龍宮) angebracht. Im 19. Jahr der Republik (1930) brannte die Anlage ab. Heute noch erhalten sind die fünf Drachenbrunnen, der daoistische Stupa des Lǐ Sùxī 李素希, die Terrasse zur Rezitation der Klassiker und einige weitere Sehenswürdigkeiten.
Die fünf Drachenbrunnen liegen in der Mitte des Palasthofes, ihren Namen bekamen sie, weil die Fünf Drachen ihre göttliche Kraft zeigten. Die Legende besagt, daß die fünf Brunnen miteinander verbunden sind; aus einem Brunnen schöpft man das Wasser, aus den restlichen vier sprudeln hohe Wellen hervor.
Der daoistische Stupa des Lǐ Sùxī 李素希 wurde im 23. Jahr Yǒnglè 永樂 (1425) der Míng erbaut. Da die Daoisten danach streben, unsterblich zu werden und in den Himmel aufzusteigen, gibt es seit alters her eigentlich keine Stupas. In der Yuán-Zeit erlebte die Lehre der Vollkommenen Wahrhaftigkeit (Quánzhēn 全眞) eine große Blüte und man begann, Stupas zu bauen. Lǐ Sùxī 李素希 ist ein berühmter Daoist der beginnenden Míng-Zeit, im 3. und 4. Jahr Yǒnglè 永樂 (1405 und 1406) schickte er zweimal Leute mit Lángméi 榔梅-Früchten und anderen Tributgaben, um sie dem Kaiser zu überbringen. Auf kaiserlichen Befehl hin bekam er den Titel „der Wahrhaftige der Lángméi 榔梅-Früchte". Im 19. Jahr Yǒnglè 永樂 (1421) ging er in die Ewigkeit ein, er erreichte ein Alter von 93 Jahren. Im 22. Jahr Yǒnglè 永樂 (1424) erhielt der stellvertretende Minister zur Linken aus dem Ministeriums für Riten, Hú Yíng 胡濙, den kaiserlichen Befehl, für ihn eine Gedenktafel aufzustellen und einen Stupa zu erbauen.
Die Berge rund um den Palast der Fünf Drachen sind hoch und steil, der Gipfel der Kiefern und Kletterpflanzen, der Gipfel des Schwarzen Schafes und die anderen Gipfel umkreisen [ihn], die Landschaft ist wunderschön. Inmitten der Bergketten und Höhlen wurden für ihre landschaftliche Schönheit berühmte historische Stätten wie der Felsen des blühenden Yáng, der Felsen des Unsterblichen Yǐn 尹 und der Felsen der Wirkkräftigen Entsprechung errichtet. Diese Stätten befinden sich gerade in Reparatur und werden bald für die Öffentlichkeit freigegeben werden.
Das Gebiet der Achat-Terrasse besteht aus der Halle des Lǎojūn (Lǎojūn táng 老君堂), dem Kloster der Acht Unsterblichen (Bāxiānguàn 八仙觀), dem Oberen Kloster

(Shàngguàn 上觀), dem Mittleren Kloster (Zhōngguàn 中觀) und dem Unteren Kloster (Xiàguàn 下觀). Es liegt etwa zwischen 500 und 1100 Meter über dem Meeresspiegel. Die wesentlichen Besonderheiten dieses Gebietes sind die dicht nebeneinander stehenden Berge, die aussehen wie Vorgesetzte und Untergebene in einer Audienz, und der Gipfel des Himmelspfeilers, der erhaben und einsam zwischen ihnen steht; die Gipfel sehen aus wie zahlreiche Beamte, die den Kronprinzen beschützen. Die Kulturlandschaft ist hier ebenfalls in Anlehnung an die Legende des Wahren Kriegers, wie er „auf der Achat-Terrasse die Register empfängt", gestaltet worden. Das Gebiet, welches lange Zeit vernachlässigt wurde, wird zur Zeit gerade restauriert und erschlossen. Bis zum heutigen Zeitpunkt wurden bereits eine Landstraße und eine Drahtseilbahn gebaut.

Die touristischen Wege in den Wǔdāng-Bergen erreichen insgesamt eine Länge von über hundert Kilometer. Auf seiner Reise ist man von Gipfeln umgeben, enge Pässe und merkwürdige [Formationen] tauchen zu hunderten auf, allesamt entstanden durch die schöpferische Kraft der Natur. Klare Quellen und sprühende Wasserfälle, verändern sich ohne Unterlaß in einer wie von Menschenhand geschaffenen Landschaft. Dichter und rasch fallender Nebel und Dunst, eng beieinander stehende Wogen von Bäumen und vom Wind getriebene Schatten der Berge lassen den Besucher in einen hypnotischen Traumzustand fallen, es ist das Mysterium der Klänge und Farben des Universums.

Goldene Türme angefüllt vom Qì der Unsterblichen,
glückbringende Wolken umgeben die höchste Gottheit.

Mächtige Löwen schreiten langsam über die fünffarbigen Wolken hinweg,
zinnoberroter Dunst hängt über dem Palast der Höchsten Harmonie.

Stetig fließende Quelle der Unsterblichen

Palast der Höchsten Harmonie an einem klaren Wintertag

Inmitten der steilen Felswände breitet himmlisches Grün eine Flagge aus,
achatfarbene Terrassen aufeinandergeschichtet wie zahlreiche Regenbogen.
Goldener Schein auf Hallen und Pavillons erstrahlt in dunstigem Glanz,
glückbringendes Qì über den Bergketten, die Sterne und die Milchstraße bewegen sich.
[Míng] Wāng Dàshòu 汪大受: *Palast des Purpurnen Wolkenhimmels* (*Zǐxiāogōng* 紫霄宫)

Steil ragen die Bergen der Unsterblichen auf,
Grandios der Palast der Höchsten Harmonie.

Die Tempelanlagen der kaiserlichen Familie

Das erste religiöse Gebäude in den Wǔdāng-Bergen wurde in der frühen Phase der Táng-Zeit errichtet. Laut schriftlichen Aufzeichnungen gab es während der Jahre Zhēnguān 貞觀 (627-649) in Jūnzhōu 均州 eine große Dürre, woraufhin der militärische Kommissar der Wǔdāng-Berge, Yáo Jiǎn 姚簡, um Regen betete.

> *„So kam es, daß die Fünf Drachen ihre Heiligkeit zeigten und überall süßer Tau hernieder fiel", und „Kaiser **Tàizōng** 太宗 den Befehl erließ, in den Bergen das Kloster der Fünf Drachen (**Wǔlóngguàn** 五龍觀) zu errichten, um deutlich zu machen, daß etwas Wunderbares und Außergewöhnliches geschehen ist".*

Im Zeitraum von der Regierungsdevise Zhìdé 至德 bis zur Regierungsdevise Dàlì 大歷 (756-779) der Táng-Zeit wurden zwei weitere Gedächtnistempel erbaut, der Gedächtnistempel des Höchsten Zweiten (Tàiyǐcí 太乙祠) und der Gedächtnistempel der Beständigkeit und des Gedeihens (Yánchāngcí 延昌祠). Im 3. Jahre Qiánníng 乾寧 (896) wurde „ein neuer Tempel für den mit göttlicher Stärke ausgestatteten kriegerischen Herzog" errichtet.

Kaiser Zhēnzōng 眞宗 der nördlichen Sòng-Dynastie förderte den Daoismus und verlieh dem Wahren Krieger den Titel „Den Himmel schützender Wahrer Krieger, welcher der wahrhafte Fürst ist, der durch wundersame Vorzeichen die Heiligen beschützt". Im 2. Jahr Tiānxǐ 天禧 (1018) erließ der Kaiser den Befehl „die Gedächtnistempel im Rang zu Klöstern aufsteigen zu lassen". Kaiser Huīzōng 徽宗 der Sòng verlieh dem Wahren Krieger den Titel „Höchster Kaiser, Leiter der Lehre und Fürst des Dào" und gab im 6. Jahr Zhènghé (1116) den Befehl zum Bau des „Klosters der Uranfänglichen Heiligkeit des Purpurnen Wolkenhimmels" (Zǐxiāo yuánshèngguàn 紫霄元聖觀) und des „Klosters der Fünf Drachen". Die daoistische Gebäudeanlage im Gebiet der Berge verfügte nun bereits über ein gewisses Ausmaß. Im 6. Jahr der Regierungsdevise Qìngyuán 慶元 (1200) unter Kaiser Níngzōng 寧宗 der Südlichen Sòng drangen die Soldaten der Jīn 金 nach Süden vor, woraufhin Sūn Sì 孫嗣, der Beauftragte zur Befriedung des Gebiets Jūnzhōu 均州, seinen Amtssitz in das Kloster des Purpurnen Wolkenhimmels in den Wǔdāng-Bergen verlegte und dadurch den Jīn 金 16 Jahre lang Widerstand leisten konnte. Als die Sòng besiegt waren, waren auch nahezu alle daoistischen Gebäude in den Bergen durch das Feuer des Krieges zerstört.

Als Kubilai Khan als Kaiser Shìzǔ 世祖 der Yuán-Dynastie den Thron bestieg, überbrachte ihm Zhāng Yǔ 張宇, der daoistische Himmelmeister in der 43. Generation, einen Talisman, der besagte, „daß das himmlische Geschick bei den Yuán läge";

Abbildung des Palastes der Reinen Freude von Zhù Jiànhuá 祝建華
Der Palast der Reinen Freude war eine der größten Palastanlagen in den Wǔdāng-Bergen. Er wurde im 16. Jahr Yǒnglè 永樂 (1418) der Míng erbaut und im 31. Jahr Jiājìng 嘉靖 der Míng restauriert. Der Palast der Reinen Freude wurde in Anlehnung an die Legende vom Kronprinzen des Landes der Reinen Freude, wie sie in den Daoistischen Klassikern enthalten ist, errichtet. Wáng Yòu 王佑 aus der Míng-Zeit schreibt in der *Chronik der Großen Berge, den Bergen der Höchsten Harmonie* (*Dàyuè Tàihéshān zhì* 大岳太和山 志): „Der Überlieferung nach ist der Vater des Kaisers (des Wahren Kriegers) der König des Landes der Reinen Freude. [...] Deshalb hat man den Palast so benannt.“ Ursprünglich nahm der Palast der Reinen Freude eine Fläche von nahezu einer Million Quadratmetern ein, und verfügte über mehr als fünfhundert Wohnräume für die Daoisten. Er hatte drei Höfe und fünf Eingänge, rechts und links gab es einen östlichen und einen westlichen Palast; insgesamt war die Anlage sehr beeindruckend. 1958 wurde der Palast infolge des Baus des Dānjiāng 丹江-Stausees überschwemmt.

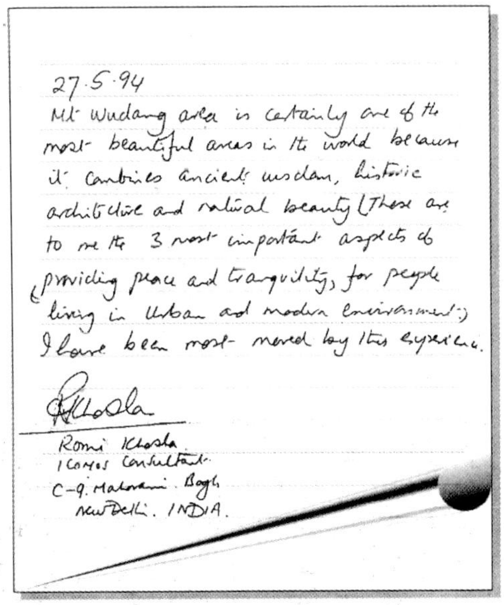

27.5.94
Mt Wudang area is certainly one of the most beautiful areas in the world because it combines ancient wisdom, historic architecture and natural beauty (These are to me the 3 most important aspects of providing peace and tranquility, for people living in Urban and modern Environment;) I have been most moved by this experience.

R Khosla

Romi Khosla
ICOMOS Consultant
C-9. Maharani Bagh
New Delhi. INDIA.

Worte des Abgeordneten Romi Khosla aus der Prüfungskommission von Spezialisten der Vereinten Nationen, die in die Wŭdāng-Berge gesandt wurde: „Die Wŭdāng-Berge sind sicherlich eine der schönsten Gegenden der Welt, weil in ihnen die Weisheit des Altertums, historische Architektur und natürliche Schönheit miteinander verbunden sind. Für mich sind das die drei wichtigsten Punkte, die für die Menschen, welche in einer städtischen und modernen Umgebung wohnen, Frieden und Ruhe gewährleisten. Dieses Erlebnis beeindruckte mich sehr.“ Romi Khosla 27.5.1994

Der Palast der Jadenen Leere heißt vollständig „Palast der Jadenen Leere des Dunklen Himmels“. Er liegt im Nordwesten des Hauptgipfels der Wŭdāng-Berge und ist vom Eingangstor zu den Geheimnisvollen Bergen vier Kilometer entfernt. Er wurde im 11. Jahr Yŏnglè 永樂 (1413) errichtet und im 31. Jahr Jiājìng 嘉靖 (1552) renoviert. Ursprünglich bestand die Anlage aus fünf Höfen und drei Achsen; es gab eine Haupthalle, eine Halle der Sich zeigenden Heiligkeit, eine Halle des Uranfänglichen Fürsten, kleinere Klosterhallen und eine Reihe von Gebäuden, Gedächtnistempeln, Altären und Tempeln. Insgesamt umfaßte die Anlage über 1200 Räume. Von vorne nach hinten wechselt eine Palastterrasse die andere ab, die Anlage ist sehr streng aufgebaut. Rechts und links sind die Höfe mehrfach hintereinander angeordnet, mehrstöckige Häuser und Terrassen grenzen aneinander. Dazwischen fügt sich der Fluß des Jadenen Gürtels gewunden und schimmernd ein. Ringsum schützt den Palast eine hohe, rote Mauer. Diese Palastanlage ist eine der größten in den Wŭdāng-Bergen. Im 10. Jahr Qiánlóng 乾龍 (1745) wurde der größte Teil zerstört. Heute existieren nur noch die schräg verlaufende rote Mauer, Pavillons mit Steinstelen, Palastterrassen, der Blumenaltar, ein Brunnen und der Fluß des Jadenen Gürtels.

Kubilai Khan nahm dies zum Anlaß, die daoistische Lehre zu benutzen, um das Gebiet südlich des Langen Flusses zu konsolidieren. Im 12. Jahr Zhìyuán 至元 (1275) wurden die Wǔdāng-Berge erneut als Ort daoistischer Rituale eröffnet. Unter der Leitung von Daoisten wie Lǔ Dàyòu 魯大宥 wurde das Kloster des Purpurnen Wolkenhimmels erneut aufgebaut, gemeinsam mit anderen Gläubigen baute der Daoist Zhāng Shǒuqīng 張守清 Unterkünfte am Südlichen Felsen, indem sie Vertiefungen in die Felswand meißelten. Im 23. Jahr Zhìyuán 至元 (1286) erließ Kubilai Khan den Befehl, „die Klöster zu Palästen zu machen". Vom 9. Monat des 1. Jahres Zhìdà 至大 bis zum 3. Monat des 2. Jahres gab es in der Hauptstadt keinen Regen, und die Kaiserin ersuchte in einem Edikt den Daoisten Zhāng Shǒuqīng 張守清 aus den Wǔdāng-Bergen um Regen zu beten. Als dies erfolgreich war, spendete sie privates Geld, um den Palast am Südlichen Felsen (Nányángōng 南岩宮) zu errichten und überbrachte eine Tafel mit der Inschrift „Ewigwährender Palast des Wahrhaften Glücks des Himmlischen Zweiten". Da Kaiser Rénzōng 仁宗 der Yuán am gleichen Tag wie der Wahre Krieger Geburtstag hatte, verlieh er dem Palast der Fünf Drachen im 1. Jahr Huángqìng 皇慶 (1312) den Titel „Ewigwährender Palast der Wundersamen Vorzeichen der Fünf Drachen" und ließ die Halle des Wahren Kriegers ausbauen. In den Jahren der Regierungsdevise Yányòu 延佑 kam Zhāng Shǒuqīng 張守清 mehrere Male der Bitte der Kaiserin nach, in den Wǔdāng-Bergen um Regen zu beten, denn „jedesmal wenn Trockenheit und Dürre auftraten, erwartete man, daß die wirkkräftigen Gebete des Meisters zum Dunklen Himmel aufsteigen und das Glück des süßen Regens bringen möchten". Wegen seiner Verdienste erhielt Zhāng Shǒuqīng 張守清 den Titel „Wahrhaftiger, der das Dunkle Mysterium verkörpert und mit der Höchsten Harmonie im Einklang lebt". Viele hohe Beamte und Adlige spendeten nun auch Gelder, um die „Grandiose Stube" und die „Heilige Höhle der Feuer- und Donnerfürsten des Dunkelblauen Wassers" errichten zu lassen. Gegen Ende der Yuán-Dynastie waren an den 36 Felshöhlen in den Bergen überall Felsentempel von unterschiedlichem Ausmaß errichtet worden, „ihre Räume waren majestätisch und imposant, und die Höhlen waren nun groß und geräumig, so daß sie in ihrer Stattlichkeit den Bergen angemessen waren".

Im 15. Jahr Hóngwǔ 洪武 (1382) der Míng wurde die Zentrale Daoistische Registratur (Dàolùsī 道錄司) gegründet, sie war in die beiden Abteilungen Orthodoxe Einheit (Zhèngyī 正一) und Vollkommene Wahrhaftigkeit (Quánzhēn 全眞) unterteilt. In den Wǔdāng-Bergen wurde ein Vorsteher eingesetzt, der für die Verwaltung der religiösen Angelegenheiten in den Bergen zuständig war. Im Jahre 1391 starb Kaiser Tàizǔ 太組 der Míng, und sein ältester Enkel Zhū Yǔnwén 朱允炆 setzte als Kaiser Huìdì 惠帝 mit der Regierungsdevise Jiànwén 建文 die Thronfolge fort. Im 1. Jahr Jiànwén 建文 (1399) verletzte Kaiser Huìdì 惠帝 die Grenzen und Zhū Dì 朱棣, der König von Yān 燕, hob seinerseits Truppen aus, um Widerstand zu leisten. Nach drei Jahren Krieg eroberte Zhū Dì 朱棣 die Hauptstadt, der Jiànwén 建文-Kaiser floh und Zhū Dì 朱棣 setzte die Thronfolge fort, seine Regierungsdevise lautete Yǒnglè 永樂.

Da Zhū Dì 朱棣 als regionaler Prinz die Herrschaft über das Reich mit Waffengewalt an sich gerissen hatte, war ihm die öffentliche Meinung in den ersten Jahren Yǒnglè 永樂 nicht besonders wohlgesonnen. Was die menschlichen Beziehungen anging, hatte er „die Minister benutzt, um den Fürsten zu töten" und „seine eigenen Angehörigen ermordet". So stand er unter großem Druck, insbesondere da die alten Minister des Jiànwén 建文 Kaisers sich ihm in der Regel nicht unterstellen wollten. Um seine politische Macht zu konsolidieren und die Gemüter der Bevölkerung zu besänftigen, verkündete der Yǒnglè 永樂-Kaiser einerseits „er habe vom Himmel den Auftrag erhalten, die Unruhen zu befrieden", auf der anderen Seite suchte er aber auch eine theoretische Grundlage für die Legitimation seiner Macht. Gerade im 3. und 4. Jahr Yǒnglè 永樂 (1405 und 1406) schickte der Daoist Lǐ Sùxī 李素希 aus dem Palast der Fünf Drachen in den Wǔdāng-Bergen zweimal Gesandte, die dem Kaiser „die unsterblichen Lángméi 榔梅-Früchte" respektvoll überbrachten und dadurch dem Reich großen Segen verhießen. Zhū Dì 朱棣 war sehr erfreut darüber und empfing sie in seinem Palast. So erfuhr er, daß die Wǔdāng-Berge der Ort sind, an dem die Gottheit des Nordens, der Wahre Krieger, zum Himmel aufgestiegen ist. Um genauere Informationen über die Geschichte der Gottheit des Nordens, des Wahren Kriegers, und seinen Aufstieg zur Wahrhaftigkeit in Erfahrung zu bringen, ließ er eigens den Daoisten Jiǎn Zhōngyáng 簡中陽 aus den Wǔdāng-Bergen zu sich rufen. Nach einiger Zeit der Überlegungen, entschloß sich der Yǒnglè 永樂-Kaiser, ein Bauprojekt in den Wǔdāng-Bergen durchzuführen und verbreitete die Lehre vom Wahren Krieger, der seine Heiligkeit zeigte, das Kommando über den Süden übernahm und die Herrschaft über alle Wahrhaften im Reich innehält. Damit schuf er die Grundlage für die öffentliche Meinung „der Verbindung von Himmel und Menschen" und „der Macht des Herrschers, die von den Göttern gegeben wurde" und gelangte somit einen Schritt weiter zu seinem Ziel, der Konsolidierung seiner Staatsmacht.

Im 3. Monat des 10. Jahres Yǒnglè 永樂 (1412) erließ Zhū Dì 朱棣 zwei kaiserliche Edikte, die Sūn Bìyún 孫碧雲 aus der Abteilung der Orthodoxen Einheit der Zentralen Daoistischen Registratur beauftragten, sich in die Wǔdāng-Berge zu begeben und an Ort und Stelle Untersuchungen und Vermessungen durchzuführen. Darin hieß es:

> *„Du mögest dich in die Berge begeben, um die geographischen Bedingungen zu untersuchen, die Ausmaße des Ortes zu betrachten und seinen Umfang genau festzulegen. Dies alles wirst du mir dann berichten und ich werde den rechten Zeitpunkt für das Bauvorhaben durch Weissagung bestimmen."*

Im 7. Monat desselben Jahres waren die Planungsarbeiten beendet. Am 11. Tag erließ der Kaiser ein Edikt an die Beamten, Soldaten, das Volk und die Handwerker:

> *„Die Wǔdāng-Berge sind berühmte Berge im Reich, sie sind der Ort, an dem der Kaiser des Dunklen Himmels, der Wahre Krieger des Nördlichen Pols, die Wahrhaftigkeit kultivierte, das Dào erlangte und in Erscheinung trat. Durch die Geschichte hindurch gab es dort immer Paläste und Klöster, am Ende der Yuán-Zeit sind diese durch Unruhen und Krieg zerstört worden. Nun, zu meiner*

Der Brunnen, an dem die Nadel gefeilt wurde, wurde in der Ära Kāngxī 康熙 der Qīng-Zeit (1662-1772) erneut aufgebaut. Dem Brunnen, an dem die Nadel gefeilt wurde, liegt die Geschichte des Wahren Kriegers zugrunde, wie er noch Kronprinz war und in die Wǔdāng-Berge kam, um sich zu kultivieren. An dieser Stelle unterwies ihn der Uranfängliche Fürst des Purpurnen Qì als altes Mütterchen, das eine Nadel feilte. Ursprünglich war dies ein Ort in den Wǔdāng-Bergen, an dem sich daoistische Nonnen kultivierten. Die Anlage ist an die Form des Berges angepaßt, dazu wurden auf einem rechteckigen Abhang erhöhte Plattformen und über den Abhang vorspringende Gebäude errichtet, um den Pavillon der Alten Frau (Lǎomǔtíng 老姆亭), die Halle der Drei Klarheiten (Sānqīngdiàn 三清殿), Seitengebäude und den Hof quadratisch anzuordnen. Hervorzuheben ist der sehr spezielle Dekor auf den Firsten der Gebäude, es sind aus Ton hergestellte Drachen, Phönixe, kostbare Vasen und die Acht Unsterblichen. Sie alle erreichen ein hohes künstlerisches Niveau und sind im Vergleich zu anderen Gebäuden besonders erlesene Stücke.

Abhang des Kronprinzen

Ofen zum Verbrennen von Opfergaben

Palastmauer

Zeit, demonstrierte der Wahre Krieger seine wirkkräftige Wandlung, er leistete dem Vaterland Beistand und beschützte das Volk, alles dies sind wundersame Vorzeichen. Seit ich den Auftrag des Himmels erhalten habe, die Unruhen zu befrieden, zeigte sich der Glanz dieser Gottheit, häufig trat ihre Macht in Erscheinung. Worte allein können dies nicht angemessen darstellen. Zu früherer Zeit bereits wollte ich meinem Herzen Ausdruck verleihen und in Běijīng 北京 *Tempel errichten; da jedoch zu jener Zeit noch Unruhen im Inneren bestanden, konnte ich meinen Herzenswunsch noch nicht erfüllen. Nachdem ich den Thron bestiegen hatte, dachte ich an die Wǔdāng-Berge, dem Ort, an dem der Wahre Krieger in Erscheinung getreten ist, und wollte die Bauarbeiten dort durchführen. Weil Soldaten und Volk sich aber noch ausruhen mußten, hat sich der Beginn bis zum heutigen Tag hinausgezögert. Heute nun ist Frieden eingekehrt und die Soldaten und das Volk können mit den Bauarbeiten beginnen und dadurch die göttliche Güte erwidern. Auf oberer Ebene soll in den Tempeln den verstorbenen Eltern des Kaisers Ehre erwiesen werden, auf unterer Ebene für das Reich und alles Lebende um Glück gebetet werden."*

Im 9. Monat ernannte Zhū Dì 朱棣 den Marquis von Lóngpíng 隆平, Zhāng Xìn 張信, den kaiserlichen Schwiegersohn des 6. Adelsranges, Mù Xīn 沐昕, den Minister des Kultusministeriums, Jīn Chún 金純, den stellvertretenden Minister des Ministeriums für öffentliche Bauten, Guō Jìn 郭進, sowie Direktoren und Verantwortliche der Hauptstadtbeamten, Kommandanten der Hauptstadt, an der Regierung Beteiligte, Präfekten und stellvertretende Bezirksgouverneure und weitere Beamte aus Politik und Militär, insgesamt waren es 400 Leute, zu kaiserlich bevollmächtigten Aufsehern, welche die 200000 Soldaten, Arbeiter und Handwerker anführen und in die Wǔdāng-Berge begleiten sollten, um dort eine Stätte des Daoismus zu errichten.

Die Bauarbeiten wurden am 18. Tag des 9. Monats des 10. Jahres Yǒnglè 永樂 (1412) begonnen und waren am 19. Tag des 2. Monats des 22. Jahres Yǒnglè 永樂 (1424) beendet, sie dauerten also dreizehn Jahre. Insgesamt wurden neun Paläste erbaut: der Palast der Reinen Freude (Jìnglègōng 淨樂宮), der Palast des Zusammentreffens mit dem Wahrhaftigen (Yùzhēngōng 遇眞宮), der Palast der Jadenen Leere (Yùxūgōng 玉虛宮), der Palast der Fünf Drachen, der Palast des Purpurnen Wolkenhimmels, der Palast am Südlichen Felsen, der Palast der Audienz beim Himmel (Cháotiāngōng 朝天宮), der Palast der Reinen Feinheit (Qīngwēigōng 清微宮) und der Palast der Höchsten Harmonie (Tàihégōng 太和宮). Es wurden neun Klöster errichtet, nämlich das Kloster des Höchsten Mysteriums (Tàixuánguàn 太玄觀), das Kloster der Ursprünglichen Harmonie (Yuánhé guàn 元和觀), das Kloster der Rückkehr zur Wahrhaftigkeit (Fúzhēnguàn 復眞觀), das Kloster des Sich windenden Drachen (Huílóng guàn 回龍觀), das Kloster der Menschlichkeit und Kraft (Rénwēi guàn 仁威觀), das Kloster der Kraft und Stärke (Wēiliè guàn 威烈觀), das Kloster der Acht Unsterblichen (Bāxiānguàn 八仙觀), das Kloster der Drachenquelle (Lóngquánguàn 龍泉觀) und das Kloster der Höchsten Beständigkeit (Tàichángguàn 太常觀). Ferner wurden 36 untergeordnete Heiligtümer, 72 Felstempel sowie an die hundert Steinbrücken und Prachtbögen erbaut. Die Anlage hatte ein riesiges Ausmaß, Wáng Shìzhēn 王世貞 aus der Míng-Zeit beschreibt dies in seinem *Lied über die Wǔdāng-Berge* (*Wǔdānggē* 武當歌):

„Die höchsten Spitzen der Berge der Höchsten Harmonie verwandelten sich zu einer Stadtanlage, der [Palast] der Jadenen Leere ist gleicht dem Āfáng 阿房*-Palast [des ersten Kaisers von China]. Der Südliche Felsen ist grandios, der Purpurne Wolkenhimmel wunderschön, es ist unfaßbar, wie süße Quellen und höchste Höhen so zusammenpassen können."*

Während des gesamten Bauprojekts legte der Yǒnglè 永樂-Kaiser besonderen Wert auf drei Dinge:
Erstens veränderte er den Leitgedanken, der die Gesamtplanung durchzog; der ursprünglich „segensreiche Ort", an dem der Wahre Krieger das Dào kultivierte und zu einem Unsterblichen aufstieg, wurde zu einem „heiligen Ort", an dem die Gottheit Wahrer Krieger das Kommando über die Welt hält. Das ursprüngliche Zentrum der Aktivitäten, welches ehemals aus dem Palast des Purpurnen Wolkenhimmels, dem Palast am Südlichen Felsen und dem Palast der Fünf Drachen bestand, wurde bis zum Gipfel des Himmelspfeilers ausgedehnt und die Gebäude so angeordnet, daß die Goldene Halle den Mittelpunkt bildete und alle anderen Gebäude in den Bergen mit ihr im Einklang standen. Die Goldene Halle wurde auf dem Gipfel des 1612 Meter hohen Himmelspfeilers errichtet, in der gesamten Anordnung steht sie an höchster Stelle und vermittelt das Gefühl des Monarchen, der seinem Reich gegenüber steht. Bei der Gebäudeform hat von allen Gebäuden in den Bergen allein die Goldene Halle das Doppeldach einer Verandahalle und neunfache Ochsenkopfkapitelle. Was das Baumaterial betrifft, so besteht sie aus vergoldeter Bronze, 10000 *liǎng* 兩 Gold wurden allein für das Vergolden aufgewendet.
Zweitens befaßte sich der Kaiser höchstpersönlich mit der Gußarbeit der Goldenen Halle. Im 10. Jahr Yǒnglè 永樂 (1412) erhielt das Ministerium für Bauten den Auftrag zum Bau der Goldenen Halle:

„Eine Halle aus Bronze soll gegossen werden, mit doppeltem Dach und mehrfachen Gewölben. Die Dachvorsprünge sollen nach oben geschwungen und die Ziegel aufrecht sein. Sie soll von Gold umgeben sein und eine goldene Statue des Dunklen Kriegers enthalten, zu deren Seiten die Geisterbeamten, das Jademädchen und die Himmlischen Marschälle mit dem Schwert und mit der Fahne stehen."

Alle Einzelteile der Goldenen Halle wurden in der Hauptstadt gegossen, und nachdem Zhū Dì 朱棣 sie selbst überprüft und abgenommen hatte, entschied er, die Halle von einer Truppe in die Berge eskortieren zu lassen, damit diese auch sicher dort ankäme. Am 9. Tag des 9. Monats des 14. Jahres Yǒnglè 永樂 (1416), erließ Zhū Dì 朱棣 ein kaiserliches Edikt an den Militärgouverneur Hé Jùn 何竣:

„Heute beauftrage ich dich, die Boote mit der Goldenen Halle bis nach Nánjīng 南京 *zu eskortieren, während der Reise müssen die Boote unbedingt vorsichtig*

Der Abhang des Kronprinzen heißt auch Kloster der Rückkehr zur Wahrhaftigkeit. Im 10. Jahr Yǒnglè 永樂 der Míng-Zeit (1412) wurde er auf kaiserlichen Befehl hin erbaut und verfügte über eine Halle des Dunklen Kriegers, Eingangstore, Säulengänge, Kammern für den Abt und einen Speiseraum, insgesamt waren es 29 Räume. In den Jahren Jiājìng 嘉靖 der Míng-Dynastie wurde die Anlage auf über hundert Räume erweitert. Bis zu Beginn der Qīng-Zeit wurde sie dreimal zerstört und wieder aufgebaut. Heute ist die Anlage mit 20 Gebäuden und 105 Räumen erhalten, die bebaute Fläche beträgt 3500 Quadratmeter, die Gesamtfläche 160000 Quadratmeter. Die Gebäude am Abhang des Kronprinzen sind einzigartig, ihre Gestaltung sehr kunstvoll. Die Formgebung der Gebäude steht in vollendeter Harmonie mit der natürlichen Umgebung. Die Anlage ist in sechs Abschnitte mit sieben Höfen aufgeteilt, hohe und niedrige Gebäude folgen einer bestimmten Ordnung, große und kleine Gebäude stehen in einem gebührlichen Verhältnis und sind kunstvoll angeordnet. Die alten Bauwerke, die Landschaft und die alten Bäume heben sich kontrastreich voneinander ab. Die Beschaffenheit des Bodens wechselt zwischen steil und flach, die natürliche und die vom Menschen geschaffene Landschaft spiegeln sich gegenseitig auf interessante Art und Weise wider. Die vier großen Sehenswürdigkeiten hier sind „die vier Tore innerhalb eines Bereiches von einem *lǐ* 里, die Mauer mit den neun Windungen des Gelben Flusses, die zwölf Dachbalken, die von einer einzigen Säule getragen werden und der Osmanthusduft, der über zehn *lǐ* 里 weit wahrnehmbar ist“. Die Höfe wurden in vertikal und horizontal verlaufenden Reihen angeordnet, wodurch auf diesem schwierigen Gelände unterschiedlich hohe Ebenen und verschieden tiefe Räume gestaltet wurden. So entstand ein Gebäudekomplex, der sowohl über Abwechslung als auch über Einheitlichkeit verfügt; ganz wie in einem Labyrinth, bei dem der stetige Wechsel nicht faßbar ist, ist man einmal eingetreten, so ist es, als ob man in eine andere Welt gelangt wäre. Steigt man nach oben, so kann man die zahlreichen Berge erblicken, die tausend um Schönheit wetteifernden Gipfel, in der Ferne sieht man die Goldene Spitze, Dunst und Wolken lassen die Entfernung verschwimmen. Blickt man in die Tiefe, so erkennt man Felsenschluchten zwischen den Bergen, ganz wie Flutdrachen, die aus dem Wasser steigen. Jedesmal wenn die Sonne im Westen untergeht, taucht am Abhang des Kronprinzen eine besondere Szene in den Wǔdāng-Bergen auf, das „Schattenbild der Höchsten Harmonie“, dem Auge des Wanderers wird es keine Ruhe mehr lassen. Es ist wirklich ein besonderer Ort zum Betrachten der landschaftlichen Schönheiten.

und sorgsam behandelt werden. Erst wenn Wetter und Wind günstig sind, soll gefahren werden. Auf den Booten soll Ordnung und Sauberkeit herrschen. Dies ist der Befehl.“

Jedesmal wenn die Boote mit der Goldenen Halle an eine Anlegestelle kamen, mußten sie von den Lokalbeamten mit Räucherwerk empfangen werden; sie wurden über den Langen Fluß, den Hàn 漢-Fluß und den Dān 丹-Fluß bis hin zum Fuße der Wǔdāng-Berge eskortiert.

Drittens war der Kaiser selbst zuständig für die Bauarbeiten am Gipfel des Himmelspfeilers. Um Ähnlichkeit mit der wunderschönen Landschaft der „Jadestadt“ im Himmel herzustellen, wurde die Terrasse der Goldenen Halle aus Granit gemauert und an allen Seiten mit einem Geländer aus weißem Stein umgeben, an der Vorderseite wurde eine Plattform errichtet. Nachdem die Goldene Halle auf dem Gipfel des Himmelspfeilers errichtet war, entschied Zhū Dì 朱棣, eine Verbotene Stadt um den Gipfel herum zu bauen. Im 17. Jahr Yǒnglè 永樂 (1419) erließ er das Edikt an den Marquis von Lóngpíng 隆平:

„Auf der Goldenen Spitze in den Bergen der Höchsten Harmonie soll eine ringsum laufende Mauer erbaut werden. Der Berg darf dabei nicht im Geringsten verändert werden und die Mauer muß sich in jedem Fall den Gegebenheiten des Bodens anpassen. Genaue Maßangaben für die Höhe sind nicht erforderlich, jedoch soll die Mauer so gebaut sein, daß sie von einem Menschen nicht überschritten werden kann. Sie soll solide und fest sein, auf daß sie unzählbare Jahre währen und genauso lange wie Himmel und Erde existieren möge. Dies ist ein Befehl.“

Die Verbotene Stadt wurde aus bis zu 500 Kilo schweren Steinen auf dem Felsen errichtet, an allen vier Seiten befinden sich aus Steinen geschnitzte Himmlische Tore, welche die Türme des Himmels symbolisieren. Schließlich wurde die Verbotene Stadt also zu einem irdischen Paradies einer „Welt aus weißer Jade und gelbem Gold“.

Um das kaiserliche Werk der „Familientempel“ noch weiter bekannt zu machen, erteilte der Yǒnglè 永樂 - Kaiser dem Justizministerium den Befehl, 550 Haushalten 3123 inhaftierte Sträflinge zuzuteilen, fünf Verwaltungseinheiten daraus zu bilden und diese in die Wǔdāng-Berge zu schicken. Jeder Haushalt bekam 50 *mǔ* 畝 brachliegendes Land zugeteilt und mußte einmal jährlich sieben *dàn* 石 Getreide, Tee und Baumwolle für die Versorgung der Paläste abliefern. Gleichzeitig wurden den tausend Haushalten von Jūnzhōu 均州 der Militärdienst und die Heranziehung zur Bodenbestellung erlassen, es wurden eigens Truppen eingesetzt, welche die Bergregion überwachten, die Tempelanlagen sauber hielten, Ziegel herstellten und die Anlagen restaurierten. Der Provinzgouverneur von Húguǎng 湖廣 wurde beordert, zu gegebener Zeit Inspektionsreisen durchzuführen und die Instandhaltung zu verantworten. Außerdem wurde Zhāng Yǔqīng 張宇清, der Himmelsmeister in der 44. Generation, beauftragt, Daoisten von hoher Moral und hohem Ansehen aus dem ganzen Land zu requirieren und den Tempelanlagen in den Wǔdāng-Bergen als Vorsteher zuzuteilen; sie bekamen den sechsten Platz des ersten Beamtenranges (*zhènglìù* 正六), und somit wurde der Daoismus von Beamten verwaltet.

Durch diese drei Punkte verwandelte der Yǒnglè 永樂 -Kaiser den Daoismus der Wǔdāng-Berge geschickt zu einer Religion, in der speziell die Gottheit Wahrer Krieger in eigenen Familientempeln des Kaiserhauses verehrt wurde. Er errichtete Ahnenhallen, auf die Linie der eigenen Vorfahren zurückgingen, und nahm von dort aus Einfluß auf das ganze Land. Die politischen Lehren von der „durch eine Gottheit gegebene Macht des Herrschers" und vom „Auftrag des Himmels" setzte er erfolgreich um und beseitigte so die politischen Hindernisse. Es gelang ihm, die Staatsmacht mit Hilfe der Religion auf lange Sicht zu konsolidieren.

Die Nachkommen von Kaiser Chéngzǔ 成祖 behandelten die Wǔdāng-Berge weiterhin als „Familientempel" an „einem Ort, an dem die Vorfahren Pionierarbeit geleistet hatten". Unter den nachfolgenden Kaisern gab es keinen, der „das System der Ahnen" nicht fortsetzte. Palastbeamte wurden beauftragt, als kaiserliche Gesandte in die Wǔdāng-Berge zu pilgern; den Finanzkommissaren von Húguǎng 湖廣 wurde befohlen, die Steuern in Jūnzhōu 均州 zu erlassen und die Tempelanlagen instand zu halten. Besonders bemüht war vor allem Kaiser Shìzōng 世宗in der mittleren Periode der Míng-Zeit, der „zwei Restaurierungsprojekte in den Wǔdāng-Bergen" durchführte.

Warum nun wollte Kaiser Shìzōng 世宗 die Wǔdāng-Berge restaurieren? In der *Inschrift über die kaiserlich in Auftrag gegebene Restaurierung der Palasthallen in den Bergen der Höchsten Harmonie* (*Yùzhì chóngxiū tàihé gōngdiàn bēiwén* 御制重修太和宮殿碑文) schreibt er:

> „*Seit 200 Jahren ist das Volk friedlich und das Land wohlhabend. Obwohl einige Male das Schicksal nicht gleichmäßig war: Im Grenzgebiet gab es einen kleinen Aufruhr, der sich jedoch gleich wieder legte, und im Jahre* gēngxū 庚戌 *ereignete sich im Inneren ein großes Verbrechen, bei dem Bestrafungen angewendet werden mußten [...].*"

Am 21. Tag des 10. Monats des 21. Jahres Jiājìng 嘉靖 (1542) hatte es sich zugetragen, daß die Kammerzofe Yáng Jīnyīng 楊金英 die Mißhandlungen Kaiser Shìzōngs 世宗 nicht mehr ertrug und die Gelegenheit nutzte, als der Kaiser alkoholisiert eingeschlafen war, ihn mit einem Seidenband zu erdrosseln. In der Eile bildete sich an dem Seidenband jedoch eine Schlaufe und als sie es zuzog, starb der Kaiser nicht. Sie wurde vielmehr von der in den Palast kommenden und sich nach dem Befinden des Kaisers erkundigenden Kaiserin entdeckt; dadurch war es Kaiser Shìzōng 世宗 vergönnt, am Leben zu bleiben. Yáng Jīnyīng 楊金英 wurde zusammen mit einigen durch falsche Anschuldigungen ins Unglück gestürzten, aufrichtigen Konkubinen, insgesamt waren es ein paar Dutzend Leute, durch Zerstückelung hingerichtet. Im 29. Jahr Jiājìng 嘉靖 (1550) kollaborierte der Militärkommandeur von Dàtóng 大同 heimlich mit den Tataren. Er warb Leute vom Stamm der Ǎndá 俺答 an und drang bis zu den Stadtmauern von Běijīng 北京 vor. Da die Ǎndá 俺答 aber ohne starken Willen waren und nur plündern wollten, griffen sie die Stadt nicht an, sondern raubten

Schräg verlaufende, rote Zwischenmauer
am Palast des Purpurnen Wolkenhimmels

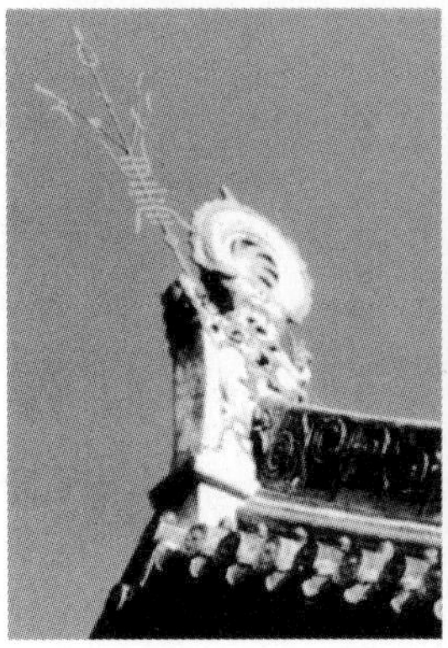

Mit Schwertern dekorierter,
nach oben geschwungener
Dachfirst

Nach oben geschwungener
Dachvorsprung mit
Phönixdekor

Nach oben geschwungener
Dachvorsprung mit Drachendekor

Halle des Purpurnen Wolkenhimmels (Ausschnitt)

nur vier Tage lang die Vororte von Běijīng 北京 aus und zogen sich dann von selbst zurück. Diese beiden Vorfälle, bei denen sich jedesmal das Unglück zum Guten gewendet hatte, führten dazu, daß der ursprünglich schon gläubige Kaiser die Gottheiten des Daoismus nun noch stärker verehrte. Wenn er zudem daran dachte, daß er selbst gar nicht der Kronprinz, sondern nur ein jüngerer Vetter des Kaisers Wǔzōng 武宗 war und nur auf den Thron gekommen war, da Wǔzōng 武宗 keine Söhne hatte, verspürte er auch hier den Schutz des Wahren Kriegers und entschloß sich, die Tempelanlagen in den Wǔdāng-Bergen zu restaurieren. In der *Steinstele über die Restaurierung der Palasthallen in den Bergen der höchsten Harmonie (Chóngxiū Tàihé gōngdiàn jìchéngbēi* 重修太和宮殿記成碑) sagt er:

„Der verstorbene Vater des Kaisers hatte den Ort Fānyǐngdǐ 藩郢邸 *(die heutige Stadt Zhōngxiáng* 鍾祥) *als Lehen, er liegt der wunderbaren Landschaft der Berge der Höchsten Harmonie mit ihren wundervollen wellenförmigen Bergketten genau gegenüber. Jahr für Jahr verehrte ich diese Landschaft respektvoll. Seit der Kaiser nun die Regierung des Reiches erhalten hat, blickt er in Dankbarkeit auf die erhaltene Unterstützung und das Andauern der glückbringenden Gunst. Alle Gedanken sind bei den Verdiensten der Gottheit, die Gunst möge sich nicht erschöpfen. Lange Zeit hat der Kaiser nachgedacht, die Palasthallen sind bereits verfallen und es wäre angebracht, sie zu restaurieren. Dazu möchte der Kaiser gerne das Vermögen des Kaiserpalastes benutzen und Anweisungen an die Minister geben, die Arbeiten zu beaufsichtigen."*

Im 2. Monat des 31. Jahres Jiājìng 嘉靖 (1552) erließ Shìzōng 世宗 ein Edikt, in dem er den Hauptzensor der kaiserlichen Aufsichtsbehörde, Tú Dàshān 屠大山, gemeinsam mit dem für Húguǎng 湖廣 zuständigen Untersuchenden Zensor der kaiserlichen Aufsichtsbehörde, Hú Zōngxiàn 胡宗憲, und weitere Beamte in die Wǔdāng-Berge entsandte und sie beauftragte „die einer Reparatur bedürftigen Orte zu untersuchen, die benötigten Ausgaben zu schätzen und innerhalb von 40 Tagen darüber Bericht an das Ministerium für Bauten zu geben". Am 15. Tag des 4. Monats ließ Kaiser Shìzōng 世宗 in einem Edikt 100066 *liǎng* 兩, 6 *qián* 錢, 6 *fēn* 分 und 5 *lí* 厘 des kaiserlichen Vermögens bereitstellen, um damit die Aufwendungen für die Restaurierungsarbeiten in den Wǔdāng-Bergen zu decken. Im 6. Monat beauftragte er den stellvertretenden Minister zur Rechten des Amtes für Bauten, Lù Jié 陸杰:

„Ich beauftrage dich eigens, die Baustelle zu überwachen. Du wirst die Aufsicht über diesen Bereich haben und alle Angelegenheiten regeln. Zusammen mit der kaiserlichen Aufsichtsbehörde sollst du die zu restaurierenden Paläste, Klöster und Gedächtnistempel prüfen und dann mit der Restaurierung beginnen. [...] Du sollst darauf achten, daß die Arbeiten sorgsam durchgeführt werden und dich in die Lage des Kaisers versetzen, der den Dunklen Heiligen aufs äußerste verehrt. Es ist strengstens untersagt, die geringste Nachlässigkeit zu zeigen. Aufrichtig hoffe ich, daß die Arbeit solide und gut wird. Ich bin verantwortlich für die ruhmvollen Verdienste meiner kaiserlichen Vorfahren, sie mögen ewig andauern."

Halle des Purpurnen Wolkenhimmels (Ausschnitt)

Diesmal wurden die Restaurierungsarbeiten in den Wǔdāng-Bergen von dem stellvertretenden Minister zur Rechten des Amtes für Bauten, Lù Jié 陸杰, gemeinsam mit 99 Beamten aus der Provinzregierung von Húguǎng 湖廣 beaufsichtigt; Soldaten, Bevölkerung und Handwerker aus über 60 Verwaltungsbezirken in Húguǎng 湖廣 warteten auf ihren Einsatz. Im 6. Monat des 31. Jahres Jiājìng 嘉靖 (1552) wurde mit den Arbeiten begonnen, im 10. Monat des 32. Jahres Jiājìng 嘉靖 (1553) war das Projekt fertig gestellt.

Die wichtigsten Bauprojekte waren: die Restaurierung der großen Palasthallen, wie der Palast der Höchsten Harmonie, der Palast des Purpurnen Wolkenhimmels, der Palast am Südlichen Felsen, der Palast der Fünf Drachen, der Palast der Jadenen Leere, der Palast der Zusammenkunft mit dem Wahrhaftigen, der Palast der Entgegenkommenden Barmherzigkeit (Yíngēngōng 迎恩宮) und der Palast der Reinen Freude; die Restaurierung der Klöster, wie das Kloster der Ursprünglichen Harmonie, das Kloster der Rückkehr zur Wahrhaftigkeit, das Kloster des Sich windenden Drachen, das Kloster der Menschlichkeit und Kraft, das Kloster der Acht Unsterblichen und das Kloster der Kraft und Stärke sowie die Restaurierung der untergeordneten Felsentempel, Heiligtümer, Gedächtnistempel, Steinbrücken und ähnlicher Gebäude.

Die Restaurierungsarbeiten des Kaisers Shìzōng 世宗 bestanden nicht nur in der Renovierung der von dem Yǒnglè 永樂 -Kaiser erbauten Tempelanlagen, von noch größerer Bedeutung waren die von ihm durchgeführten Ergänzungen der Gebäude. Er bereicherte die wichtigsten Palasthallen und vervollkommnete das Konzept der Familientempel des Kaiserhauses insbesondere durch den Bau des Steinbogens zu den „Geheimnisvollen Bergen“.

In der Ära Yǒnglè 永樂 war die Grenze für den Bereich der Wǔdāng-Berge im wesentlichen der Palast der Jadenen Leere; oberhalb befand sich der Berg der Gottheiten, unterhalb die irdische Welt, jedoch gab es kein deutliches Merkmal für diese Grenze. Kaiser Shìzōng 世宗 bestand bei der Planung darauf, das Tor zu den Geheimnisvollen Bergen als Paßtor zu bauen. Er erließ den Befehl, 15 *lǐ* 里 unterhalb des Palastes der Jadenen Leere am Fuße des Zhōngnán 終南-Berges einen Steinbogen zu errichten und rechts und links 1200 *zhàng* 丈 des Weges zu pflastern. Persönlich schrieb er die Inschrift auf dem Steinbogen: „Geheimnisvolle Berge, welche die Welt regieren“, was bedeutet, daß das Reich mit dem Geist des Daoismus der Wǔdāng-Berge regiert werden soll. Dies verdeutlichte nicht nur noch einmal die besondere Position der Wǔdāng-Berge als „Familientempel“ des Kaiserhauses, noch wichtiger war die Vervollständigung des Aufbaus der Familientempel: Nun gab es ein deutliches Kennzeichen für den Bereich der Berge und für den Bereich unterhalb der Berge, wodurch der religiöse Bereich verstärkt und die Ausstrahlung der Wǔdāng-Berge gesteigert wurden. Die Leute, die das Tor zu den Geheimnisvollen Bergen erreichten, hatten das Ehrfurcht einflößende Gefühl, daß sie „sobald sie das Tor zu den Geheimnisvollen Bergen durchschritten hatten, ihr Schicksal den Göttern anvertraut haben; erst wenn sie die Berge durch das Tor wieder verlassen hatten, waren sie wieder Menschen des Diesseits“.

Der Palast des Purpurnen Wolkenhimmels liegt unterhalb des Gipfels der Ausgebreiteten Flagge, im Nordosten des Gipfels des Himmelspfeilers, vom Kloster der Rückkehr zur Wahrhaftigkeit ist er 7,5 Kilometer entfernt. Erbaut wurde er in den Jahren Xuānhé 宣和 der Nördlichen Sòng-Zeit (1119-1125), Kaiser Huīzōng 徽宗 spendete dem Palast eine Tafel mit der Inschrift „Palast des Uranfänglichen Heiligen des Purpurnen Wolkenhimmels". Gegen Ende der Yuán-Dynastie wurde er durch Kriege zerstört. Im 10. Jahr Yǒnglè 永樂 der Míng-Dynastie (1412) wurden in kaiserlichem Auftrag Hallen, Zimmer für die Daoisten und eine Küche, insgesamt über 160 Räume, erbaut. Im 31. Jahr Jiājìng 嘉靖 (1552) wurde die Anlage auf über 860 Räume erweitert. Es ist der größte und am vollständigsten erhaltene der neun Paläste und auch der Hauptort daoistischer Aktivitäten in den Wǔdāng-Bergen. Jedes Jahr am 3. Tag des 3. Monats und am 9. Tag des 9. Monats nach dem Mondkalender werden Feierlichkeiten und Rituale im großen Stil abgehalten; das ganze Jahr hindurch finden Veranstaltungen zum Austausch der Kampfkünste und Vorführungen der daoistischen Musik statt. Die Gebäude im Palast des Purpurnen Wolkenhimmels haben eine majestätische Ausstrahlung, die Handwerker nutzten auf geschickte Art die Form des Berges aus und errichteten fünf sehr große sowie vier kleinere Palastterrassen. In der Umgebung befindet sich dichter Kiefernwald, alte Bäume ragen in den Himmel, Wacholder und Zypressen gedeihen üppig, sie alle sind ausdrucksvoll wie auf einer mingzeitlichen Malerei. Im Inneren der Anlage befinden sich zahlreiche Götterstatuen aus verschiedenen Materialien, fein und lebendig gestaltet; sie alle sind exzellente Stücke der Gießerei-, Schnitz- und Malkunst. In der Nähe befinden sich die Terrasse der Übergabe des Schwertes (Cìjiàntái 賜劍臺), der Teich der Fußspuren des Yǔ 禹 (Yǔjīchí 禹蹟池), die Brücke der Fußspuren des Yǔ 禹 (Yǔjīqiáo 禹蹟橋) und andere Ruinen. Hinter dem Palast liegt der Gipfel der Ausgebreiteten Flagge, vor ihm liegen die Gipfel der Zwischenmauer, der Fünf Drachen und der Drei Herzöge; diese miteinander verbundenen Gipfel ragen hoch in die Wolken, ein wahrhaft heiterer Anblick.

Die Motive des Dekors im Inneren der Halle des Purpurnen Wolkenhimmels sind reichhaltig und farbenprächtig, so prunkvoll wie es in religiösen Gebäuden selten anzutreffen ist.

Der Weihrauchbrenner in Form eines Drachenkopfes befindet sich vor den beiden Zeremoniehallen des Palastes am Südlichen Felsen, über ihm setzt sich die steile Felswand fort, unter ihm liegt ein tiefer Abgrund. Er weist in Richtung auf die Goldene Halle, als ob er sie anbeten würde, und ist ein kostbares Stück chinesischer Steinschnitzkunst. Der Weihrauchbrenner ist drei Meter lang, 55 Zentimeter breit und aus vier Teilen zusammengesetzt. Zwei heilige Drachen und glückverheißende Wolken wurden eingraviert, als Relief oder als dreidimensionale Figuren gestaltet. Im Mund hält der Drache eine Kugel, die wie ein Feuerball aussieht. Auf dem Drachenkopf befindet sich ein Weihrauchbrenner, er hängt über der zehntausend *rèn* 仞 steilen Felswand. Zu beiden Seiten des Weihrauchbrenners ist je eine Steinsäule angebracht, sie sehen besonders würdevoll aus.

Der an der steilen Felswand hängende Palast

Die 500 Geisterbeamten in der steinernen Halle
des Palastes am Südlichen Felsen

Ein hin und her schwingendes magisches Schwert
und Geisterbeamte aus Stein

Der Südliche Felsen aus der Vogelperspektive

In der späten Phase der Míng-Zeit übernahmen die Eunuchen die Regierung. Der Kaiser gewährte den Wǔdāng-Bergen zwar weiterhin die von den Vorfahren eingeräumten speziellen Bedingungen, die öffentliche Sicherheit und die Instandhaltung wurde im Laufe der Zeit jedoch direkt vor Ort verwaltet. Die Posten der Provinzkommandeure waren meist von Eunuchen bekleidet und diese Leute hatten in der Regel eine noch leidenschaftlichere Einstellung zur Religion als gewöhnliche Menschen. Jedesmal wenn es einen besonderen Anlaß gab, machten sie als Vertreter des Kaisers eine Inspektionsreise in die Wǔdāng-Berge. Die daoistischen Gebäude in den Wǔdāng-Bergen erhielten somit nicht nur eine effektive Pflege, die einzelnen Anlagen wurden auch in unterschiedlichem Ausmaß erweitert. Die Wǔdāng-Berge waren immer noch das daoistische Zentrum des ganzen Landes.

Zur Sòng- und Yuán-Zeit wiesen die daoistischen Gebäude der Wǔdāng-Berge bereits eine festgelegte Struktur auf. Die wichtigen Gebäude fanden ihre Anordnung gemäß der Vorschriften für die segensreichen Orte des Daoismus, und die dort stattfindenden religiösen Aktivitäten hatten sich durch das Errichten von Altären und das Abhalten von Zeremonien, das Beten für Regen und die Abwendung von Unheil bereits einen Namen gemacht. Tempel und Klöster waren mit dem Palast des Purpurnen Wolkenhimmels als segensreicher Ort im Zentrum inzwischen bis an jeden Gipfel und Felsen errichtet worden.

Während des großen Bauprojekts in der Yǒnglè 永樂-Ära bestand der Leitgedanke darin, die religiöse Kraft und Macht der Gottheiten in den Dienst der Politik zu stellen. Deswegen nahm man am ursprünglichen Aufbau Korrekturen vor und nahm die einzigartige Anordnung der Familientempel des Kaiserhauses vor. Mehrere Gesichtspunkte waren dabei von Bedeutung.

Erstens wurde die Gesamtanordnung im Sinne der „Verbindung von Himmel und Mensch", der Verbindung der religiösen Macht der Gottheiten und der weltlichen Macht des Herrschers vorgenommen. Die Macht der Gottheiten und die Autorität des Herrschers waren die beiden großen Säulen der feudalen Gesellschaft, das Proklamieren „der herrscherlichen Macht, die von den Gottheiten übergeben wurde" war übliche Praktik der historischen Kaiser. Als der Yǒnglè 永樂-Kaiser von Běijīng 北京 nach Nánjīng 南京 vordrang, übernahm er als Prinz die Herrschaft; dies paßte genau mit der Legende des Wahren Kriegers aus dem Norden zusammen, der im Süden seine Wirkkraft zeigte und vom Himmel auf die Erde niederstieg und der als Kronprinz des Landes der Reinen Freude persönlich die Herrschaft über das Reich übernahm. Indem man diese Lehre verbreitete, wurde sie ganz selbstverständlich zum Leitgedanken für die Anordnung der Gebäude.

Bei dem mingzeitlichen Bauprojekt bildete die Goldene Halle das Zentrum. Durchgeführt wurde das Bauprojekt auf der Grundlage der Legenden vom Auftreten des Wahren Kriegers als Heiligem, von seinem Heruntersteigen auf die Erde und von seiner Kultivierung, wie sie im *Wunderbaren Klassiker in magischen Zauberformeln, in dem der Höchste die Biographie des großen Heiligen des Dunklen Himmels, dem*

Wahren Krieger, erzählt (*Tàishàng shuō xuántiān dàshèng Zhēnwǔ běnzhuàn shénzhòu miàojīng* 太上說玄天大聖眞武本傳神咒妙經) und anderen daoistischen Klassikern überliefert wurden. Die Gesamtplanung wurde anhand der beiden Bereiche auf dem Berg und unterhalb des Berges konzipiert.

Der Bereich unterhalb des Berges wurde nach den Geschichten des Wahren Kriegers strukturiert, die erzählten, wie er in Erscheinung trat, von der Kaiserin Shànshèng 善勝 aus dem Land der Reinen Freude unbefleckt empfangen wurde und nach seiner Geburt „das Dào mit großer Konzentration kultivierte und sich zum Ziel setzte, die Harmonie mit der Höchsten Leere zu erreichen". Zunächst wurde in Gǔchéng 古城 in Jūnzhōu 均州 der Palast der Reinen Freude mit einer Fläche von etwa 120000 Quadratmetern errichtet, der das Land der Reinen Freude repräsentieren sollte. In der Anlage wurde eine Halle des Kronprinzen, eine Halle der Eltern und verschiedene Hallen und Räume gebaut, die im Zusammenhang mit der Beschäftigung des Kronprinzen mit dem Dào standen. Außerhalb des Palastes baute man einen Turm der Sternenkonstellation *kuí* 奎 (Kuíxīnglóu 奎星樓), einen Gedächtnistempel des Palastes des Wahrhaftigen (Zhēngōngcí 眞宮祠), eine Werkstatt für die Abgabe von Tributgaben, einen Vorratsspeicher und andere Nebengebäude. Außerdem baute man einen etwa 60 *lǐ* 里 langen „öffentlichen Weg" aus grünen Steinen, der bis zum Fuß der Wǔdāng-Berge führte; am Wegesrand errichtete man verschiedene Göttertempel und Heiligtümer.

Der Bereich auf dem Berg folgt in seiner Anordnung den Geschichten des Wahren Kriegers, die davon handelten, wie er als 15-jähriger Kronprinz die Unterweisungen des Uranfänglichen Fürsten des Purpurnen Qì, dem Heiligen Ahn des Jadekaisers des dunklen Tales, sucht, sich in die Berge der Höchsten Harmonie begibt und nach erfolgreicher Kultivierung vom Jadekaiser einen Adelstitel verliehen bekommt, wie er die Herrschaft über das Reich übernimmt und wie er die Wahrhaften belehrt. Geht man durch das Tor der Geheimnisvollen Berge, so hat man den Bereich der Berge erreicht. Den Palast der Zusammenkunft mit dem Wahrhaftigen und den Palast der Jadenen Leere errichtete man als die Orte, an denen der Wahre Krieger sich kultivierte und den Bereich der Stille des Herzens erlangte. Oberhalb davon wurden das Kloster des Sich windenden Drachens, das Heiligtum des Sich umwendenden Herzens (Huíxīnān 回心庵), der Brunnen, an dem die Nadel geschliffen wurde (Mózhēnjǐng 磨針井) und das Kloster der Rückkehr zur Wahrhaftigkeit am Abhang des Kronprinzen gebaut. Alle diese sind Orte, an denen sich der Kronprinz zu Beginn seiner Kultivierung aufhielt, an denen er die gewöhnliche Welt vermißte und den Berg verlassen wollte, vom Uranfänglichen Fürsten des Purpurnen Qì belehrt wurde, seine Absichten änderte und in die Berge zur Wahrhaftigkeit und den Orten der Kultivierung zurückkehrte. Weiter oben errichtete man das Kloster der Drachenquelle (Lóngquánguàn 龍泉觀), die Brücke der Himmlischen Furt (Tiānjīnqiáo 天津橋), den Paß der Unsterblichen (Xiānguān 仙關), den Palast des Purpurnen Wolkenhimmels und die Höhle des Kronprinzen (Táizidòng 太子洞). Zu diesen Orten der Kultivierung, die dem Gebiet der Unsterblichen entsprechen, gelangte der Kronprinz, da er von den sich nähernden Gesandten der Kaiserin, die ihn zurückrufen wollten, gezwungen wurde, Flüsse und Pässe zu überqueren. Noch weiter oben baute man den Tempel des Schwarzen Tigers (Hēihǔmiào 黑虎廟), den Tempel der Krähe (Wūyāmiào 烏鴉廟), den Palast am Südlichen Felsen, die Plattform der Morgendlichen Toilette (Shūzhuāngtái 梳妝台) und den Felsen des Fliegenden Aufstiegs (Fēishēngyán 飛升岩). An diesen Orten hielt sich der Kronprinz auf, nachdem er sich schon längere Zeit kultivierte; ein schwarzer Tiger durchstreifte die Berge, Krähen kündigten den Morgen an und schließlich gelang es ihm, in einfachen Gewändern zum Himmel aufzusteigen. Ganz oben wurden dann der Palast der Audienz beim Himmel, das Erste, Zweite und Dritte Himmlische Tor, der Palast der Höchsten Harmonie und die Goldene Halle erbaut, die Orte, an denen der Wahre Krieger sich aufhielt, nachdem er die Herrschaft über das Reich anvertraut bekommen hatte.

Als zweiter wichtiger Punkt wurden die Orte in Übereinstimmung mit der natürlichen Landschaft und nach der Kunst der Regeln von Yīn und Yáng ausgewählt und auf diese Art dieses wundervolle Reich geschaffen. Um zu erreichen, daß die daoistischen Gebäude in den Wǔdāng-Bergen nicht nur einen kaiserlichen Palastgarten symbolisieren, sondern auch über die Besonderheiten gleich den Jadepavillons in den Bergen der Unsterblichen verfügten, unternahm der Yǒnglè 永樂-Kaiser zwei Schritte: Zum einen verbot er das Fällen von Bäumen in den Wǔdāng-Bergen aufs Strengste. Das für die Gebäude benötigte Holz wurde vollständig von außerhalb gekauft. Außerdem wurde Jīn Chún 金純, der ursprünglich für den Einkauf des Holzes beim Bau des Kaiserpalastes in Běijīng 北京 zuständige Minister des Amtes für Riten, in die Wǔdāng-Berge versetzt und leitete dort die Entsendung von Leuten in die Provinzen Shǎnxī 陝西, Hénán 河男, Shānxī 山西, Sìchuān 四川 und andere Orte, um „heiliges Holz" zu erwerben, das dann auf dem Wasserweg in die Berge zurückgebracht wurde. Zum anderen versetzte der Kaiser den berühmten Gelehrten der Klassiker von Yīn und Yáng, Wáng Mǐn 王敏, und den Meister des Yīn und Yáng, Chén Yǔpéng 陳羽鵬, in die Berge, um die Beamten zu beaufsichtigen und die Schüler anzuleiten, die Geomantik eigens zu untersuchen, günstige Tage auszuwählen und die Orte für die Gebäude durch Weissagung zu bestimmen.

Anhand der heute noch existierenden Gebäude und ihrer natürlichen Umgebung wird ersichtlich, daß die natürliche Landschaft aus der Ferne wegen ihrer Stattlichkeit, aus der Nähe wegen ihrer besonderen Qualitäten ausgewählt wurde, die Gebäude entsprechen ihr in ihren Formen völlig und verfügen über eine wunderbare und stille Schönheit. Analysiert man dies genauer, so ist leicht erkennbar, daß alle Orte für die Gebäude erst nach wiederholter geomantischer Untersuchung und Vermessung und nach gewissenhaftem Vergleichen festgelegt wurden.

„Im Rücken das Yīn und vor der Brust das Yáng, hinten Berge und vorne Wasser", dies ist das grundlegendste Prinzip im Denken der Geomantik. Drachen, Sand, Höhlen und Wasser sind die vier Hauptbedingungen zur Wahl eines Ortes; die Kanalisierung, das Schützen, das Konzentrieren und das Einsammeln des Qì sind die Kernpunkte

Theaterbühne in Hāokǒu 蒿口
am Palast der Reise

Der Ort, an dem der Unsterbliche Yǐn
尹 die Wahrhaftigkeit kultivierte

Gehöft, das als daoistischer
Getreidespeicher dient

Bach der Neun Übergänge mit seinen wie
hinabstürzende Perlen wirbelnden Wellen

der Geomantik. Um diese Anforderungen zu erfüllen, griffen die Geomanten in Übereinstimmung mit der natürlichen Umgebung der Wǔdāng-Berge zu drei Mitteln: sie wählten Orte neu aus, führten regulierende Umbauten durch und besserten Unzulänglichkeiten aus.

Bei den neu errichteten Palasthallen wurden die Orte neu gewählt, wie bei dem Palast der Zusammenkunft mit dem Wahrhaftigen, dem Palast der Reinen Feinheit und dem Palast der Höchsten Harmonie. Bei allen wählte man einen Ort, der von Bergen umgeben an einem Abhang, mit Yīn im Rücken und Yáng an der Vorderseite, auf einem Plateau oder in einem abgeschlossenen Becken lag; vor dem Palast nutzte man entweder schon vorhandenes Wasser oder grub einen Teich oder ein Loch in den Felsen, in dem sich das Wasser sammelte, um so eine Umgebung zu schaffen, die „hinten die Berge und vorne das Wasser“ hat.

Bei den schon bestehenden Gebäuden führte man regulierende Umbauten durch. Die ursprüngliche Größe des Palastes der Fünf Drachen und des Palastes des Purpurnen Wolkenhimmels war relativ klein, und obwohl sie in einem an allen Seiten von Bergen umgebenen Becken lagen, war es doch schwierig, eine Lage zu erzeugen, bei der rechts und links Berge aus Sand, der grüne Drache und der weiße Tiger, vorhanden waren. Deswegen errichtete man zu beiden Seiten dieser daoistischen Paläste einen östlichen und einen westlichen Palast, um somit auf die rechts und links liegenden Bergketten näher aufzurücken. Die Halle des Drachen und des Tigers rückte man entlang der Mittelachse nach vorne, so daß die ursprüngliche Halle des Drachens und des Tigers nun die Halle der Zehn Richtungen im mittleren Abschnitt der Mittelachse wurde. So vergrößerte man nicht nur das Ausmaß der Palastanlagen, sondern stimmte sie noch besser auf die sie umgebenden Berge ab. Und da nun die Halle des Drachens und des Tigers nach vorne gerückt war und sich bis zu einem Bach im Tal erstreckte, so daß sie nahe am Wasser lag und den Wind aufnehmen konnte, wurde eine das Qì konzentrierende Wirkung erreicht.

Die Bergketten in den Wǔdāng-Bergen verlaufen weitgehend von Norden nach Süden, in ihrem Verlauf befinden sich zwei große Verwerfungen. Der durch die religiösen Inhalte geforderte angemessene Abstand zwischen den einzelnen Sehenswürdigkeiten wird also durch die geographische Situation relativ stark eingeschränkt. Um diesen Konflikt abzumildern, griffen die Geomanten zu Maßnahmen, die Defizite ausgleichen und Vorteile verstärken sollten.

Kommt man in die Berge, so ist der zweite Palast der Palast der Jadenen Leere. Die Anforderungen an einen Weg, der in die Berge führt, besagen, daß dieser die Gäste direkt von vorne eintreten lassen muß; weil das Bauwerk nun aber von Norden nach Süden ausgerichtet sein muß, wäre diese Form für das Bewahren des Qì nicht vorteilhaft. Deshalb wurden bei diesem Gebäude drei Mauern, die innere Palastmauer, die Mauer der Verbotenen Stadt und die äußere Palastmauer, errichtet, um „den Wind zu speichern“.

Ursprünglich war der Palast am Südlichen Felsen an einer steilen Felswand erbaut und es fehlte an einer Wasserquelle sowie an einem freien Platz, der den Wind versammelte. Deshalb baute man die Gebäudegruppe am nördlichen Abhang aus und bohrte nach Überprüfung ein Loch in den Felsen, wodurch man einen Brunnen von süßem Wasser erhielt. Nachdem man das Problem des Wassers gelöst hatte, stand nun die Gebäudegruppe der ausgebauten Palasthallen auch mit dem Palast der Fünf Drachen und dem Kloster der Höchsten Beständigkeit in Übereinstimmung.

Das größte künstlerische Können zeigte sich in der Behandlung der Goldenen Halle auf dem Gipfel des Himmelspfeilers. Der Gipfel des Himmelspfeilers liegt 1612 Meter über dem Meeresspiegel, es ist der höchste aller Gipfel und der „Ahnherr" der gesamten Berge. Die Goldene Halle liegt von Westen nach Osten, von Natur aus gibt es hier keinen abschirmenden Berg, keinen Berg an den sie sich anlehnen könnte und auch keine Berge aus Sand zur Rechten und Linken. Um „den Wind zu speichern und das Qì zu konzentrieren" erbaute man die Mauer einer Verbotenen Stadt, die den Gipfel umgab. Auf der Mauer wurden das östliche, südliche, westliche und das nördliche Himmlische Tor errichtet; lediglich das Südliche Himmlische Tor läßt sich öffnen, die anderen sind nur scheinbar Tore, so wird garantiert, daß „das Qì nicht nach außen dringt". Mit der Errichtung einer Verbotenen Stadt wurde dem Inhalt nach die heilige und würdige Atmosphäre eines „himmlischen Reiches" geschaffen, durch ihre Form wurde bewirkt, die Goldene Halle noch imposanter wirken und zum schönsten Stück unter den daoistischen Gebäuden der Wǔdāng-Berge werden zu lassen.

Der dritte wichtige Punkt war die Anwendung der künstlerischen Technik, die Natur zum Gesetz zu nehmen, so daß der Effekt, „obwohl von Menschenhand erbaut, erscheint es wie vom Himmel geschaffen" eintrat. Im Daoismus glaubt man, daß „der Mensch die Erde zum Gesetz, die Erde den Himmel zum Gesetz, der Himmel das Dào zum Gesetz und das Dào die Natur zum Gesetz hat". Bei oberflächlicher Betrachtung erscheint dies als ein Kreislauf, geht man der Philosophie jedoch auf den Grund, dann bedeutet es, daß alle Dinge und Wesen zur Natur zurückkehren. So heißt es bei Lǎozi 老子: „Die Natur bewahrt das Dào in ihrem Lauf und alle Dinge und Wesen nehmen ihren Platz ein". Die Methode, die Natur zu bewahren, läßt jedes Gebäude wie von Natur aus gewachsen erscheinen und mit dem Menschen, der Erde und dem Himmel zu einem harmonischen, gesamten „Dào" verschmelzen; dies ist eine weitere Besonderheit der daoistischen Gebäude in den Wǔdāng-Bergen.

Die geologische Struktur der Wǔdāng-Berge ist kompliziert, das Gefälle zwischen den Bergketten groß. Um den Menschen, die Erde und den Himmel „das Dào in ihrem Lauf bewahren", und die Tempelanlagen „alle ihren Platz einnehmen" zu lassen, muß man mittels der Gesetze „der Natur" planen. Die Strecke vom Gipfel des Himmelspfeilers bis ins alte Jūnzhōu 均州 beträgt 120 *lǐ* 里. Davon ist die Strecke von Jūnzhōu 均州 bis zum Tor zu den Geheimnisvollen Bergen 60 *lǐ* 里 lang, dies wurde als das Gebiet „des Menschen" festgelegt; vom Tor zu den Geheimnisvollen Bergen bis zum Südlichen Felsen sind es 40 *lǐ* 里 , was als Gebiet „der Erde" festgesetzt wurde; die

Strecke vom Südlichen Felsen zum Gipfel des Himmelspfeilers beträgt 20 *lǐ* 里, dies wurde zum Bereich „des Himmels“ bestimmt. Versuchen wir nun einmal zu betrachten, wie „die Natur“ „das Dào bewahrt“: Das Verhältnis des Menschen (von Jūnzhōu 均州 zum Tor zu den Geheimnisvollen Bergen) zur Erde (vom Tor zu den Geheimnisvollen Bergen bis zum Südlichen Felsen) zum Himmel (vom Südlichen Felsen zum Gipfel des Himmelspfeilers) beträgt 60 zu 40 zu 20, also 3 zu 2 zu 1.

Die Eins ist im Daoismus der Anfangspunkt für alle ungeraden Zahlen und alle Dinge entstehen aus ihr. Die Zwei ist die grundlegende Einheit für alle geraden Zahlen, sie nimmt ihren Ausgang aus der Eins. Die Drei entsteht aus der Eins und aus der Zwei, was auch genau mit der Aussage im Lǎozi 老子 übereinstimmt: „Das Dào bringt die Eins hervor, die Eins gebiert die Zwei, die Zwei bringt die Drei hervor und die Drei gibt allen Dingen das Leben. Alle Dinge tragen das Yáng auf dem Rücken und umarmen das Yīn und das strömende Qì gibt ihnen Harmonie.“ Der daoistische Klassiker *Schrift von der klaren Führung des Höchsten Friedens* (*Tàipíng qīnglǐngshū* 太平清領書) besagt: „Das ursprüngliche Qì ist undeutlich und von selbst so, verfestigt es sich, so entsteht das Eine, man nennt es Himmel und Erde. Teilt es sich, so entsteht das Yīn, welches die Erde formt, dies nennt man die Zwei. Yīn und Yáng verbinden sich miteinander und lassen so den Menschen entstehen, dies nennt man die Drei. Sind die drei im Fluß und existieren gemeinsam, so nähren sie die Dinge ewig.“ Dieser philosophische Gedanke des Kreislaufes der unaufhörlichen gegenseitigen Hervorbringung ist wie das höchste Äußerste (*tàijí* 太極) und repräsentiert den schlichten Wunsch nach Erweiterung des Lebensraumes der Menschheit. Der Gedanke der „Höchsten Harmonie“ welcher gleichzeitig damit in Erscheinung trat, drückt aus, daß bei der Gesamtanordnung der Gebäude das Leitmotiv „der strömenden Harmonie, welche das Dào ist“ vorhanden ist.

Das Gebiet vom alten Jūnzhōu 均州 bis zum Tor zu den Geheimnisvollen Bergen wird mit „dem Menschen“ assoziiert. Das Gelände ist sanft geneigt und in Übereinstimmung mit der Reichweite der menschlichen Sehkraft gibt es alle drei bis fünf *lǐ* 里 „einen kleineren Gebäudekomplex“, wie das Heiligtum der Präfektur Zhōu 周 (Zhōufǔān 周府庵), das Heiligtum der Präfektur Shēn 申 (Shēnfǔān 申府庵) und den Tempel des Tàishān 泰山 (Tàishān miào 泰山廟). Dem menschlichen Empfinden ebenfalls entsprechend befindet sich alle acht bis zehn *lǐ* 里 ein größerer Gebäudekomplex, wie der Palast der Reinen Freude, der Palast der Entgegenkommenden Barmherzigkeit und das Kloster des Ahnherrn Wǔ 武 (Wǔzōngguàn 武宗觀). Um eine Verbindung zwischen diesen Gebäuden herzustellen, pflasterte man eigens einen „öffentlichen Weg“. Die gesamte Anordnung des Raumes ist erfüllt von Wärme und Düften der irdischen Welt, sie stimmt mit den seelischen Bedürfnissen des Wanderers genau überein und verfügt über einen besonderen Rhythmus.

Vom Tor zu den Geheimnisvollen Bergen bis zum Südlichen Felsen gehen die Berge wellenförmig auf und nieder, dies ist der Bereich des heiligen Berges. Der heilige Berg in diesem Bereich entspricht der Vorstellung „der Erde“. Anhand der Gesetzmäßigkeiten der natürlichen Lage mußte man die Gebäude in Übereinstimmung mit der Neigung des Geländes und der Begrenzung durch das Blickfeld anordnen, um den Regeln des „Dào“ zu entsprechen. An der Stelle, an der man die Berge betritt, wurde der Steinbogen mit der Inschrift „Geheimnisvolle Berge, welche die Welt regieren“ errichtet; mit stämmigen Steinsäulen erhebt er sich aus der Erde und seine übereinander getürmten Dachschwingungen stechen in den blauen Himmel. Unzählige gepflasterte Steinstufen ziehen die Pilger und Gläubigen in die geheimnisvollen hohen Berge hinein. Der Palast der Zusammenkunft mit dem Wahrhaftigen, der Palast der Jadenen Leere, der Palast des Purpurnen Wolkenhimmels und der Palast am Südlichen Felsen liegen alle auf einem Plateau in einer Senke. Weil das Ausmaß dieser Anlagen relativ groß ist, erzeugen sie das Gefühl von Rhythmus, der durch den Einklang mit dem wellenförmigen Auf und Nieder der Berge entsteht. Gipfel und Gebäude liegen verstreut da und ziehen die Aufmerksamkeit auf sich, wieder einmal hat die Natur ihre Kreise gezogen und höchste Harmonie geschaffen. Der Brunnen, an dem die Nadel geschliffen wurde, der Tempel des Guāndì 關帝, die Halle des Lǎozi 老子, der Paß des Unsterblichen und weitere Gebäudekomplexe von kleinerem Ausmaß stehen alle im Einklang mit der natürlichen Lage. In Übereinstimmung mit den Gipfeln wurden Sehenswürdigkeiten errichtet, über tiefe Wasser Brücken gebaut und an den Wegbiegungen zu den Gipfeln Heiligtümer und Hallen aufgestellt. Diese Gebäude stellen in der Ferne liegende Erscheinungen dar, die das Blickfeld eingrenzen; wegen ihrer besonderen äußeren Form und ihrer klaren und lebendigen Farbgebung sind sie eine Art Merkmal, verheißungsvoll geben sie den Menschen Orientierung und führen sie weiter in die Berge hinein. So entsteht innerhalb der Gesamtwirkung ein wundersamer Kosmos, über den es bei Hóng Yìshèng 洪翼聖 aus der Míng-Zeit heißt: „Alle fünf *lǐ* 里 ein Heiligtum, alle zehn *lǐ* 里 ein Palast, zinnoberrote Wände und smaragdgrüne Ziegel, schon von Weitem sehen sie so kunstvoll aus. Türme und Terrassen, ganz sachte scheint ihr goldener und silberner Hauch, ringsum von Bergen und Wald umgeben ist diese malerische Szene.“ (*Vermischte Gesänge aus dem Daoismus der Wǔdāng-Berge* (*Wǔdāng dàozhōng záyǒng* 武當道中雜詠))

Im Bereich „des Himmels“, vom Gipfel der Krähen (Wūyālǐng 烏鴉嶺) ausgehend über den Gedächtnistempel der Ulme und der japanischen Aprikose (Lángméicí 榔梅祠), den Baum der sieben Sterne (Qīxīngshù 七星樹), den Palast zur Audienz beim Himmel über das Erste, Zweite, und das Dritte Himmlische Tor, das Tor der Audienz bei dem Heiligen (Cháoshèngmén 朝聖門) und den Palast der Höchsten Harmonie bis hin zur Goldenen Halle sind alle Sehenswürdigkeiten an Engpässen errichtet und die Gebäude dem Berg angepaßt. Das Terrain in diesem Gebiet ist abschüssig, weswegen ein relativ schneller Rhythmus entsteht. Die Gipfelspitzen bilden Wendepunkte für Richtung und Rhythmus, an manchen wurde ein Gedächtnistempel für eine Gottheit errichtet, an anderen ein himmlisches Tor. Im Raum erzeugen sie eine Art Sprung, im menschlichen Herzen schlägt sich dies in Ausrufen des Erstaunens nieder. Die in die Berge kommenden Menschen sind wie Musiknoten, sie durchziehen die Berge, und das Himmelreich

Halle der Wendung des Schicksals

Goldener Gipfel (Ausschnitt)

Halle der Audienz bei den Heiligen

Die Goldene Spitze mit der Verbotenen Stadt

Jadeterrassen soweit der Blick reicht

Der Palast der Höchsten Harmonie heißt vollständig „Palast der Höchsten Harmonie in den Großen Bergen". Er liegt auf dem Hauptgipfel der Wǔdāng-Berge. Erbaut wurde er im 14. Jahr Yǒnglè 永樂 der Míng (1416), die Bauarbeiten waren nach fünf Jahren beendet. Im 17. Jahr Yǒnglè 永樂 (1419) erließ Kaiser Chéngzǔ 成組 der Míng erneut einen Befehl, eine Verbotene Stadt zu bauen. Alle Einzelteile, aus denen die Mauer errichtet wurde, sind aus grünem Stein gemeißelt, die einzelnen Steinblöcke haben ein Gewicht von über 500 Kilogramm. Die Mauer hat eine Länge von 345 Metern, die bebaute Fläche beträgt 34500 Quadratmeter. Die Mauer hat innen und außen eine kompakte Form, das Zentrum ist geschlossen und vermittelt ein Gefühl der Stabilität und Solidität. Die gesamte Stadt ist auf überhängenden Felsen und steilen Felswänden errichtet, sie wirkt mächtig in dieser schroffen Umgebung, die Architektur der Gebäude ist herausragend. An allen vier Seiten der Mauer befinden sich vier Himmlische Tore, sie symbolisieren himmlische Türme. Die Himmlischen Tore im Osten, Westen und Norden schweben über den Wolken, durch sie kann man nicht hindurchtreten; allein durch das Südliche Himmlische Tor kann man die Stadt betreten und verlassen. Seitlich des Südlichen Tores gibt es noch zwei steinerne Tore, das Tor der Götter und das Tor der Geister. In den Jahren Yǒnglè 永樂 war es den gewöhnlichen Gläubigen nicht gestattet, innerhalb der Verbotenen Stadt zu beten, für sie war die Gebetshalle außerhalb der Verbotenen Stadt vorgesehen, in der sie sich verneigen und Weihrauch darbringen durften. Erst nach den Jahren Jiājìng 嘉靖 der Míng-Zeit wurde es den Gläubigen gestattet, das Innere der Verbotenen Stadt zu betreten. Da die Gläubigen von Jahr zu Jahr mehr wurden, vergrößerte man die Gebetshalle und den Hof auf über 520 Räume, um eine Überfüllung zu vermeiden; die Gebetshalle wurde mit einer Inschriftentafel „Palast der Höchsten Harmonie in den Großen Bergen" versehen. Kaiserlich Bevollmächtigte ließen auf der Goldenen Halle noch eine bronzene, mit Inschriften versehene Tafel anbringen, weshalb die Verbotene Stadt seit dieser Zeit von den Leuten als „Goldene Spitze" und der Bereich außerhalb der Verbotenen Stadt als „Palast der Höchsten Harmonie" bezeichnet werden. Dieser Tradition folgt man bis heute.

In den daoistischen Klassikern stellen die Wǔdāng-Berge „den Ort, an dem der Dunkle Krieger im Altertum das Dào erlangte und zum Himmel aufstieg“ dar. Deshalb heißt es auch: „Kein anderer als der Wahre Krieger ist diesem Ort ebenbürtig“, und die Berge bekamen ihren Namen Wǔdāng 武當 („Ebenbild des Kriegers“). Der Dunkle Krieger ist in der chinesischen Legende die Gottheit des Nordens, er wird durch Schlange und Schildkröte dargestellt.
Betrachtet man den Gipfel des Himmelspfeilers aus der Luft, so ähnelt seine Form einer riesigen heiligen Schildkröte, die ihn umgebenden Berge sehen wie lodernd emporsteigende Flammen aus. Dieses besondere Phänomen steht in Übereinstimmung mit dem antiken kosmologischen Denken der Chinesen, daß „Feuer und Wasser sich durch Transformation erzeugen“: Nachdem man einen Seufzer über das wundervolle Handwerk der Natur ausgestoßen hat, wird einen dieser Anblick unwillkürlich zu phantastischen Träumereien anregen ...

Die Goldene Halle

Tafel mit Inschrift „Goldene Halle“

Drachendekor am Dach der Goldenen Halle

Die Halle der Kaiserlichen Klassiker wurde in der Yuán-Zeit erbaut und in der Qīng-Zeit umgebaut. Sie trägt eine Tafel mit der Inschrift „In der Hauptstadt von weißer Jade“ und verfügt über einen bemalten Firstbalken und geschnitzte Querträger, die in prächtigen Farben glänzen. Die Stirnseite der Balustraden und die Trennwände zieren geschnitzte Reliefs, auf denen die Geschichten daoistischer Persönlichkeiten abgebildet sind; sie sind lebendig und sehr kunstvoll gestaltet.

Die Goldene Halle mit Doppeldach und mehrfachen Graten

Unsterblicher und seltener Vogel als Dekor am Dachfirst der Goldenen Halle

Aus Bronze gegossenes Schutzgatter

spielt eine Ode an das immerwährende Leben, „lautes Schlagen und lautes Rufen durchdringen die Milchstraße, zehntausend Klänge und zehntausendfaches Glück zwischen den weißen Wolken“ (Luō Sījǔ 羅思舉: *Schrift über eine alte Glocke, die auf dem Glockenpodest zurückgeblieben ist* (*Tí diào zhōngtái gǔzhōng* 題掉鍾台古鍾)).
Das Hauptthema im Daoismus ist das Erlangen des Dào und die Unsterblichwerdung, was von den Gläubigen erreicht wird, indem sie ihren Körper kultivieren und ihr Wesen pflegen. Für diese Zwecke zuständige Gebäude müssen diesen religiösen Anforderungen Folge leisten. Deswegen sind eine Anordnung, welche die Stille zum Ziel hat, und Bautechniken, die sich geschickt in die Natur einpassen, die hauptsächlichen Besonderheiten der daoistischen Gebäude in den Wǔdāng-Bergen.
Die verschiedenen Gebäudegruppen in den Wǔdāng-Bergen, egal ob groß oder klein, können anhand ihrer praktischen Funktion in der Regel in ein Gebiet der Gottheiten, ein Gebiet der Kultivierung und ein Gebiet des täglichen Lebens unterteilt werden. Wiederum anhand anderer Funktionen können sie in Palasthallen, Häuser, Gärten etc. eingeteilt werden. Bei ihrer Anordnung wurden natürlich vorkommende Abhänge und Eingrenzungen benutzt, um Höfe in verschiedenen Ebenen zu bilden. Bei großen Gebäudegruppen wurden die Gebäude in mehreren Achsen angeordnet: die Mittelachse diente als Gebiet der Gottheiten, auf ihr wurden die Halle des Drachens und des Tigers, die Halle der Zehn Richtungen, die Haupthalle, Seitenräume, Seitenhallen und die Halle der Eltern errichtet. Auf der rechten Achse befand sich der Bereich des alltäglichen Lebens, dort gab es einen Speisesaal, Lagerräume, die Küche usw. Der linken Achse war der Bereich der Kultivierung zugeteilt, dort existierte die heilige Halle, der Raum der Klassiker, Schlafräume etc. Jedes Gebiet wurde von einer Palastmauer umgeben, so daß ein relativ selbständiger kleiner Kosmos entstand. Die Gebäude des Bereichs der Gottheiten auf der Mittelachse waren häufig groß und stattlich, wodurch ihre wichtige Stellung hervorgehoben wurde. Der Palast der Zusammenkunft mit dem Wahrhaftigen, der Palast der Jadenen Leere und der Palast des Purpurnen Wolkenhimmels sind Beispiele für diese Art der Anordnung. Hinter den Palasthallen befinden sich hohe Berge, vor ihnen Täler oder freie Flächen, ihre Anordnung ist streng symmetrisch. Sie verfügen über zahlreiche Palastmauern, hohe Treppen, Höfe und Hallen in mehreren Ebenen und sind stattlich, majestätisch und würdevoll. Die beiden Paläste an der westlichen und östlichen Seite haben zahlreiche daoistische Räume, kleine Höfe, die vom Duft der Orchideen erfüllt sind und gewundene Pfade, die ins Verborgene führen; die Klänge des Pirols streichen an den Fenstern vorbei, die Umgebung ist friedlich und voller Ehrfurcht.
Bei den Gebäudekomplexen, die man aufgrund der Bodenbeschaffenheit nicht symmetrisch strukturieren konnte, legte man eine Art zickzackförmige Achse an und ordnete die Gebäude links und rechts ungleichmäßig an, so daß man ein im Gesamten ausgewogenes Arrangement erzielte. Ein Beispiel ist das Kloster der Rückkehr zur Wahrhaftigkeit, das auf einer Terrasse an einem leichten Abhang des Berges des Löwens erbaut wurde, das Gelände ist dort sehr schmal. Die Anordnung der Gebäude

kann hier nur anhand einer Achse erfolgen, die den Gegebenheiten des Abhangs entspricht. Über einen kleinen Bach hat man die Brücke der Rückkehr zur Wahrhaftigkeit gebaut, der über die Brücke führende Heilige Weg ist fünf Meter breit und etwa 150 Meter lang, er führt den Berg entlang bis zum ersten Palasttor. Das Palasttor hat seinen Durchgang an der Seite und die Palastmauer der Neun Windungen schlängelt sich bis zum zweiten Palasttor. Geht man durch das Tor, gelangt man in den vorderen Hof, dort biegt man nach links ab und tritt in die Halle des Drachens und des Tigers ein. Hinter dieser Halle befindet sich ein von vier Seiten begrenzter Hof, auf dem man die Haupthalle und Seitenräume zur Rechten und Linken vorfindet. Biegt man nun abermals durch ein Palasttor links ab, gelangt man auf den dritten Hof; von hier öffnen sich zwei Achsen, die jeweils zum Speisezimmer und zur Bibliothek führen. Diese Form der Gliederung bewirkt, daß die Gebäude wie Wellen auf höherem und tieferem Niveau liegen und sich längs und quer abwechseln. Dadurch können nicht nur die toten Winkel, in die kein Sonnenschein dringt, da sich die Gebäude gegenseitig im Weg stehen, aufgehoben und die natürliche Durchlüftung verbessert werden, auch die so erzeugte Spannung zwischen Freiraum und Bebauung hebt die mysteriöse Atmosphäre noch deutlicher hervor. Diese Art des Arrangements fand beim Palast des Südlichen Felsens, beim Palast der Fünf Drachen und beim Palast der Höchsten Harmonie erfolgreich Anwendung.

Während des großen Bauprojekts der Míng-Zeit wurden sämtliche begabte Handwerker des Landes mobilisiert, was dazu führte, daß alle herausragenden Bautechniken der verschiedenen Regionen in die Wǔdāng-Berge gebracht wurden. Für die Lösung der damals bestehenden zahlreichen Schwierigkeiten bei der Ausführung der Bauten war dies äußerst positiv, uns wird dadurch das Erlebnis des Zuschnitts der Gebäude auf die natürliche Umgebung und ihre geschickte Einpassung in die Natur zuteil.

Die Palasthallen sind meistens im offiziellen Stil des Nordens erbaut, es sind Holzkonstruktionen mit getragenem Dachbalken, wobei eine hohe stehende Säule den großen Dachbalken stützt. Auf dem Dachbalken wiederum steht eine befestigte Säule, die den zweiten Dachbalken trägt; auf dem zweiten Dachbalken befinden sich die Stützsäulen für den First, diese wiederum stützen den Firstbalken. Bei dieser Gebäudeform ist der Raum im Inneren sehr groß, das Innere wirkt geschlossen, es ist der ideale Ort für die Verehrung von Götterstatuen.

Hallen von Heiligtümern und Seitengebäude bestehen meist aus verzapften Konstruktionen, welche im Süden Chinas häufig vorkommen. Dabei tragen Säulen die Querträger direkt, verbunden sind sie mit rechteckigen Verbindungszapfen. Diese Konstruktion ist einfach in der Bauweise und sehr stabil, sie eignet sich gut für Verputz und Ausbau. Aus solchen Gebäuden kann eine schöne und geschlossene Anlage gestaltet werden, meist wurden sie im Kultivierungs- und Wohnbereich der Daoisten verwendet.

Bei relativ großen Gebäuden kombiniert man die verzapfte Konstruktion und die Konstruktion von Dachbalken und Säulen; im Vorraum verwendet man getragene Dachbalken, um den Innenraum zu vergrößern, an der Giebelseite verzapft man, um die Stabilität zu erhöhen. Diese Konstruktionen sind in ihrer Anwendung flexibel, sie werden für den religiösen Bereich, aber auch für den Bereich des alltäglichen Lebens verwendet.

Da man bei den Bauarbeiten in den Bergen auf sehr unterschiedliche Formen des Geländes und der Bodenbeschaffenheit traf, mußten auch verschieden gestalterische Techniken angewendet werden.

Dazu wurden zum einen Gebäude auf erhöhten Plattformen errichtet. Die erhöhte Plattform ist eine antike Gebäudeform, die eine würdevolle und energische Ausstrahlung hat. Aufgrund unterschiedlicher Funktionen gibt es bei den Gebäuden auf erhöhten Plattformen in den Wǔdāng-Bergen drei verschiedene Arten. Eine Art sind die Palasttreppen, das wesentliche Bauwerk vor der Haupthalle; in der Regel bestehen sie aus drei Ebenen, die Treppe hat somit die Form des s-förmigen Glückssymbols *rúyì* 如意. Die Ebenen sind aufeinander geschichtet, die Palasttreppen sind an allen vier Seiten von steinernen Balustraden umgeben und haben eine imposante und majestätische Ausstrahlung. Beispiele sind die Palasttreppen des Palastes der Jadenen Leere, des Palastes des Purpurnen Wolkenhimmels und des Palastes am Südlichen Felsen. Die zweite Art sind die Terrassen, dabei handelt es sich um vor dem Vorraum von Haupthallen vorspringende Terrassen, die von einem Geländer geschützt werden und an drei Seiten Treppen haben; sie wirken sehr anmutig auf den Betrachter. Die Terrassen sind jene Orte, an denen sich die Daoisten außerhalb der Räume kultivieren, der freie Raum hat eine besonders positive Wirkung auf die Kultivierung. Beispiele sind die Terrasse vor der großen Halle des Klosters der Rückkehr zur Wahrhaftigkeit, die Terrasse vor der großen Halle des Palastes der Zusammenkunft mit dem Wahrhaftigen und die Terrasse vor der großen Halle des Tempels des Tàishān 泰山. Die dritte Art stellen die heiligen Terrassen dar. Diese erhöhten Plattformen sind Bauwerke, die meist an schwer passierbaren Stellen erbaut wurden, sie sind eigenständige Gebäude. Ihre Fläche beträgt zwischen drei und fünf Quadratmetern, an drei Seiten werden sie von einem steinernen Geländer umgeben, auf der einen Seite befindet sich eine Treppe, die in Verbindung mit dem heiligen Weg steht. Diese Terrassen wirken übernatürlich und außergewöhnlich. Beispiele sind die Terrasse zur Anbetung des Nordsterns (Bàidòutái 拜鬥台) am Gipfel der Krähen, die Terrasse des fliegenden Aufstiegs und die Terrasse der morgendlichen Toilette am Südlichen Felsen.

Zum anderen errichtete man Gebäude, die über einen Abhang vorspringen. Hierbei handelt es sich um eine Gebäudeform, die häufig bei nationalen Minderheiten in Bergregionen anzutreffen ist. Gewöhnlich wird ein schräger Abhang benutzt, um darauf das Bauwerk zu errichten; die Hälfte des Gebäudes befindet sich auf dem Abhang, die andere Hälfte schwebt von Pfeilern gestützt in der Luft. Häufig haben diese Konstruktionen drei Stockwerke. In den Wǔdāng-Bergen sind sie oft drei- bis fünfstöckig und relativ groß, genutzt werden sie als Wohnräume und zur Aufbewahrung der klassischen Schriften. Beispiele sind das Haus mit fünf Stockwerken im Kloster der Rück-

Seltenes Tier als Bronzedekor

Geländer, welches das Fundament der Halle umgibt

Das Östliche Himmlische Tor der Verbotenen Stadt

Aus Stein geschnitzte Balustrade

Das Südliche Himmlische Tor der Verbotenen Stadt

Bronzener Weihrauchbrenner

Das Westliche Himmlische Tor der Verbotenen Stadt

kehr zur Wahrhaftigkeit und das Gebäude zur Aufbewahrung der klassischen Schriften im Palast am südlichen Felsen.

Die Goldene Halle nimmt unter den Bauwerken in den Wŭdāng-Bergen eine Sonderstellung ein. Von der geographischen Lage her liegt sie auf dem höchsten der zahlreichen Gipfel, sie wird von einer Gruppe von Bergen umringt und hat gleichzeitig die einflußreiche Funktion, diese Gruppe von Bergen zu bewachen. Ein weiterer Aspekt sind die sehr ungünstigen natürlichen Bedingungen auf dem Gipfel; um einer solchen Umgebung Widerstand zu leisten, muß von seiner Qualität her sehr solides Baumaterial verwendet werden. Die Goldene Halle ist vom Stil her eine Verandahalle mit Doppeldach, sie ist aus Bronze, ahmt aber den Stil einer Holzkonstruktion nach. Nachdem die Einzelteile verzapft worden waren, wurde das gesamte Stück vergoldet, es sind kaum Gußspuren sichtbar. Die Länge der Goldenen Halle beträgt drei Pfeilerzwischenräume; sie ist 5,54 Meter hoch, die Vorderseite ist 5,8 Meter breit, die Tiefe beträgt 4,2 Meter. Die dekorierten Firstbalken, die fest verfugten Dachziegel, die rechteckigen Tür- und Fensterflügel, die bunt bemalten Ochsenkopfkapitelle und die Kassettendecke der gesamten Anlage sind alle sorgsam gestaltet, das Verhältnis sämtlicher Einzelteile untereinander ist korrekt, Dekor und Verzierungen sehr fein. Die Zapfenlöcher an den Wänden der Halle stehen dicht nebeneinander, gewissenhaft wurde überlegt, daß sie sehr dicht sein müssen, damit der Wind nicht hindurchblasen kann. Selbst wenn vor der Halle der Bergwind pfeift, steigt der Rauch von Räucherwerk und Kerzen in der Halle auf ohne zu flackern. Nach einem Gewitter, bei dem es um die Halle herum blitzt, leuchtet und donnert, erstrahlt die Halle noch sauberer als zuvor. Der Legende nach ist es der Wahre Krieger, der die Goldene Halle sauber wäscht, man sagt dazu auch, die Feuersbrunst läutere die Goldene Halle. Nach über 500 Jahren glänzt die Goldene Halle noch wie zu Beginn, aufrecht erhebt sie sich auf dem Gipfel des Himmelspfeilers, und der Glanz ihres Goldes strahlt in alle Richtungen. Sie ist ein auf der Welt einzigartiges Bauwerk, in dem die Techniken der antiken chinesischen Baukunst und der Gießereikunst miteinander verbunden sind.

Die daoistischen Gebäude in den Wŭdāng-Bergen spiegeln die lange währende chinesische Geschichte und die tief verwurzelte kulturelle Tradition wider. Spaziert man zwischen diesen kleinen und großen Palästen, Klöstern und Tempeln umher, so erkennt man, daß ihre Gesamtkonstruktion, ihre Anordnung in der Ebene, die Wahl ihrer Orte, die räumliche Aufteilung der Gebäude, die Bautechniken und die künstlerischen Besonderheiten alle eine große Vollendung erreicht haben. Besonders wenn man bei den Gebäuden nach einer harmonischen Verbindung zwischen innerem Geist und äußerer Landschaft sucht, so findet man hier gute Anregungen für die heute stark befürworteten ökologischen Wohnräume.

Im Jahre 1994 schickte die Organisation für Bildung, Wissenschaft und Kultur der Vereinten Nationen Fachleute zu Untersuchungen in die Wŭdāng-Berge, und nach wiederholter Beweisführung wurde die Aufnahme der antiken Gebäudegruppe in den Wŭdāng-Bergen in die Liste des Weltkulturerbes bewilligt.

Leicht und sanft erfüllt außergewöhnlicher Wohlgeruch den Kosmos,
Klar und rein durchdringen die Gesänge der Klassiker die Neun Wolkenhimmel.

Daoistische Musik

Daoistische Musik ist die Musik, die im Daoismus bei der Durchführung religiöser Zeremonien gespielt wird. Sie wird auch „zeremonielle Musik" (*jiàojiào yīnyuè* 醮教音樂) und „bei den täglichen Andachten gespielte Musik" (*kèsòng yīnyuè* 課誦音樂) genannt.

Die Ursprünge der daoistischen Musik der Wǔdāng-Berge liegt weit in der Vergangenheit. In den letzten Jahren der Östlichen Hàn-Dynastie verbreitete sich die daoistische Lehre der Fünf-Scheffel-Reis-Bewegung (Wǔdǒumǐ 五鬥米), die es damals noch nicht lange gab, von dem im Gebiet Shǔ 蜀 gelegenen Hànzhōng 漢中[1] ausgehend in die benachbarten Wǔdāng-Berge. Die Opferrituale für die Gottheiten der Fünf-Scheffel-Reis-Lehre „etablierten sich sehr stark" in der Gegend der Wǔdāng-Berge. Diese Art der Götterverehrung ging normalerweise einher mit dem Gesang und Tanz von Schamanen. Durch Gesang und Tanz wurden die Schamanen in alter Zeit zu „ausgelassenen Geistern" und „hernieder gestiegenen Gottheiten" und bitteten so um Wohlergehen. Im *Buch der Dokumente* (*Shàngshū* 尚書), Kapitel *Belehrungen des Yuè Yī* 樂伊 (*Yuè Yī xùn* 樂伊訓) heißt es: „Fortwährendes Tanzen in den Palästen und trunkener Gesang in den Zimmern, das nennt man die Sitten und Bräuche der Schamanen." In den *Riten der Zhōu* 周 (*Zhōulǐ* 周禮), Kapitel *Amt für Schamanen* (*Sīwū* 司巫) steht: „Herrscht im Reich große Dürre, so versammelt man die Schamanen, daß sie um Regen tanzen." Das Versammeln der Schamanen und die Form ihres Tanzes hatte großen Einfluß auf den „Schritt des Yǔ 禹" (*Yǔ bù* 禹步) im „Vorwärtsschreiten auf dem Großen Wagen" (*tàgāng bùdǒu* 踏罡布鬥)[2], welches einen Bestandteil der daoistischen Musik darstellt.

Zur Zeit der Nördlichen und Südlichen Dynastien verehrten die Kaiser der Nördlichen Wèi-Dynastie den Daoismus. Der berühmte Daoist Kòu Qiānzhī 寇謙之, der sich im Gebiet des Huá 華-Berges (Huáshān 華山) und des Sōng 嵩-Berges (Sōngshān 嵩山) seiner Kultivierung widmete, führte eine Reform des Daoismus durch. Er sagte, Lǎozi 老子 sei persönlich zum Sōng 嵩-Berg gekommen und habe ihm zwischen den Wolken das Werk *Vorschriften für den neuen Kodex, der [zur Melodie] 'In den Wolken' ge-*

---

[1] Das Gebiet erstreckt sich vom südlichen Teil der heutigen Provinz Shǎnxī 陝西 zum nordwestlichen Teil der heutigen Provinz Húběi 湖北. [Anm. d. Üb.]

[2] Ein bestimmter Gang, der von Daoisten zur Anbetung des Himmels oder zu magischen Zwecken vollzogen wird. Bei diesem Gang werden die Schritte in Form des Sternbilds des Großen Wagens gesetzt. Siehe auch Robinet 1995: 206 f. [Anm. d. Üb.]

Die daoistische Musik der Wŭdāng-Berge

In den Wŭdāng-Bergen formte sich schon früh eine daoistische Musik, die von den daoistischen Meistern im zeremoniellen Bereich eingesetzt wurde. Zur Táng-Zeit war die daoistische Musik bereits voll entwickelt, und ihre große Blüte erlebte sie in der Míng-Zeit, in der sie dem Einfluß und den Bedingungen der damaligen, kaiserlich festgelegten, orthodoxen Standardisierung durch die *Melodischen Verse der Dunklen Lehre* unterlag. Die daoistische Musik der Wŭdāng-Berge kann in die beiden Strömungen „weltliche Musik“ und „klösterliche Musik“ unterteilt werden. Die klösterliche Musik bezeichnet die daoistische Musik der Tempel in den Wŭdāng-Bergen, ihr Adressat sind meist die Gottheiten. Sie wird bei den alltäglichen Ritualen zur Kultivierung und bei Opferzeremonien gespielt, ihr Stil tendiert zur Ernsthaftigkeit und Feierlichkeit. Sie ist gemächlich und gesetzt, hat starke religiöse Färbung und die Eigenschaften klassischer Musik. Beim Zuhörer erzeugt sie das Gefühl, die profane Welt hinter sich gelassen zu haben. Bei der weltlichen Musik handelt es sich um die volkstümliche daoistische Musik, die in der „Musik der Laiendaoisten in den Tälern und Städten“ ihren Ausdruck findet. In ihrer Darstellung integriert die daoistische Musik der Wŭdāng-Berge verschiedene Kampfkunsttechniken der Wŭdāng-Berge und andere Besonderheiten mit Rhythmus und Melodie, wodurch eine einmalige Art der Präsentation daoistischer Musik entsteht.

sungen wird (*Yúnzhōng yīnsòng xīnkè jìngjiè* 雲中音誦新課經戒) in zwei Schriftrollen überreicht. Er forderte von den Anhängern des Daoismus im Reich ab jenem Tag, daß „alle der neuen Methode des rezitativen Gesanges der Gebote folgen sollen.“[3] Das rezitative Singen klassischer Schriften zur Errichtung des Altars[4] in der vollendeten daoistischen Zeremonie des Kòu Qiānzhī 寇謙之 stellt eine weitere Entwicklungsstufe der daoistischen Musik dar. Besonders ist, daß das Rezitieren der klassischen Schriften in Musik und Rezitation umgestaltet wurde, daß also das Vortragen der Klassiker zu einem Singen der Klassiker abgeändert wurde. Mit den Gelehrten, die unablässig aus dem Norden in die Wǔdāng-Berge kamen, um Heilkräuter zu pflücken und „sich niederzulassen, um Frieden zu finden“, wurden die klaren und vollendeten Töne der melodischen Verse des Kòu Qiānzhī 寇謙之 auch in diese Gegend gebracht.

Zur Táng- und Sòng-Zeit mehrten sich die in den Wǔdāng-Bergen stattfindenden Aktivitäten von gesellschaftlicher Bedeutung. Der Präfekt von Jūnzhōu 均州[5], Yáo Jiǎn 姚簡, errichtete in den Jahren der Regierungsdevise Zhēnguān 貞觀[6] einen Altar und ließ erfolgreich um Regen beten, wodurch den Wǔdāng-Bergen große Aufmerksamkeit zuteil wurde. In dieser Zeit wurden die in Ungnade gefallenen und degradierten Angehörigen des Kaiserhauses in die Kreise Fáng 房 und Yún 鄖 im Gebiet der Wǔdāng-Berge geschickt und brachten die höfische Musik der Táng-Zeit in die Wǔdāng-Berge mit. Der in klassischen und historischen Werken belesene und musikalisch in hohem Maße kultivierte Chén Tuán 陳摶 aus der Zeit der Fünf Dynastien „sang und musizierte im Gehen und im Sitzen, wenn er sich tagsüber auf dem Marktplatz aufhielt“.[7] Chén Tuán 陳摶 praktizierte in den Wǔdāng-Bergen über zwanzig Jahre lang daoistische Grundsätze; er übte sich in der „Methode der Fünf schlafenden Drachen“ und der „Musik im Schlaf“.[8] Bei dieser Art von Schlafliedern handelt es sich höchstwahrscheinlich um eine Art von hypnotisierender Musik. Kaiser Gāozōng 高宗, mit Namen Zhào Gòu 趙構, der Südlichen Sòng-Dynastie berief den Abt der Wǔdāng-Berge, Sūn Jìrán 孫寂然, nach Lín'ān 臨安 an den Kaiserhof, um dort eine daoistische Opferzeremonie (*jiào* 醮) durchzuführen und den Weg (*dào*) zu verkünden. Er führte nicht nur die daoistische Musik der Wǔdāng-Berge am Kaiserhof ein, sondern brachte gleichzeitig auch die höfische Musik zurück in die Wǔdāng-Berge. Dies alles hatte weitreichende Auswirkungen für die daoistische Musik der Wǔdāng-Berge.

---

[3] Siehe *Geschichte der Wèi-Dynastie* (*Wèishū* 魏書), Kapitel *Erläuterungen zu Lǎozi* (*Shì Lǎo zhì* 釋老志).

[4] Der Altar wird nicht nur räumlich, in Form der Herstellung eines terrassenförmigen Podiums errichtet. Durch symbolische Handlungen (Auslegen von Talismanen etc.) wird der Raum darüber hinaus mit kosmischer Kraft ausgestattet. Ferner wird auch ein „Altar“, ein Raum, eine innere Landschaft, im Körper des daoistischen Priesters erzeugt. Siehe dazu Kohn, Livia, ed. *Daoism Handbook*. Boston, 2000. S. 671. [Anm. d. Üb.]

[5] Der heutige Ort Dānjiāngkǒu 丹江口. [Anm. d. Üb.]

[6] Die Jahre 627-650. [Anm. d. Üb.]

[7] Siehe *Geschichte der Sòng-Dynastie* (*Sòngshǐ* 宋史), Kapitel *Biographie des Chén Tuán* 陳摶 (*Chén Tuán zhuàn* 陳摶傳).

[8] Siehe *Jadegruppe vom Wohnsitz der Wohlklänge* (*Yùnfǔ qúnyù* 韻府群玉).

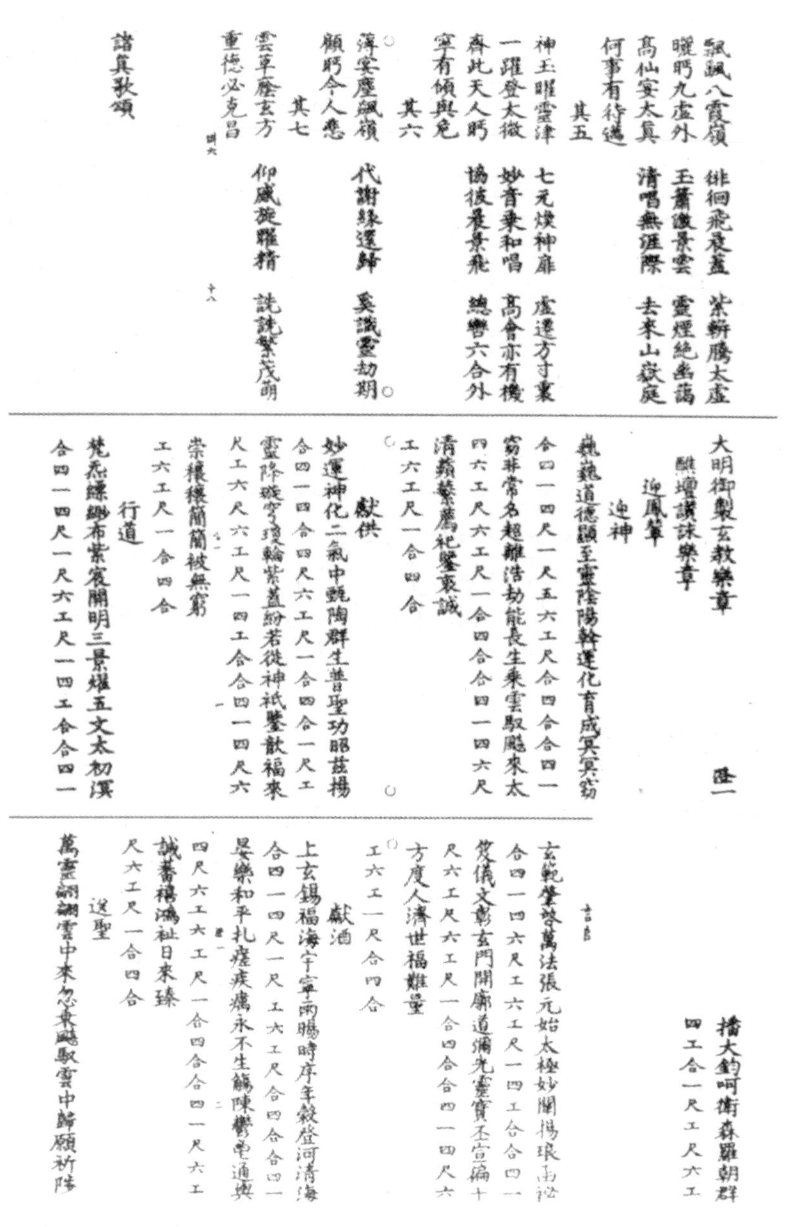

Vom Kaiser der Großen Míng ausgearbeitete melodische Verse der Dunklen Lehre
(*Dà Míng yùzhì xuánjiào yuèzhàng* 大明禦制玄教樂章) (aus dem *Daoistischen Kanon* (*Dàozàng* 道藏))
Die *Vom Kaiser der Großen Míng ausgearbeiteten melodische Verse der Dunklen Lehre* setzen sich aus drei Teilen zusammen: melodische Verse für den Lobgesang am Altar, melodische Verse für den Obersten Kaiser des Dunklen Himmels und melodische Verse für den Wahren Fürsten großer Güte und wirkkräftiger Hilfe (Hóngēn língjì zhēnjūn 洪恩靈濟眞君). Sie benutzen das auf Worten basierende Notensystem (*gōngchěpǔ* 工尺譜) und enthalten insgesamt 14 daoistische Lieder.

Die Kaiser der Yuán-Dynastie schätzten die Gottheit Wahrer Krieger sehr hoch, vor allem Kaiser Rénzōng 仁宗 der Yuán, dessen Geburtstag mit dem des Wahren Kriegers zusammenfiel, und der deshalb jedes Jahr am Tage ihrer Geburt in den Wǔdāng-Bergen eine Opferzeremonie stattfinden ließ, um Glückwünsche zu überbringen.

> *Der Geburtstag von Rénzōng* 仁宗 *fällt genau auf den Zeitpunkt, an dem der Wahre Krieger vom Himmel hernieder gestiegen ist. Deswegen werden jedes Jahr Gesandte geschickt, eine Goldene Opferzeremonie* (jīnjiào 金醮) *durchzuführen. Er beglückwünscht ihn mit den Fünf Drachen des Berges.*[9]

Diese zeremoniellen Aktivitäten anläßlich des kaiserlichen Geburtstages nahmen in der Zeit nach Kaiser Rénzōng 仁宗 noch soweit zu, daß innerhalb eines Jahres viermal gefeiert wurde. „Unter den verschiedenen Kaisern wird der Geburtstag jedes Jahr wieder genauso wie früher gefeiert."[10] Gemäß der schriftlichen Aufzeichnungen wurde während der zum Geburtstag abgehaltenen Goldenen-Register-Zeremonie (*jīnlù dàjiào* 金籙大醮) brennendes Räucherwerk um den heiligen Ort der Zeremonie herumgetragen. „Am Tage des Geburtstages umkreist man mit Weihrauchbehältern den Ort der Zeremonie, die Opferzeremonie findet in Wǔdāng [im Bezirk] Xiāngyáng 襄陽 statt."[11] Diese Aktivitäten hatten ziemlich große Wirkung auf die Gesellschaft. In dem Werk *Gipfel der Audienz beim Kaiser* (*Cháodìfēng* 朝帝峰) des Luō Tíngzhèn 羅霆震 aus der Yuán-Zeit heißt es:

> *Die höchsten Heiligen steigen vom Himmel herunter und unter den hellen Klängen kleiner Glöckchen machen sie halt. Drachen kreisen in den Lüften und Phönixe tanzen, die zehntausend Berge drehen sich. Die Gipfel im Vordergrund sehen wie verschiedenartige Formen von Hüten aus. In der Ferne erblickt man die Türme, [von denen] laut rufend die Glückwünsche für ein langes Leben und Frieden überbracht werden.*

Ferner heißt es in der Schrift *Terrasse, auf der die klassischen Schriften gesungen werden* (*Sòngjīngtái* 誦經臺):

> *Die klaren Stimmen der Unsterblichen erheben sich und regen die zehntausend Geistwesen an. Vom numinosen Altar erklingen die Worte und breiten sich in den*

---

9 [Yuán] Jiē Xīsī 揭傒斯: *Gedenktafel der glückverheißenden Vorzeichen am Palast desLangen Lebens der Wundersamen Vorzeichen in Form der großen Fünf Drachen* (*Dà wǔlóng língyìng Wànshòugōng ruìyìng bēi* 大五龍靈應萬壽宮瑞應碑).

10 *Gedenktafel, die von der Großen Yuán-Dynastie an den Palast des Langen Lebens der Wundersamen Vorzeichen in Form der großen Fünf Drachen in den Wǔdāng-Bergen überreicht wurde* (*Dà Yuán chìcì Wǔdāngshān dà wǔlóng língyìng Wànshòugōng bēi* 大元敕賜武當山大五龍靈應萬壽宮碑).

11 [Yuàn] Ōuyáng Xuán 歐陽玄: *Aufzeichnung darüber, wie in der Zhōngxìng* 中興*-Straße der Palast der Unsterblichen Stadt der Neun Alten errichtet wurde* (*Zhōngxìnglù chuàngjiàn Jiǔlǎo xiāndūgōng jì* 中興路創建九老仙都宮記). In: *Abriß der daoistischen Bronze- und Steininschriften* (*Dàojiā jīnshí lüè* 道家金石略).

Himmel aus. Dann hört man die Rede vom Thron des Drachenfürsten, und wie früher reihen sich die fünf Sterne wie Perlen in einer Kette auf.

Diese Art des Singens und Rezitierens klassischer Schriften und des daoistischen Gesangs und Tanzes, die vom Kaiserhof direkt organisiert waren, fanden nicht nur in großem Umfang statt und waren hoch angesehen, sondern hatten auch weitreichenden Einfluß.

Die glorreichste Zeit für die daoistische Musik der Wǔdāng-Berge war die Míng-Dynastie. Zu Beginn der Míng gründete Kaiser Tàizǔ 太祖, mit Namen Zhū Yuánzhāng 朱原璋, die Behörde für die Dunkle Lehre (Xuánjiàoyuàn 玄教院), in welcher der Daoismus des gesamten Landes verwaltet wurde. Im 15. Jahr der Regierungsdevise Hóngwǔ 洪武 (1382) wurde sie in „Zentrale Daoistische Registratur" (Dàolùsī 道錄司) umbenannt und in die beiden Abteilungen der Vollkommenen Wahrhaftigkeit (Quánzhēn 全眞) und der Orthodoxen Einheit (Zhèngyī 正一)[12] unterteilt. Die Registratur wurde dem Ministerium für Riten (Lǐbù 禮部) untergeordnet. Kaiser Tàizǔ 太祖 errichtete das Kloster der Göttlichen Musik (Shényuèguàn 神樂觀), für den der Daoist Lěng Qiān 冷謙 die Musik festlegte. Nachdem Kaiser Chéngzǔ 成祖 der Míng den Thron bestiegen hatte, wurden die [Anlagen in den] Wǔdāng-Bergen in großem Umfang renoviert. Der Kaiser war auch auf musikalischem Gebiet erfolgreich, er verfaßte persönlich das Werk *Vom Kaiser der Großen Míng ausgearbeitete melodische Verse der Dunklen Lehre* (*Dà Míng yùzhì xuánjiào yuèzhāng* 大明御制玄教樂章), das er den Wǔdāng-Bergen überbrachte, um es dort vortragen zu lassen. Dazu schickte er 400 Tänzer und Sänger aus dem Kloster der göttlichen Musik in die daoistischen Tempel der Wǔdāng-Berge. Dieses in der Geschichte beispiellose Vorgehen, die daoistische Musik der Wǔdāng-Berge im Rang vor die höfische Musik der kaiserlichen Paläste zu stellen, war in musikalischer Hinsicht die wichtigste Aktivität jener Zeit. Gleichzeitig wurde dadurch auch der besondere Platz der daoistischen Musik der Wǔdāng-Berge innerhalb der chinesischen Musikgeschichte festgelegt.

Die *Vom Kaiser der Großen Míng ausgearbeiteten melodische Verse der Dunklen Lehre* setzen sich aus drei Teilen zusammen: melodische Verse für den Lobgesang am Altar, melodische Verse für den Obersten Kaiser des Dunklen Himmels und melodische Verse für den Wahren Fürsten großer Güte und wirkkräftiger Hilfe (Hóngēn língjì zhēnjūn 洪恩靈濟眞君). Sie benutzen das auf Worten basierende Notensystem (*gōngchěpǔ* 工尺譜) und enthalten insgesamt 14 daoistische Lieder.

Die melodischen Verse für den Lobgesang am Altar sind unterteilt in die Abschnitte *Empfang des Wind-Wagens* (*Yíng fēngniǎn* 迎風輦), bestehend aus sechs Liedern, *Musik unter dem Himmel* (*Tiānxiàyuè* 天下樂), dem Zwischenstück *Über Heilige und Weise* (*Shèngxiānjì* 聖仙記) und dem Zwischenstück *Lied über den azurfarbenen Himmel* (*Qīngtiāngē* 青天歌). Es sind vom Kaiser persönlich geschriebene Melodien, die den festgelegten Standard bilden, der für die in daoistischen Opferzeremonien vor-

[12] Zwei der wichtigsten Strömungen im Daoismus. [Anm. d. Üb.]

getragenen Stücke gilt. Die melodischen Verse für den Obersten Kaiser des Dunklen Himmels bilden das zentrale Stück der *Vom Kaiser ausgearbeiteten melodischen Verse*. Sie sind unterteilt in die Stücke *Empfang der unsterblichen Gäste* (*Yíng xiānkè* 迎仙客) in acht Liedern, *Schritt um Schritt höher steigen* (*Bùbù gāo* 步步高) und *Freude der berauschten Unsterblichen* (*Zuìxiān xǐ* 醉仙喜). Die melodischen Verse besingen die Verlängerung des Lebens des Großen Kaisers Wahrer Krieger, seinen Aufstieg als Unsterblicher und seine Erlangung des Dào. Weiter handeln sie davon, wie er vom Jadekaiser einen Titel verliehen bekam, persönlich das Kommando über die Wǔdāng-Berge übernahm und nun alle Wahrhaften im Reich befehligte. Den dritten Teil bilden die melodischen Verse für den Wahren Fürsten großer Güte und wirkkräftiger Hilfe. Der Wahre Fürst großer Güte und wirkkräftiger Hilfe ist ein Titel, der im Daoismus dem Xú Zhīdèng 徐知澄 und seinem jüngeren Bruder Xú Zhīè 徐知諤 aus der Südlichen Táng-Dynastie in der Zeit der Fünf Dynastien gemeinsam verliehen wurde. Die Gebrüder Xú 徐 dienten beide König Wú 吳, sie glaubten fest an die daoistische Lehre, waren ihrem Fürsten treu und liebten das Volk.

Mit dem Verfassen dieser melodischen Verse verfolgte Kaiser Chéngzǔ 成祖 das Ziel der Konsolidierung seiner Regierungsmacht. Im ersten Teil, den melodischen Versen für den Lobgesang am Altar, wird das Augenmerk auf eine ideologische Vereinheitlichung gerichtet, in ihnen wird der Frieden besungen. Der Zweck des zweiten Teils, den melodischen Versen für den Obersten Kaiser des Dunklen Himmels, liegt im Propagieren der „durch die Gottheiten erhaltenen kaiserlichen Macht“, der absoluten Autorität des Kaisers wird dadurch Geltung verschafft. Der Sinn des dritten Teils, den melodischen Versen für den Wahren Fürsten großer Güte und wirkkräftiger Hilfe, liegt in der Ermahnung des Volkes, sich gehorsam zu verhalten und die Gesetze zu befolgen.[13]

Bedauerlich ist, daß diese höfische Musik des Kaiserhofes in den Wǔdāng-Bergen nicht weiter überliefert wurde, da sie den Einflüssen der daoistischen Musik unterlag. Zur großen Blütezeit der Wǔdāng-Berge gab Kaiser Chéngzǔ 成祖 der Míng einer an den Thron gerichteten Bitte des Himmelsmeisters (*tiānshī* 天師) in der 44. Generation, Zhāng Yǔqīng 張宇清, statt und erließ den Befehl an Sūn Bìyún 孫碧雲 , hohe Daoisten aus dem ganzen Land in die Wǔdāng-Berge zu versetzen, um dort die verschiedenen Tempel zu verwalten. Dieses Vorgehen brachte die zeremonielle Altarmusik aus allen Gebieten des Landes in die Wǔdāng-Berge und löste somit die durch die kaiserliche Musik vereinheitlichte Situation auf. Der Umstand, daß sowohl der Stil der *Vom Kaiser der Großen Míng ausgearbeiteten melodische Verse der Dunklen Lehre* zu gewählt, als auch ihre Ausdrucksform zu umständlich war, war unvorteilhaft für ihre Verbreitung, und so erlebten sie allein in den Wǔdāng-Bergen eine kurze

13 Ausführlich dazu siehe: Zhù Jiànhuá 祝建華: *Die 'Vom Kaiser der Großen Míng ausgearbeiteten melodische Verse der Dunklen Lehre' und die daoistische Musik der Wǔdāng-Berge* (*Dà Míng xīnzhì xuánjiào yuèzhāng yǔ Wǔdāngshān dàojiào yīnyuè* 大明新制玄教樂章與武當山道教音樂). Im Hochschuljournal der Musikakademie Wǔhàn 武漢 *Gelbe Glocke* (*Huángzhōng* 黃鐘), 1990: 1.

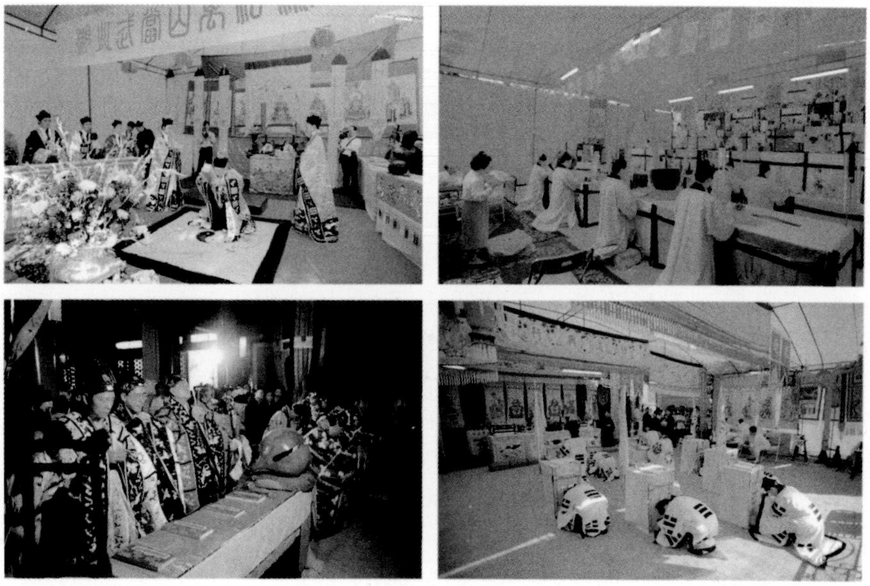

Wahrhaft mysteriöse Wahrheit in der Ahnenhalle der Lóngmén 龍門-Sekte („Sekte des Drachentores“)
Feier der *luōtiān* 羅天-Zeremonie am selben Altar

Ende 1994 fand in Peking im Kloster der Weißen Wolken (Báiyúnguàn 白雲觀) eine feierliche Messe des gesamten chinesischen Daoismus - eine *luōtiān* 羅天-Zeremonie - statt. Die Veranstalter waren das Kloster der Weißen Wolken in Peking, das Kloster der Grünen Kiefer (Qīngsōngguàn 青松觀) in Hongkong und der Palast des nach Süden weisenden Holzgatters (Mùzhà zhǐnángōng 木柵指南宮) in Táiwān 台灣. In der Organisation unterstützt wurden sie von [den Klöstern in] den Wǔdāng-Bergen in Húběi 湖北, vom Kloster der Weißen Wolken (Báiyúnguàn 白雲觀) in Shànghǎi 上海, vom Kloster des Mysteriösen Wunders (Xuánmiàoguàn 玄妙觀) in Sūzhōu 蘇州, vom Tempel, in dem die Schlichtheit umarmt wird (Bàopǔ dàoyuàn 抱樸道院) in Hángzhōu 杭州, vom Palast der Drei Anfänge (Sānyuángōng 三元宮) in Guǎngzhōu 廣州, von [den Klöstern in] den Qīngchéng 青城-Bergen (Qīngchéngshān 青城山) in Sìchuān 四川, vom Palast der Acht Unsterblichen (Bāxiāngōng 八仙宮) in Shǎnxī 陝西 sowie vom Tempel der Grünen Kiefer (Qīngsōngguān 青松館) in Australien. Ein derartiges Ereignis fand zum erstenmal in China statt. Nicht nur ehrwürdige Meister von großem Verdienst (*gāogōng fǎshī* 高功法師) aus über zehn Provinzen Chinas versammelten sich in großer Anzahl, um klassische Schriften zu rezitieren und zu beten, sondern auch „ausländische daoistische Meister“ beteiligten sich an der Verbreitung der chinesischen daoistischen Kultur. Zur Messfeier der *luōtiān* 羅天-Zeremonie wurden elf Altäre errichtet, es wurden Banner mit den 28 Sternbildern, Talismane für die 36 Himmelsgeneräle, Banner für die 24 Donnergottheiten und Fahnen mit wahrhaften Abbildungen der fünf Gipfel sowie große Banner mit dem Schriftzeichen *dào* 道 in allen vier Himmelsrichtungen aufgehängt. An einem Fahnenmast auf der linken Seite wurde die Fahne des Großen Jadekaisers gehißt, auf der rechten Seite das Banner des Himmlischen Würdigen des Höchsten Zweiten, der aus der Not rettet (Tàiyǐ jiùkǔ tiānzūn 太乙救苦天尊). 1500 Göttertafeln wurden an verschiedenen Plätzen aufgestellt. Die einzelnen Dokumente und Schriftstücke wurden in einer bestimmten Reihenfolge an den Altären angebracht. Auf jedem Altar wurden nach eigenem Schema Götterpodeste und Götterpulte aufgestellt. Da in den Wǔdāng-Bergen der Oberste Kaiser des Dunklen Himmels, der Wahre Krieger, der über die Donnergottheiten regiert, als Hauptgott verehrt wird, wurde ein ritueller Altar zur Opferdarbringung an die Sterne und zur Verehrung des Nordsterns aufgestellt.

Blüte und gingen dann schnell unter. In den Jahren der Regierungsperiode Wànlì 萬歷 [14] der Míng fand der Vorsteher des Palastes des Purpurnen Wolkenhimmels in der Grotte der Opferung des eigenen Lebens (Shěshēn yádòng 捨身崖洞) den *Klassiker der Pfauenkönigin* (*Shèngmǔ kǒngquè míngwángjīng* 聖母孔雀明王經) in drei Schriftrollen. In ihm sind die Lieder *Konzentriertes und stilles Gold* (*Yīdìng jīn* 一定金), *Arie vom klaren Fluß* (*Qīngjiāngyǐn* 清江引), *Die Blume, die den Boden ändert* (*Biàndì huā* 變地花), *Lied über das Pflücken von Tee* (*Cǎichágē* 采茶歌), *Zehn Opfergaben aufstellen* (*Shí gòngyǎng* 十供養) und weitere, an anderen Orten populäre, daoistische Lieder enthalten. Dadurch wird ersichtlich, daß die daoistische Musik der Wǔdāng-Berge in der späten Phase der Míng-Dynastie noch stärker zur Form der Volksmusik tendierte.

In der Qīng-Dynastie ging der Daoismus der Wǔdāng-Berge vom beamtischen Bereich in das Volk über. Wallfahrten und das Darbringen von Räucherwerk wurden zum Brauch der Landbevölkerung der Provinzen Hénán 河南, Sìchuān 四川, Húběi 湖北 und Shǎnxī 陝西. Die pilgernden Kolonnen brachten unter Pauken und Trompeten die Volksmusik aus allen Gebieten des Landes in die Wǔdāng-Berge, wodurch die dortige daoistische Musik noch weiter verweltlicht wurde. Betrachtet man die gängigen Melodien der daoistischen Musik der Wǔdāng-Berge, so wird ersichtlich, daß die Mehrheit von in der Qīng- und Republik-Zeit populären Melodien gebildet wird. Einige daoistische Stücke weisen vom Stil her, außer daß sie daoistische klassische Schriften verwenden und die Regeln der instrumentalen Zusammensetzung und der Vortragsweise bewahren, schon kaum mehr Unterschiede zur volkstümlichen Musik auf.

Der religiöse Dienst der Daoisten in den Wǔdāng-Bergen besteht aus täglich einer morgendlichen und einer abendlichen Andacht. Die für die Morgenandacht vorgeschriebene Zeremonie findet bei Anbruch jeden Tages statt. Nach dreimaligem rituellem Trommeln betreten die Daoisten in akkurater Kleidung die Tempelhalle und bieten dem großen Kaiser Wahrer Krieger Räucherwerk und Wasser dar. Sie psalmodieren die Stücke *Melodie von der Klarheit* (*Chéngqīngyùn* 澄清韻), *Trauer und Sorge* (*Diàoguà* 吊挂) und *Räucherwerk als Opfer darbringen* (*Xiāng gòngyǎng* 香供養). Dann rezitieren sie die *Magische Zauberformel von der Reinigung des Herzens* (*Jìngxīn shénzhòu* 淨心神咒), die *Magische Zauberformel von der Reinigung des Mundes* (*Jìngkǒu shénzhòu* 淨口神咒) und die *Magische Zauberformel von der Reinigung des Körpers* (*Jìngshēn shénzhòu* 淨身神咒). Daraufhin werden der *Ruhige Klassiker des Höchsten Fürsten Lǎo* 老*, der von der Beständigen Klarheit spricht* (*Tàishàng Lǎojūn shuō chángqīng jìngjīng* 太上老君說常清靜經), der *Wundersame Klassiker vom Aufstieg ins Mysteriöse, der Vertreibung von Unglück und dem Schutz des Lebens [aus der Abteilung] Tàishàng dòngxuán Língbǎo* 太上洞玄靈寶 [15] (*Tàishàng dòngxuán Língbǎo shēngxuán xiāozāi hùmìng miàojīng* 太上洞玄靈寶升玄消災

[14] Die Jahre 1573-1620. [Anm. d. Üb.]

[15] Die daoistischen Schriften werden in drei Abteilungen („Höhlen", *dòng* 洞) eingeteilt. Die Grundlage der *dòngxuán* 洞玄-Abteilung bilden die Língbǎo 靈寶-Schriften. [Anm. d. Üb.]

***luōtiān* 羅天-Zeremonie**

Die *luōtiān* 羅天-Zeremonie ist die größte Meßfeier unter den daoistischen Zeremonien. Das Ritual der *luōtiān* 羅天-Zeremonie ist im *Daoistischen Kanon* (*Dàozàng* 道藏) enthalten. Die Zeremonie wird hauptsächlich veranstaltet, um Sünden auszulöschen und eine Entschuldigung für Vergehen zu erlangen, um das Leben zu bewahren und zu verlängern, um die Dunkelheit zu vertreiben und von der Erkenntnis zu berichten und um für das Glück des Landes zu beten. Es ist eine äußerst feierliche Zeremonie.

護命妙經), der *Wahre Klassiker des Obersten Língbǎo 靈寶-Würdigen des Himmels, der von der Abwendung des Unheils durch Gebete und der Überwindung von Unglück spricht* (*Tàishàng Língbǎo tiānzūn shuō rángzāi dùè zhēnjīng* 太上靈寶天尊說禳災度厄眞經) und der *Wundersame Klassiker der Übereinstimmung des Herzens mit dem Jadekaiser in der Höhe* (*Gāoshàng Yùhuáng xīnyìn miàojīng* 高上玉皇心印妙經) rezitiert. Im Anschluß daran werden die verschiedenen würdigen Gottheiten beglückwünscht und das *Loblied der mittleren Halle* (*Zhōngtángzàn* 中堂贊) psalmodiert. Um den verschiedenen Gottheiten der Zehn Himmelsrichtungen Reue zu zeigen, wird die *Schrift von der Reue* (*Chànhuǐwén* 懺悔文) gesungen. Zur Lobpreisung der verschiedenen Himmelskaiser wird das *Kleine Loblied* (*Xiǎo zàn* 小贊) psalmodiert. Die *Zauberformel für die Geisterbeamten* (*Língguānzhòu* 靈官咒) und die *Zauberformel für den Boden* (*Tǔdìzhòu* (土地咒) werden zur Anbetung der Drei Klaren Himmel (Sān qīngtiān 三清天) rezitiert. Noch einmal verbeugt man sich gegenüber den Drei Klaren Himmeln, psalmodiert das *Bekenntnis an die Drei* (*Sān guīyī* 三皈依), und damit ist die Morgenandacht beendet. Die Daoisten in der Tempelhalle treten unter den Klängen der rituellen Musikinstrumente, dem Spiel der Orchestermusik und unter rituellem Trommeln vom Altar zurück und verlassen die Tempelhalle.

Die für die Abendandacht vorgeschriebene Form der Zeremonie gleicht im wesentlichen der des Morgendienstes. Da der Inhalt der Abendandacht hauptsächlich darin besteht, den Weg (*dào*) durch das Verständnis der klassischen Schriften zu erreichen, Nachsicht zu üben, gute Taten zu erwidern und alle Lebewesen zu erhalten, sind die gesungenen daoistischen Klassiker nicht völlig gleich. Hauptsächlich sind es *Der wundersame Klassiker von der Errettung aus der Not und der Beseitigung der Vergehen [aus der Abteilung] Tàishàng dòngxuán Língbǎo* (*Tàishàng dòngxuán Língbǎo jiùkǔ bázuì miàojīng* 太上洞玄靈寶救苦拔罪妙經), der *Wahre Klassiker des Uranfänglichen Himmlischen Würdigen, der vom Aufstieg zum Himmel und der Erlangung des Weges spricht* (*Yuánshǐ tiānzūn shuō shēngtiān dédào zhēnjīng* 元始天尊說升天得道眞經), der *Wundersame Klassiker des Obersten Fürsten des Dào, der von der Auflösung des Unrechts und der Beseitigung der Vergehen spricht* (*Tàishàng dàojūn shuō jiěyuān bázuì miàojìng* 太上道君說解冤拔罪妙經), die *Wertvollen Ratschläge der Mutter des großen Wagens* (*Dǒumǔ bǎogào* 鬥姆寶誥), die *Wertvollen Ratschläge aus den Drei Palästen* (*Sāngōng bǎogào* 三宮寶誥), und die *Wertvollen Ratschläge des Dunklen Himmels* (*Xuántiān bǎogào* 玄天寶誥).

Zeremonien (*zhāijiào* 齋醮) sind im Daoismus in großem Stil stattfindende daoistische Rituale. Vor der Zeremonie müssen sich die Meister von hohem Verdienst (*gāogōng* 高功) und alle an der Durchführung der Rituale Beteiligten dem Fasten und der Reinigung unterziehen. Die Ritualkleidung und die Schriften müssen alle mit hochwertigem Sandelholz geräuchert werden, so daß der Ort der Zeremonie unter allen Umständen rein ist. Dauern die zeremoniellen Aktivitäten länger als drei Tage, muß eine Zeremonie für das Darbringen von Opfern im großen Stil vorbereitet werden, wozu Flaggen gehißt und zeremonielle Schriftstücke aufgehängt werden. Die Goldene-Register-

Daoistische Rituale werden auch „Rituale für den Großen Wagen“ (*lǐdòu* 禮鬥) genannt. Dabei werden die sieben Sterne im Sternbild Großer Wagen verehrt, diese sind: „die Achse des Himmels“ (*tiānshū* 天樞), „die Spirale“ (*xuán* 旋), „die nicht ganz runde Perle“ (*jī* 璣), „das Laufgewicht“ (*quán* 權), „der Waagebalken“ (*héng* 衡), „das öffnende Yáng“ (*kāiyáng* 開陽) und „der schwingende Strahl“ (*yáoguāng* 搖光). Im Daoismus ist man der Ansicht, daß man von Unheil befreit wird und beständiges Glück und langes Leben erlangt, wenn man im Geiste den Großen Wagen betrachtet, sich zu ihm hin verbeugt und ihn anbetet, wenn man den Namen des Wahrhaften Fürsten des eigenen Lebens rezitiert und wenn man die eigene Lebenszeit nicht ungenutzt vorüberstreichen läßt.

Zeremonie (*jīnlù zhāijiào* 金籙齋醮) zum Beispiel, die vom Kaiser und den Adligen veranstaltet wird, ist eine Zeremonie für das Darbringen von Opfern in großem Stil, die in höchstem Maße standardisiert ist. Die Aufzeichnungen besagen, daß Kaiserin Wǔ 武 der Táng eine Opferzeremonie im Palast der Fünf Drachen veranstaltete und goldene Drachen und mit Inschriften versehene Jadeplättchen als Geschenke an die Gottheiten darbrachte. Die vom König von Xiāng 湘 in der Míng-Zeit nach der Opferzeremonie als Geschenk überbrachten Jadeplättchen, goldenen Drachen und Jadestücke sind bis heute erhalten. Kaiserin und kaiserliche Konkubinen konnten eine Jade-Register-Zeremonie (*yùlù dàjiào* 玉籙大醮) veranstalten. In der Yuán-Dynastie erließ die Kaiserin per Dekret die Durchführung einer Jade-Register-Zeremonie, in der durch Rituale für Regen und Schnee gebeten werden sollte; die *Chronik der Wǔdāng-Berge* (*Wǔdāngshān zhì* 武當山志) verzeichnet, daß diese Zeremonie zweimal stattfand. Veranstalteten Beamte eine Opferzeremonie, so hieß diese Gelbe-Register-Zeremonie (*huánglù zhāijiào* 黃籙齋醮) oder auch *luōtiān* 羅天-Zeremonie („Zeremonie des Ausbreitens der Himmel"). An den Mauern der Tempel in den Wǔdāng-Bergen gibt es darüber überall in den Stein gravierte Aufzeichnungen.

Meistens dauert die Opferzeremonie drei, fünf oder sieben Tage. Es gibt auch neuntägige und 49-tägige Opferzeremonien oder auch den Fall, daß innerhalb eines oder zweier Jahre zeremonielle Aktivitäten an einem rituellen Ort stattfinden. Wenn Opferzeremonien in Tempeln veranstaltet werden, so dauern sie gewöhnlich drei oder fünf Tage. Die Durchführung einer Opferzeremonie bedarf eines sehr hohen Aufwands an Arbeitskräften und finanziellen Mitteln. Es dauert zwei Monate, bis die verschiedenen rituellen Schriftstücke geschrieben sind. Sie werden mit dem Pinsel in Normalschrift geschrieben, und kein Zeichen darf falsch oder nachträglich hinzugefügt sein.

Ende 1994 fand in Peking im Kloster der weißen Wolken (Báiyúnguàn 白雲觀) eine feierliche Messe des gesamten chinesischen Daoismus - eine *luōtiān* 羅天-Zeremonie - statt. Die Veranstalter waren das Kloster der Weißen Wolken in Peking, das Kloster der Grünen Kiefer (Qīngsōngguàn 青松觀) in Hongkong und der Palast des nach Süden weisenden Holzgatters (Mùzhà zhǐnángōng 木柵指南宮) in Táiwān 台灣. In der Organisation unterstützt wurden sie von [den Klöstern in] den Wǔdāng-Bergen in Húběi 湖北, vom Kloster der Weißen Wolken (Báiyúnguàn 白雲觀) in Shànghǎi 上海, vom Kloster des Mysteriösen Wunders (Xuánmiàoguàn 玄妙觀) in Sūzhōu 蘇州, vom Tempel, in dem die Schlichtheit umarmt wird (Bàopǔ dàoyuàn 抱樸道院) in Hángzhōu 杭州, vom Palast der Drei Anfänge (Sānyuángōng 三元宮) in Guǎngzhōu 廣州, von den [den Klöstern in] Qīngchéng 青城-Bergen (Qīngchéngshān 青城山) in Sìchuān 四川, vom Palast der Acht Unsterblichen (Bāxiāngōng 八仙宮) in Shǎnxī 陝西 sowie vom Tempel der Grünen Kiefer (Qīngsōngguān 青松館) in Australien. Ein derartiges Ereignis fand zum erstenmal in China statt. Nicht nur ehrwürdige Meister von großem Verdienst (*gāogōng fǎshī* 高功法師) aus über zehn Provinzen Chinas versammelten sich in großer Anzahl, um klassische Schriften zu rezitieren und zu beten, sondern auch „ausländische daoistische Meister" beteiligten sich an der Verbreitung der chinesischen

協贊中天

daoistischen Kultur. Zur Messfeier der *luōtiān* 羅天-Zeremonie wurden elf Altäre errichtet, es wurden Banner mit den 28 Sternbildern, Talismane für die 36 Himmelsgeneräle, Banner für die 24 Donnergottheiten und Fahnen mit wahrhaften Abbildungen der fünf Gipfel sowie große Banner mit dem Schriftzeichen *dào* 道 in allen vier Himmelsrichtungen aufgehängt. An einem Fahnenmast auf der linken Seite wurde die Fahne des Großen Jadekaisers gehißt, auf der rechten Seite das Banner des Himmlischen Würdigen des höchsten Zweiten, der aus der Not rettet (Tàiyǐ jiùkǔ tiānzūn 太乙救苦天尊). 1500 Göttertafeln wurden an verschiedenen Plätzen aufgestellt. Die einzelnen Dokumente und Schriftstücke wurden in einer bestimmten Reihenfolge an den Altären angebracht. Auf jedem Altar wurden nach eigenem Schema Götterpodeste und Götterpulte aufgestellt. Da in den Wǔdāng-Bergen der Oberste Kaiser des Dunklen Himmels, der Wahre Krieger, der über die Donnergottheiten regiert, als Hauptgott verehrt wird, wurde ein ritueller Altar zur Opferdarbringung an die Sterne und zur Verehrung des Nordsterns aufgestellt.

Im Jahre 1996, im 9. Monat des Mondkalenders, veranstaltete die Daoistische Gesellschaft der Wǔdāng-Berge im Palast des Purpurnen Wolkenhimmels eine Kaiserliche-Altar-Zeremonie (*huángtán zhāijiào* 皇壇齋醮) anläßlich des 9. Tages des 9. Monats. Dazu wurde ein kaiserlicher Altar der Purpurnen Leere (*zǐxū huángtán* 紫虛皇壇) errichtet, Opfer an die Sterne dargebracht und der Nordstern verehrt, für die Abwendung von Unheil und für Glück gebetet sowie um Frieden im Land und Harmonie im Volk gebeten. Der Altar bestand aus drei Ebenen: einem äußeren Altar, einem mittleren Altar und einem inneren Altar. Der äußere Altar wurde ebenerdig errichtet, seine Grundfläche betrug 419,9 Quadratmeter. Der mittlere Altar war 80 cm höher als der äußere Altar und seine Grundfläche betrug 416,7 Quadratmeter. Der innere Altar war wiederum um 70 cm höher als der mittlere Altar und hatte eine Grundfläche von 413,5 Quadratmetern. Insgesamt hatte der Altar Terrassenform. In Übereinstimmung mit den Himmelsrichtungen wurden an den Seiten Zugänge angebracht. Auf jeder Ebene wurden an den Seiten sieben Masten aufgereiht, deren Spitzen mit Kappen geschmückt wurden. Außerdem wurde jede Seite mit sieben Laternen dekoriert (verschiedenartige Laternen, wie Laternen der 28 Sternbilder, Laternen der Drei Klarheiten (Sānqīng 三清), Laternen der Vier Kaiserlichen (Sìyù 四御), der Sieben Sterne, der Fünf Wandlungsphasen, der Neun Paläste, der Acht Trigramme und der Drei Terrassen), insgesamt waren es 147 Laternen. Weiterhin wurden Talismane in Form von Spruchbändern für die Fünf Himmelsrichtungen, die Fünf Wandlungsphasen und die 36 Himmelsgeneräle aufgehängt. Auf dem inneren Altar wurden Statuen der Drei Klarheiten und der Vier Kaiserlichen, des Wahren Kriegers, der Mutter des Großen Wagens, des Vaters des Großen Wagens, der Minister, der hohen beratenden Beamten, der Sternenfürsten der Sternbilder Schütze, Großer Wagen und der 28 Sternbilder sowie des Sternenfürsten der Drei Terrassen aufgestellt. In einem scheffelförmigen Behälter wurden die fünf Getreidearten dekoriert, in die Schere, Maßband, Waage, Spiegel und eine Laterne gesteckt wurden. Um den Altar herum wurden 1300 Gedenktafeln plaziert. 28 daoistische Meister beteten auf der Terrasse des Großen Wagens (Běidǒu tái 北鬥台) die Sternenfürsten der Sternbilder Südlicher Scheffel (*nándǒu* 南鬥), Östlicher Scheffel (*dōngdǒu* 東鬥), Westlicher Scheffel (*xīdǒu* 西鬥) und Nördlicher Scheffel (*běidǒu* 北鬥)[16] an. Vier in grüner, roter, weißer und schwarzer Ritualkleidung bekleidete Mädchen beteten im Gefolge und bewegten sich in der Kreisbahn der Sterne und Sternbilder. 36 daoistische Meister, die in grüner, roter, weißer und schwarzer Ritualkleidung, geschmückt mit den Acht Trigrammen und dem Symbol des *tàijí* 太極[17], gekleidet waren, machten in Übereinstimmung mit den Himmelsrichtungen den Gottheiten respektvoll ihre Aufwartung. Dann bewegten sie sich gemäß der Kreisbahn der Sterne und Sternbilder und vollzogen die Schritte der Acht Trigramme, drehten sich in Form des *tàijí* 太極 und gingen den Schritt des Yǔ 禹 (*Yǔ bù* 禹步). Unter den feinen Tönen von *shēng* 笙, *guǎn* 管, *dí* 笛 und *xiāo* 簫[18] und unter der Führung Blumen streuender Mädchen verbreiteten sanfte Donnerklänge die heiligen Namen der Himmlischen Würdigen und die zahlreichen Gläubigen wurden von den 36 Meistern angeführt, sich im Kreise um den Altar zu drehen.

Daoistische Zeremonien werden in Yáng-Opferzeremonien und in Yīn-Opferzeremonien unterteilt. Die gerade beschriebene stellt eine Yáng-Zeremonie dar. Bei der Yīn-Zeremonie wird zur Aussendung der Barmherzigkeit in alle Richtungen und zur Rettung der Seelen aus dem Fegefeuer nach der Eröffnung des Altars zuerst eine halbe Stunde lang Instrumentalmusik vorgetragen. Der Meister des großen Verdienstes, gekleidet in schwarzer Ritualkleidung, umkreist unter Trommelklängen dreimal den Altar, und Ritualbeamte reichen Räucherwerk nach oben. Der Meister des großen Verdienstes nimmt das Räucherwerk in Empfang und steigt auf den Altar, er brennt Weihrauch für den Himmlischen Würdigen des Höchsten Zweiten, der aus der Not rettet, ab und geleitet die zahlreichen Ritualmeister (*fǎshī* 法師) mit daoistischem Gruß[19] zum Gottesdienst. Es werden die Melodien *In der Leere schreiten* (*Bùxū* 步虛), und *Der Thron des Barmherzigen Würdigen* (*Cízūn zuò* 慈尊座) gesungen. Man bringt die Bitte vor, der Kaiser der Östlichen Blüte möge die Tür zur Darlegung seiner Lehre öffnen und singt die *Arie der Östlichen Blüte* (*Dōnghuáyǐn* 東華引). Ehrerbietig wird den himmlischen Gottheiten Drei Klarheiten mitgeteilt, sie mögen herniedersteigen und am Bankett [in Form der ihnen dargebrachten Opfergaben] teilnehmen, wozu man das Lied *Palast der Drei Klarheiten* (*Sānqīnggōng* 三清宮) singt. Die verschiedenen

---

16 Der Südliche Scheffel entspricht dem Sternbild Schütze, der Nördliche Scheffel dem Großen Wagen. Die Sternbilder Östlicher Scheffel und Westlicher Scheffel konnten nicht genau identifiziert werden. [Anm. d. Üb.]

17 Das Symbol des *tàijí* 太極 ist das uns als Symbol für Yīn und Yáng bekannte kreisförmige, schwarzweiße Symbol mit weißem Punkt auf der schwarzen Seite und umgekehrt. [Anm. d. Üb.]

18 *Shēng* 笙 ist ein Blasinstrument mit Mundstück und 13 bis 19 orgelpfeifenartig angebrachten Flöten, *guǎn* 管 ist eine Flöte mit sechs Löchern, *dí* 笛 bezeichnet eine Flöte und *xiāo* 簫 ist eine Langflöte aus Bambus. [Anm. d. Üb.]

19 Bei diesem daoistischen Gruß wird die flache Hand senkrecht und mit der Handfläche zur Seite vor das Gesicht gehalten. [Anm. d. Üb.]

Prächtig glänzt der Mond in dieser Herbstnacht am Himmel über den Bergen,
Alleine steige ich zur Terrasse aus kostbarem Stein empor und betrachte die jadene Stadt.
36 Paläste [befinden sich] am Ende der Milchstraße,
Es erklingen die schwebenden und unsterblichen Töne von *áo* 璈 [1] und *qìng* 磬 [2]
und vom Schreiten in der Leere.

Von [Míng] Xǔ Zōnglǔ 許宗魯: *Verse vom Schreiten in der Leere* (*Bùxū cí* 步虛詞)

---

[1] Das *áo* 璈 ist ein antikes chinesisches Schlaginstrument. [Anm. d. Üb.]
[2] Das *qìng* 磬 ist ein topfförmiges Schlaginstrument aus Messing. [Anm. d. Üb.]

Gottheiten und Unsterblichen werden ehrfurchtsvoll gebeten, ihre Barmherzigkeit auf den Ort der Zeremonie hinabzusenden, wozu die *Zauberformel über das Aufschauen und die Eröffnung* (*Yǎngqǐzhòu* 仰啓咒) gesungen wird. Zahlreiche Gottheiten werden angebetet, die Verstorbenen zu erretten und die dunklen *hún* 魂-Seelen zum Himmel aufsteigen zu lassen, dann wird die Melodie *Gelbe-Register-Zeremonie* (*Huánglùzhāi* 黃籙齋) gesungen. Im Anschluß werden den verschiedenen Gottheiten die Fünf Opfergaben Räucherwerk, Blumen, Laternen, Wasser und Früchte dargeboten und das Lied *Fünf Opfergaben aufstellen* (*Wǔ gòngyǎng* 五供養) gesungen. Daraufhin visualisiert der Meister des hohen Verdienstes die Körpergottheiten und verwandelt sich in den Himmlischen Würdigen, der aus der Not rettet. In der Hand hält er einen Topf voll erquickenden Taus und Weidenzweige, er vollzieht ein Regenritual und schreitet den Schritt des Yǔ 禹, er rezitiert das Stück *Besiegen der Hölle* (*Pò dìyù* 破地獄) und den *Zauberspruch der Verfolgung der hún* 魂*-Seelen* (*Zhuīhúnzhòu* 追魂咒). Dann singt er den *Zauberspruch der Unterwelt Fēngdū* 豐都 (*Fēngdūzhòu* 豐都咒) und *Besiegen der 18-stöckigen Hölle* (*Pò shíbā céng dìyù* 破十八層地獄). Er ruft die verwaisten *hún* 魂-Seelen und wilden Geister, sich zum Bankett zu begeben und singt *Seufzende Worte* (*Tànwén* 嘆文), die *Kleine Arie von der Hilfe aus der Not* (*Xiǎo jiùkǔyǐn* 小救苦引) und die *Arie der finsteren Unterwelt* (*Yōumíngyǐn* 幽冥引). Er bittet die Skelette der Verstorbenen, herbeizukommen und sich zu versammeln und singt dazu *Herbeirufen* (*Zhāoqǐng* 召請) und *Seufzende Skelette* (*Tàn kūlóu* 嘆骷髏). Er bittet die Fünf Kaiser, die Geister wieder auferstehen zu lassen und singt *Die Fünf ändern das Schicksal* (*Wǔgé fúmìng* 五革符命). Er lädt die zahlreichen Geister ein, sich satt zu essen und singt den *Klassiker der Fünf Küchen* (*Wǔchú jīng* 五廚經). In diesem Moment hat die Zeremonie ihren Höhepunkt erreicht. Der Meister des hohen Verdienstes und die Ritualmeister singen das Stück *Aufstellen von Essen* (*Fàng shí* 放食) und sprechen den verschiedenen Gottheiten des Himmels ihre Dankbarkeit aus. Zum Schluß vollzieht der Meister des hohen Verdienstes den daoistischem Gruß zur Ehrerbietung, und alle zusammen singen das *Bekenntnis an die Drei* (*Sān guīyī* 三皈依). Damit ist die Zeremonie beendet.

Der Jadekaiser ist eine der ehrwürdigen Gottheiten, denen im Daoismus der Wǔdāng-Berge geopfert wird. Jedesmal an seinem Geburtstag wird deshalb eine Zeremonie mit daoistischer Musik abgehalten, bei der die *Gesammelten Schriften über das tugendhafte Verhalten des Jadekaisers* (*Yùdì běnxíng jíjìng* 玉帝本行集經) gesungen werden. Ihr Inhalt lobpreist den Jadekaiser und die himmlischen Götter Drei Klarheiten und bittet um Herabsendung von Glück und Vertreibung von Unheil. Die Singweise dieses Stückes ähnelt der jener Stücke, die zur Morgen- und Abendandacht rezitiert werden, der Stil ist von altertümlicher Einfachheit, aber dennoch gewählt.

Der im Daoismus der Wǔdāng-Berge als Hauptgott verehrte Große Kaiser Wahrer Krieger ist der Ahnherr [des Daoismus der Wǔdāng-Berge]. Jedesmal am Geburtstag des Wahren Kriegers und an dem Tag, als er zum Himmel aufgestiegen ist (3. Tag des 3. Monats und 9. Tag des 9. Monats), wird in den Wǔdāng-Bergen eine musikalische

Respektvolles Aufschauen zu den Türmen des Himmels und Verehrung des Großen Wagens, um für das Land und die Menschen Glück und Gesundheit zu erbitten.

Zeremonie [mit dem Namen] *Bittschrift an den Ahnherrn* (*Shàng zǔshī biǎo* 上祖師表) veranstaltet. Aus allen Richtungen formen sich die Gläubigen zu Gruppen, bereisen Land und Wasser und ziehen auf ihrer Pilgerfahrt vorwärts. Die Laiendaoisten aus der Umgebung wollen ebenfalls in die Berge kommen, um ihre Wünsche vorzubringen. Die gegenwärtige [Zeremonie] *Bittschrift an den Ahnherrn* besteht aus neun rezitativen Gesängen. In den Liedtexten wird beschrieben, wie die Daoisten und Gläubigen ihre Herzenswünsche auf gelbes Bittschriftenpapier schreiben, es unter den Klängen von Gesang und Tanz zusammen mit Räucherwerk und Früchten dem Ahnherrn vorlegen, und wie sie den Großen Kaiser Wahrer Krieger um das Geschenk seiner glänzenden Gunst und den Segen der Erfüllung ihrer Wünsche bitten. Nachdem sie den lobpreisenden Klassiker rezitiert haben, wird die Bittschrift in einem Weihrauchbrenner verbrannt, und durch den grünen Rauch steigt sie nach oben auf zur himmlischen Halle.

Die daoistische Musik der Wǔdāng-Berge läßt sich in Kompositionen für Vokalmusik, Kompositionen für Instrumentalmusik und in Kompositionen für liedhaften Gesang unterteilen. Bei den Kompositionen für Vokalmusik gibt es Yáng-Melodien und Yīn-Melodien. Die Yáng-Melodien werden für Langlebige, die das Dào kultivieren, und aufsteigende Unsterbliche verwendet. Bei den Yīn-Melodien ist es umgekehrt, sie werden gesungen, um die Rückkehr von verwaisten *hún* 魂-Seelen und von wilden Geistern [zu bewirken]. Bei den Kompositionen für Instrumentalmusik gibt es formale Musikstücke (*zhèngqǔ* 正曲), informelle Musikstücke (*shuǎqǔ* 耍曲) und Stücke für rituelle Musikinstrumente. Die formalen Musikstücke sind reguläre Stücke von starker religiöser Färbung, die informellen Musikstücke sind meist Stücke der Volksmusik.[20] Die Stücke für rituelle Musikinstrumente werden von verschiedenen Schlaginstrumenten gespielt. Da viele Schlaginstrumente, wie das große Becken *nào* 鐃, das Becken *bó* 鈸, der Gong, Trommeln, der hölzerne Fisch *mùyú* 木魚[21], Glocken und das Schlaginstrument *qìng* 磬[22] von den Daoisten als rituelle Gegenstände betrachtet werden, die magische Funktionen besitzen, wurden für ihre Anwendung entsprechende Regeln festgelegt. In den Kompositionen für liedhaften Gesang spiegeln sich die Inhalte der Musikstücke wider. Heutzutage steht der größte Teil der daoistischen Kompositionen für liedhaften Gesang der Wǔdāng-Berge in Beziehung zum rituellen Programm und zum Inhalt der klassischen Schriften, vorwiegend stehen sie im Dienste der Zeremonien.

Die daoistische Musik der Wǔdāng-Berge besitzt eine besondere Art der Spannung. In dieser besonderen Atmosphäre werden die Natur, die Berge, Flüsse, Tempel und

---

[20] Takimoto Yuzo und Lin Hong beschreiben den Unterschied folgendermaßen: Formale Musikstücke *zhèngqǔ* 正曲 stehen im rituellen Kontext, während informelle Musikstücke *shuǎqǔ* 耍曲 im säkularen Kontext stehen. Letztere dienen eher dazu, das Interesse des Volkes an den Veranstaltungen zu wecken. Vgl. *Daoism Handbook*, S. 749. [Anm. d. Üb.]

[21] Ein Schlaginstrument aus einem ausgehöhltem Holzblock. [Anm. d. Üb.]

[22] Topfförmiges Schlaginstrument aus Messing. [Anm. d. Üb.]

Glocken klingen majestätisch in den Hallen der Unsterblichen,
der Glanz der Laternen spiegelt sich in den Räumen des Dào.
Auf jadenen Altären wird klares Wasser als Opfer dargebracht,
aus steinernen Dreifüßen steigt kostbarer Weihrauch auf.
Die Hymnen vom wahrhaften Ursprung werden vorgetragen,
der Platz der verdienstvollen Tugend festlich eröffnet.
Knaben mit duftenden Lilien mischen Jade-Milch,
gefiederte Gäste bieten Sirup aus Orchideen an.
Schwerter und Zauberformeln schlagen Dämonen in die Flucht,
Talismane und Register gewähren andauernde Gunst.
Die Klänge der Klassiker vermengen sich mit denen von Flöten
und Schlaginstrumenten,
die Schatten der Fahnen lassen die Palastwände in Bewegung treten.
Klar und deutlich erhellen die Sterne die Hallen,
leise und sanft nimmt der Mond in den Korridoren seinen Lauf.
Still sitzend betrachtet man die Schönheit dieser geheimnisvollen Sphäre,
und vergißt die Welt dabei für eine Weile.

Von [Míng] Gōng Bǐngdé 龔秉德: *Acht Strophen über eine Übernachtung im Palast des Purpurnen Wolkenhimmels und das Erlebnis einer überwältigenden Opferzeremonie*
(*Sù Zǐxiāogōng gōngyuè jiàoshì mànchéng bāyùn* 宿紫霄宮躬閱醮事漫成八韻)

Abwechselnd erklingen die Acht Töne[1], Glocken und Trommeln werden geschlagen, zum Schutz des Landes und der Menschen beginnt das rituelle Fest.

[1] Die Acht Töne sind die Klänge von Seide, Bambus, Metall, Stein, Holz, Keramik, Leder und dem Flaschenkürbis. [Anm. d. Üb.]

die daoistischen Persönlichkeiten zu einem Ganzen verschmolzen und erwecken im Zuhörer das Gefühl von etwas Zauberhaftem. In der Schrift *Palast des Purpurnen Wolkenhimmels* (*Zǐxiāogōng* 紫霄宮) von Zhāng Wéi 張維 aus der Míng-Zeit heißt es: „Ungeahnt dringt die Musik der Unsterblichen von außerhalb des Himmels herüber, die Wolken über den Bergketten kehren alle vollständig in die Berghöhlen zurück." Der mingzeitliche Autor Gāo Chántíng 高潺亭 schreibt in *Palast des Zusammenkunft mit dem Wahrhaftigen* (*Yùzhēngōng* 遇眞宮): „Die Wolkenwagen übersteigen die Außenseite der Bergketten, die Musik der Unsterblichen schwebt in der Luft." Wāng Dàshòu 汪大受 aus der Míng-Zeit formuliert in *Palast des Purpurnen Wolkenhimmels* (*Zǐxiāogōng* 紫霄宮): „Unvermutet vernehme ich die unsterbliche Musik, wie sie aus den Lüften herabsteigt und schlagartig werde ich mir bewußt, daß ich auf den Palasttreppen des Jadekaisers umherwandle." In ihrem langwierigen Entwicklungsprozeß bildete die daoistische Musik der Wǔdāng-Berge die verschiedensten musikalischen Formen aus, wie Sologesang, rezitativer Gesang, Sologesang im Wechsel mit einem Chor, Chorgesang, das Spiel von Blas- und Schlaginstrumenten und instrumentales Ensemblespiel. Durch flexible Abänderungen und Zusammensetzungen war sie in der Lage, sich den unterschiedlichen religiösen Situationen und zeremoniellen Anforderungen anzupassen. Die Musik hat beim Herbeirufen von Gottheiten und Aussenden von [himmlischen] Generälen sowie beim Herbeizaubern von Wind und Regen, welche alle wichtige Funktionen des Daoismus darstellen, den mikroskopischen Effekt einer Nahaufnahme. In der Zeremonie, welche sich aus den Elementen der daoistischen Stücke „In der Leere Schreiten"[23] und „Schritt des Yǔ 禹" in Verbindung mit Gesängen, Hymnen und Lobliedern zusammensetzt, wurden auf kunstvolle Weise Bestandteile des volkstümlichen Tanzes der Schamanen und des volkstümlichen Theaters integriert, und die Attraktivität und der Unterhaltungswert dadurch erhöht. Unter der Landbevölkerung hat das Betrachten einer rituellen Zeremonie denselben Stellenwert wie das Betrachten eines Theaterstücks oder das Anhören eines Konzerts. Heutzutage sind diese „klaren und vollkommenen Töne" der daoistischen Musik immer noch zu hören. Die tiefgründigen, romantischen Lieder hallen lieblich und sanft, verschwommen und nicht genau wahrnehmbar in den Tempelhallen und den Tiefen der weiten Berge wider.

[23] „In der Leere Schreiten" (*bùxū* 步虛) bezeichnet zum einen das Umhergehen und den Gesang der Daoisten auf dem Altar während einer Zeremonie; zum anderen ist es der Name einer in den Zeremonien häufig verwendeten Melodie. [Anm. d. Üb.]

Bronzene Statue des Zhāng Sānfēng 張三豐 (Míng-Zeit)

Das Gōngfū der Wǔdāng-Berge

Das Wǔdāng-Gōngfū 功夫 ist eine wichtige Schule der chinesischen Kampfkünste, die ebenso bekannt ist wie das Shǎolín 少林-Gōngfū. Rühmende Worte lauten: „Im Norden schätzt man Shǎolín 少林, im Süden verehrt man Wǔdāng". Shǎolín 少林 wird gewöhnlich als „äußere Stile" (*wàijiā* 外家), Wǔdāng als „innere Stile" (*nèijiā* 内家) bezeichnet.

Der Überlieferung nach ist der Begründer des Wǔdāng-Gōngfū der legendäre Daoist Zhāng Sānfēng 張三豐. Die Angaben in den Geschichtswerken über Zhāng Sānfēng 張三豐 weisen jedoch beträchtliche Diskrepanzen auf. In dem Werk *Quelle der Wörter* (*Cíyuán* 辭源)[1] heißt es:

> *Zhāng Sānfēng* 張三豐 *(1) Meister der Angriffs- und Abwehrtechniken, auch Zhāng Sānfēng* 張三峰 *genannt. Ein Alchemist der Wǔdāng-Berge, bewandert in den Künsten des Faustkampfes. (2) Daoist der Míng-Zeit, aus Yìzhōu* 懿州 *in Liáodōng* 遼東 *stammend, [...] er hielt sich einst in den Wǔdāng-Bergen auf. [...] Seine Biographie ist in der* Dynastiegeschichte der Míng (Míngshǐ 明史) *enthalten.*

Verwirrend ist, daß das Werk *Quelle der Wörter* zwei Personen namens Zhāng Sānfēng 張三豐 aufführt. Sind der songzeitliche Zhāng Sānfēng 張三豐 und der mingzeitliche Zhāng Sānfēng 張三豐 dieselbe Person oder nicht? Einige sind der Ansicht, der songzeitliche Zhāng Sānfēng 張三豐 hätte bis zur Míng-Zeit gelebt. Gemäß der biologischen Gesetze ist dies allerdings unmöglich. So ist es eher vernünftig davon auszugehen, daß es sich um zwei verschiedene Personen handelt. Der gleiche Name, die gleiche Religionszugehörigkeit, der gleiche Ort der Selbstkultivierung, die gleichen Kampftechniken und gleiches Ansehen stehen allerdings nicht in Übereinstimmung mit den chinesischen Gewohnheiten der Namengebung, ebenso wenig sind sie vereinbar mit dem traditionellen Brauch, Eigennamen zu tabuisieren. Aus diesem Grund ist die Frage nach dem Lebensweg des Zhāng Sānfēng 張三豐 eine der Fragen, denen die Historiker sehr große Aufmerksamkeit schenken.

Angaben über Zhāng Sānfēng 張三豐 als songzeitlichen Meister der Kampfkünste finden sich in der *Grabinschrift für Wáng Zhēngnán* 王徵南 (*Wáng Zhēngnán mùzhìmíng* 王徵南墓志銘) des Huáng Zōngxī 黄宗羲 aus dem 11. Jahr Kāngxī 康熙 der Qīng-Zeit (1669):

[1] Das *Cíyuán* 辭源 ist kein Geschichtswerk, sondern ein Wörterbuch. [Anm. d. Üb.]

Die Verwegenheit der Shǎolín 少林-Fausttechniken ist im ganzen Reich bekannt, deswegen werden sie von den Kämpfern hoch geschätzt. Sobald einer die Techniken erlernt hat, nutzt er sie auch aus. Dann gibt es [auch] die sogenannten Meister der inneren Stile, sie erzeugen ihre Bewegung durch Ruhe. Der Angreifer fällt beim Auftreffen auf ihre Hand sofort um. Deshalb grenzt man die Shǎolín 少林-Techniken als äußere Stile ab. [Die inneren Stile] wurden wahrscheinlich von Zhāng Sānfēng 張三豐 *aus der Sòng-Zeit gegründet. Zhāng Sānfēng* 張三豐 *war ein Alchemist aus den Wǔdāng-Bergen. Als Kaiser Huīzōng* 徽宗 *ihn zu einer Audienz berief, war der Weg versperrt und es gelang ihm nicht weiterzugehen. In der Nacht träumte er von einer Fausttechnik, die ihm der Dunkle Kaiser (Xuándì* 玄帝) *lehrte. Am nächsten Tag tötete er alleine über hundert der Wegelagerer. Hundert Jahre später verbreitete sich die Kunst des Zhāng Sānfēng* 張三豐 *in der Provinz Shǎnxī* 陝西.

Huáng Zōngxī 黃宗羲 war ein berühmter Denker der ausgehenden Míng- und beginnenden Qīng-Zeit. Seine Bildung war umfassend, seine Werke zahlreich; vor allem war er bewandert in der Historiographie. Er schrieb unter anderem die Werke *Gelehrtenschulen der Sòng- und Yuán-Zeit* (*Sòng Yuán xuéàn* 宋元學案), *Historische Geschehnisse aus der Míng-Zeit* (*Míng shǐàn* 明史案) und *Konfuzianische Strömungen der Míng-Zeit* (*Míng Rú xuéàn* 明儒學案). Wenn er Zhāng Sānfēng 張三豐 als songzeitlichen Meister der Kampfkunst identifiziert, so muß es dafür eine gesicherte Grundlage geben. In dem von Lǐ Yìpān 李亦畬 – welcher die Techniken des Tàijíquán 太極拳 der Familie Wǔ 武 fortführte – kopierten Leitfaden der Fausttechniken aus dem 6. Jahre Tóngzhì 同治 der Qīng-Dynastie (1867) heißt es: „Das Tàijíquán 太極拳 beginnt mit dem songzeitlichen Zhāng Sānfēng 張三豐." Daraus wird ersichtlich, daß tatsächlich viele Leute aus dem Bereich der Kampfkunst glauben, Zhāng Sānfēng 張三豐 stamme aus der Sòng-Zeit.

Die Angaben über Zhāng Sānfēng 張三豐 als mingzeitlichen Daoisten der Wǔdāng-Berge finden sich in der *Dynastiegeschichte der Míng* (*Míngshǐ* 明史) in dem Kapitel *Biographien von Meistern bestimmter Techniken* (*Fāngjì zhuàn* 方伎傳). Dort heißt es:

Zhāng Sānfēng 張三豐 *stammt aus Yìzhōu* 懿州 *in Liáodōng* 遼東. *Sein Name* (míng 名) *ist Quányī* 全一 *oder Jūnshí* 君實, *Sānfēng* 三豐 *ist sein Mannesname* (hào 號). *Da er keinen Wert auf Äußerlichkeiten legte, wurde er auch Zhāng Lātā* 張邋遢 *[der schlampige Zhāng* 張*] genannt. Er war groß und stattlich, hatte die Gestalt einer Schildkröte und den Rücken eines Kranichs*[2] *sowie große Ohren und runde Augen. Seine Barthaare sahen aus wie eine Hellebarde. Für den Sommer und den Winter hatte er nur eine Kutte aus Flicken und einen Regenumhang aus Stroh. [Manches Mal] verzehrte er eine Menge Getreide auf einen Schlag, manch-*

[2] Schildkröte und Kranich sind beides Symbole der Langlebigkeit. [Anm. d. Üb.]

mal hatte er nur eine Mahlzeit für mehrere Tage; bisweilen aß er mehrere Monate gar nicht. Sein Gedächtnis der klassischen Schriften war ausgezeichnet. Er durchwanderte die Gegend und hatte keinen festen [Wohnort]. Einige Leute sagten, er könne an einem Tag tausend lǐ 里 *[zurücklegen]. Auch mache er gerne Scherze, ohne sich um das Urteil der Anwesenden zu kümmern. [Außerdem] habe er versucht, alle Klippen und Flußbetten der Wǔdāng-Berge zu durchwandern. Zhāng Sānfēng* 張三豐 *verhieß den Leuten, daß diese Berge später eine große Blüte erleben sollten. [...] Im 24. Jahr Hóngwǔ* 洪武 *wurden Boten geschickt, ihn zu suchen; sie fanden ihn aber nicht. [...] Kaiser Chéngzǔ* 成祖 *schickte in der Yǒnglè* 永樂 *Ära den Beamten Hú Yíng* 胡濙, *begleitet von einem Diener des Kaiserpalastes, mit Perlen, glückbringenden Objekten, vegetarischem Essen, einem kaiserlichen Siegel, Schriften, Räucherwerk und Seide, um [Zhāng Sānfēng* 張三豐*] einen Besuch abzustatten. Sie reisten überall in der Wildnis und an versteckten Orten umher, trafen ihn aber selbst nach mehreren Jahren nicht an. Dann ordnete der Kaiser dem Vizepräsidenten des Amtes für Bauten, Guō Jìn* 郭進, *und dem Marquis von Lóngpíng* 隆平, *Zhāng Xìn* 張信, *an, über 300 000 Arbeiter zu beaufsichtigen und Paläste und Tempel in den Wǔdāng-Bergen zu erbauen. Dafür wurden Millionen ausgegeben. Nachdem [das Bauprojekt] fertiggestellt war, wurde [den Bergen] der Titel „Berge der großen Harmonie* (*Tàihé shān* 太和山) *in den Großen Bergen* (*Dàyuè* 大岳)" *verliehen. Es wurde ein Amt eingerichtet, das über ein [eigenes] gegossenes Siegel verfügte, um die Anlage zu bewachen. Letztendlich bewahrheiteten sich also die Worte des Sānfēng* 三豐. *Manche sagen, Sānfēng* 三豐 *stamme aus der Yuán-Zeit. Er habe zu Beginn der Yuán-Zeit bei dem gleichen Lehrer wie Liú Bǐngzhōng* 劉秉忠 *studiert und später den Weg (Dào) im Palast der höchsten Klarheit (Tàiqīng gōng* 太清宮*) in der Stadt Lù* 鹿 *erlangt. All dies kann man jedoch nicht überprüfen. Im 3. Jahr Tiānshùn* 天順 *verlieh ihm Kaiser Yīngzōng* 英宗 *den Titel „Wahrhaftiger, der das Feine durchdringt und in Erscheinung tritt". Letztendlich konnte niemand feststellen, ob er noch lebte oder schon tot war.*

In dieser Quelle wird das Leben des Zhāng Sānfēng 張三豐 von der Jīn-Zeit (1127-1234) bis ins 3. Jahr Tiānshùn 天順 der Míng-Zeit (1459) ausgedehnt, eine Zeitspanne, die 332 Jahre umfaßt und die Lebensspanne eines Menschen offensichtlich übersteigt. Der genaue Zeitraum des Lebens von Zhāng Sānfēng 張三豐 bleibt also völlig im Dunklen.

Was die Beschäftigung mit Religion betrifft, so hatten die chinesischen Kaiser und Könige des Altertums in der Regel drei Motive. Das erste war die Hochschätzung des Glaubens: Sie selbst waren Gläubige und erhofften sich dadurch langes Leben oder Eintritt in himmlische Reiche. Das zweite war politischer Natur: Religion wurde als die Kunst der Herrschenden betrachtet. Als drittes motivierten sowohl der eigene Glaube als auch politische Zielsetzungen die religiöse Betätigung.

Im kaiserlichen Auftrag hergestellte, aus Bronze gegossene Abbildung des Zhāng Sānfēng 張三豐, auf Wolken gehend (Mìng-Zeit)

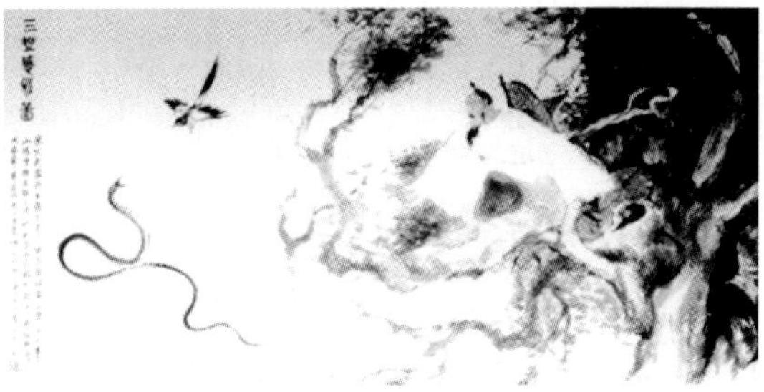

Bildnis des [Zhāng] Sānfēng 張三豐 bei seiner plötzlichen Erkenntnis von Zhù Jiànhuá 祝建華

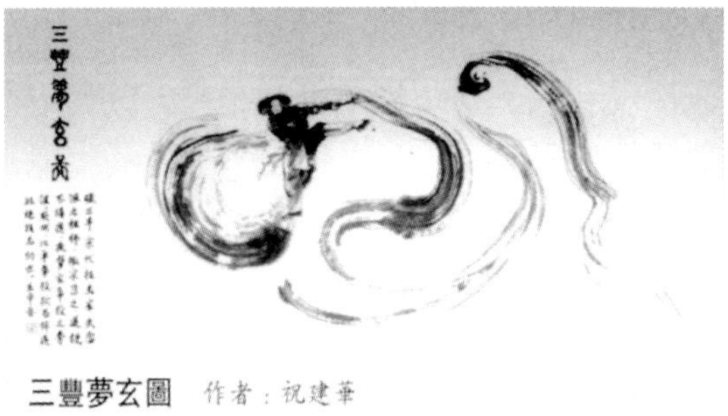

Bildnis des [Zhāng] Sānfēng 張三豐, der vom Dunklen [Kaiser] träumt von Zhù Jiànhuá 祝建華

Zhū Yuánzhāng 朱元璋[3] sandte im 24. Jahr Hóngwǔ 洪武 hochrangige Daoisten aus den Sān 三-Bergen in alle Richtungen aus, den Daoismus zu konsolidieren und legte den Gesandten nahe: „Wenn ihr den mysteriösen Zhāng 張 findet, dann bittet ihn zu kommen.“ Es ist ersichtlich, daß das Motiv hier politischer Natur war. Kaiser Chéngzǔ 成祖 schickte im 3. Jahr Yǒnglè 永樂 den König von Huáiān 淮安, Zōng Dào 宗道, um in allen berühmten Bergen des Reiches nach Zhāng Sānfēng 張三豐 zu suchen. Im 5. Jahr erließ er nochmals ein Edikt, Zhāng Sānfēng 張三豐 einzuladen. Im 6. Jahr wies er Zhāng Yǔqīng 張宇清 erneut an zu suchen. Im 10. Jahr beauftragte er den Patriarchen der Zentralen Daoistischen Registratur (Dàolùsī 道錄司), Sūn Bìyún 孫碧雲, mit der Überbringung eines kaiserlich angefertigten Dokuments, es lautete:

> *Respektvoll möchte der Kaiser dem wahrhaften Unsterblichen, Herrn Zhāng Sānfēng 張三豐, einen Erlaß zu Füßen legen: Wir, der Kaiser, bewundern den wahrhaften Unsterblichen schon lange, und es ist uns ein sehnsüchtiger Wunsch, die zeremoniellen Gebräuche und Vorschriften persönlich fortzuführen. Wir versuchten, einen Boten zu schicken, den duftenden Erlaß zu übermitteln, und ließen dazu überall in den berühmten Bergen suchen, die fromme Einladung [zu überbringen]. Der wahrhafte Unsterbliche ist von edler Moral, die jene aller Geschöpfe übersteigt, seine Genialität ist unermeßlich. Die Talente und das Vermögen des Kaisers sind spärlich und unbedeutend, dennoch kann er vom frühen Morgen bis zum späten Abend den aufrichtigen Wunsch nicht vergessen, den wahrhaften Unsterblichen zu treffen. Respektvoll schickt er nochmals einen Gesandten, den duftenden Erlaß mit der frommen Einladung zu überbringen. Sich verbeugend erwartet er den von Phönixen gezogenen Wolkenwagen. Ihm gegenüber treten [zu dürfen], wird eine Ehre sein. Um das aufrichtige Verlangen des Kaisers zu stillen, überreicht er respektvoll [diesen] Erlaß. 10. Tag, Beginn des 2. Monats, 10. Jahr Yǒnglè 永樂.*

Der Yǒnglè 永樂-Kaiser erließ vier mal hintereinander kaiserliche Dekrete an Zhāng Sānfēng 張三豐. Hatte er ihn wieder nicht angetroffen, erließ er erneut ein Dekret. Natürlich motivierte auch hier die Politik das Handeln. Es gibt Gelehrte, die der Ansicht sind, es bestehe eine Verbindung zu Kaiser Chéngzǔ's 成祖 Suche nach Kaiser Huìdì 惠帝 der Míng. An dieser Stelle muß darauf nicht genauer eingegangen werden. Im 3. Jahr Tiānshùn 天順 der Míng (1459) verlieh Kaiser Yīngzōng 英宗 dem Zhāng Sānfēng 張三豐 den Titel „Wahrhaftiger, der das Feine durchdringt und in Erscheinung tritt“. In den Wǔdāng-Bergen ist heute noch eine bronzene Relieftafel, die Kaiser Yīngzōng 英宗 dem Zhāng Sānfēng 張三豐 als kaiserliches Geschenk übergab, erhalten. Die lobende Inschrift lautet:

> *Vom Himmel mit der Sorge über das Reich beauftragt ordnet der Kaiser an: Wir, der Kaiser, denken im Stillen an die Atmosphäre der Unsterblichen und an das*

[3] Kaiser Tàizǔ 太祖, Gründer der Míng-Dynastie. Seine Regierungsdevise lautete Hóngwǔ 洪武. [Anm. d. Üb.]

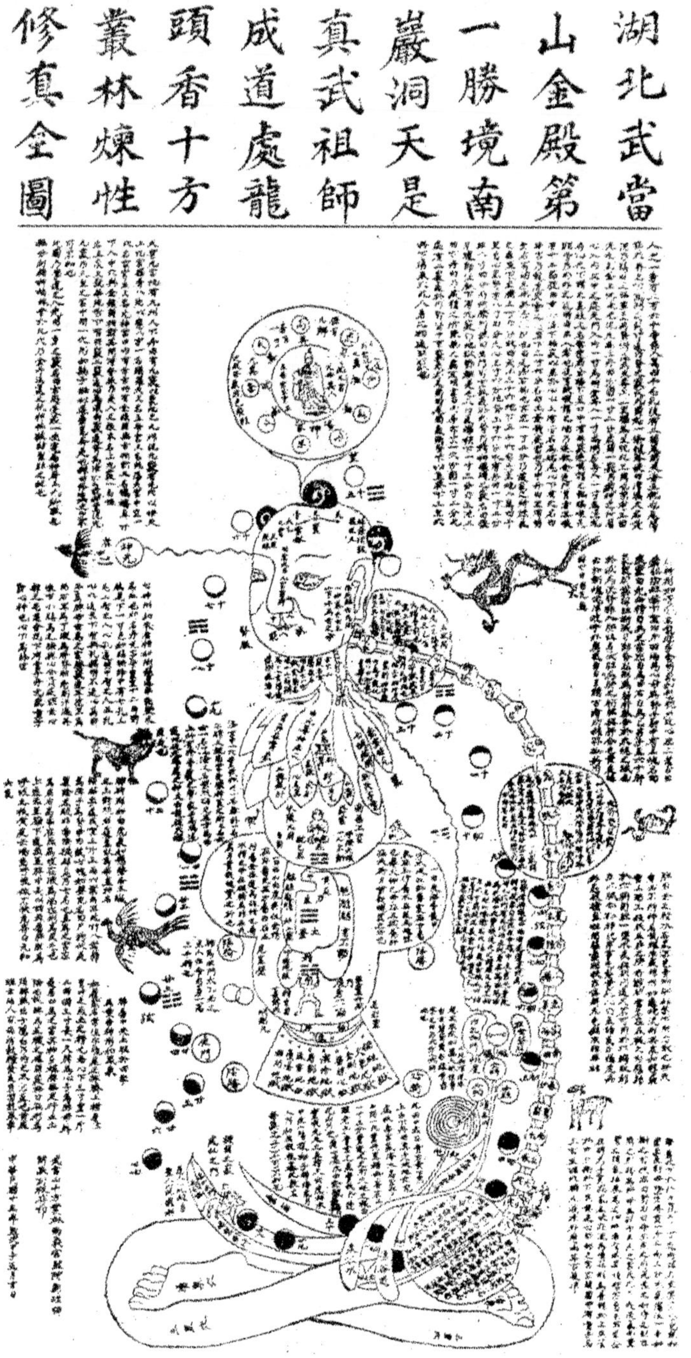

Abbildung über die Kultivierung der Wesensnatur und der Wahrhaftigkeit am von dichtem Wald umgebenen Weihrauchbrenner des Drachenkopfes, welcher der Ort ist, an dem der Ahnherr Wahrer Krieger das Dào erlangte, und der sich in den Höhlenhimmeln des südlichen Felsen [befindet], der schönsten Sehenswürdigkeit an der Goldenen Halle in den Wǔdāng-Bergen der Provinz Húběi 湖北.

Substantielle des Weges (Dào). Unser Wunsch ist es, den wahrhaftigen Anfang von Himmel und Erde zu erlangen. Geheime Schriften und magische Aufzeichnungen versammeln schon [das Wissen von] Yīn und Yáng und dem echten Qì (zhēngqì 正氣). *Wir suchen nach der Kunst des langen Lebens und der Kunst des langen Betrachtens. Wir wünschen die Technik zu vervollkommnen, das Gewöhnliche übersteigend in die Welt einzutreten. Selten nur sind in der weiten Welt die außergewöhnlichen Spuren [solcher Techniken] anzutreffen. Ihr, der wahrhaft Unsterbliche Zhāng Sānfēng* 張三豐, *seid von edlem Aussehen und Eure Klugheit ist außergewöhnlich. Ihr seid von erhabener Güte und alleiniger Größe, praktiziert die Meditation, konzentriert die Essenz und vollendet Eure Kultivierung unbeirrbar. Ihr habt die jadene Lehrformel der Unsterblichen erhalten und habt den wirksamen Sirup aus dem goldenen Dreifuß getrunken. Daher erhaltet Ihr Ruhm und Ansehen auf der Zinnober-Terasse*[4] *und wandert wundersam in mysteriösen Gärten umher. Plötzlich seid Ihr da und genauso plötzlich wieder verschwunden. Nicht nur Euer Schlafplatz ist aus Dunst und Tau, auch Euer Verschwinden und Erscheinen ist dunstumhüllt. Dies gleicht in der Tat dem Mysterium der Schöpfung. Deshalb verleihen wir Euch eigens den Titel „Wahrhaftiger, der das Feine durchdringt und in Erscheinung tritt". Durch die Überbringung dieses kaiserlichen Dekrets drücken wir unseren Respekt und unser Lob aus. Ach! [Wie wünschten wir], die körperliche Gestalt abstreifen zu können und nicht alt werden zu müssen. Ewig wollten wir müßig außerhalb der Dinge umherwandern. [Könnten wir] den Weg umarmen und das Gewöhnliche hinter und lassen, so würde unsere Verehrung um die eines ganzen Kaiserhofes ansteigen. Wir warten darauf, Hinweise auf das Wesentliche zu erhalten, und daß Ihr uns die Gunst eines Besuches erweisen möget. Am 13. Tag des 4. Monats des 3. Jahres Tiānshùn* 天順.

Das politische Schicksal Kaiser Yīngzōng 英宗 beinhaltete viele Widrigkeiten, er regierte zweimal. Im 14. Jahr Zhèngtǒng 正統 (1449) wurde er von mandschurischen Soldaten gefangen genommen. Nach kurzer Zeit wurde er freigelassen und kehrte in seinen Heimatort zurück. Jedoch wurde er abermals von dem neu an die Macht gekommenen Míng-Herrscher im südlichen Palast eingekerkert. Im 7. Jahr Jǐngqín 景秦 (1456) erlangte er seine Wiederinthronisierung mit Hilfe von Shí Xiǎng 石享, dem Marquis von Wǔqīng 武清, den kaiserlichen Eunuchen und anderen Leuten. Seine neue Regierungsdevise lautete Tiānshùn 天順. Die beiden völlig unterschiedlichen Schicksale als Gefangener und als Kaiser führten zu seiner Hinwendung zur Religion. Er verlieh Zhāng Sānfēng 張三豐 den Titel „Wahrhaftiger, der das Feine durchdringt und in Erscheinung tritt". Natürlich erhoffte er sich, Zhāng Sānfēng 張三豐 könne ihn in der Kunst des „Abstreifens der körperlichen Form und des Nicht-Alterns" unterweisen und ihn somit „ewig außerhalb der Dinge in Muße umherwandern lassen".

[4] Bezeichnet einen Ort, an dem Unsterbliche wohnen. [Anm. d. Üb.]

Geistige Übung und stilles Kultivieren

Lebte Zhāng Sānfēng 張三豐 nun in der Sòng-Zeit oder in der Míng-Zeit? Die historischen Quellen hinterlassen uns viel Phantastisches und vermitteln das Gefühl eines Mysteriums!

Aber egal ob es sich um den songzeitlichen Alchemisten Zhāng Sānfēng 張三豐 aus den Wǔdāng-Bergen oder um den mingzeitlichen Daoisten Zhāng Sānfēng 張三豐 aus den Wǔdang-Bergen handelt, es gibt einen gemeinsamen, schon oft erwähnten Punkt: Daß Zhāng Sānfēng 張三豐 nämlich ein Meister des Dào aus den Wǔdāng-Bergen war, der sich auf die inneren Techniken verstand, in der Kampfkunst bewandert war und das Gōngfū der Wǔdāng-Berge begründe. Er ist der Gründungsvater des chinesischen Gōngfū der inneren Stile. Das Werk *Durchgängiger Spiegel der wahrhaften Unsterblichen vergangener Generationen, welche das Dào verkörpern* (*Lìshì zhēnxiān tǐdào tōngjiàn* 歷世眞仙體道通鑒) zeichnet aus der Regierungszeit Yǒnglè 永樂 auf:

> *Der Minister Hú Guǎng* 胡廣 *sagte, Zhāng Sānfēng* 張三豐 *verfüge tatsächlich über Methoden des Dào und besitze vielfältige magische Fähigkeiten. Hú Guǎng* 胡廣 *verzeichnete [folgende] Werke Zhāng Sānfēng's* 張三豐, *welche er dem Kaiser zur Ansicht präsentierte*: Über das Geschickte und Wichtige (Jiéyàopiān 捷要篇), 24 Dekrete Baum ohne Wurzeln (Wúgēn shù 無根樹), Lied von der goldenen Flüssigkeit und vom zurückkehrenden Elixier (Jīnyè huándāngē 金液還丹歌), Lied vom großen Dào (Dàdàogē 大道歌), Lied über das Raffinieren von Blei (Liànqiāngē 煉鉛歌), Eine Inschrift am Palast des schwarzen Schafes hinterlassen (Qīngyánggōng liútí 青羊宮留題), Lied darüber, wie der wahrhaft Unsterbliche des irdischen Anfangs das Dào erkennt (Dìyuán zhēnxiān liǎodàogē 地元眞仙了道歌), Über die beiden Türme im Tempel des schönen Frühlings (Tí lìchūnyuàn èr què 題麗春院二闕) *und* Gedicht von der wunderschönen Blüte (Qiónghuāshī 瓊花詩).“

Die *Abteilung Aufsätze* (*Wénhàn lèi* 文翰類) der *Dynastiegeschichte der Míng* (*Míngshǐ* 明史) verzeichnet zwei von Zhāng Sānfēng's 張三豐 Werken zu je einer Schriftrolle: *Hinweise auf das Wichtigste des goldenen Elixiers* (*Jīndān zhǐyào* 金丹指要) und *Geheime Lehrformel des goldenen Elixiers* (*Jīndān mìjué* 金丹秘訣). Obwohl man daraus nicht folgern kann, daß Zhāng Sānfēng 張三豐 diese Schriften und Gedichte über Alchemie tatsächlich geschrieben hat, so stimmt deren theoretischer Kern doch mit dem Denken des Zhāng Sānfēng 張三豐 überein. Es wird ersichtlich, daß Zhāng Sānfēng 張三豐 über ein tiefes Verständnis der daoistischen Inneren Alchemie verfügte.

Die daoistische Kunst der Herstellung von Elixieren blickt auf eine lange Tradition zurück, man unterscheidet die Innere Alchemie und die Äußere Alchemie. Bei der Inneren Alchemie wurde mit Hilfe von Atemtechniken das Qì zu einem Elixier raffiniert, um so eine Stärkung des Körpers zu erreichen und das Leben zu verlängern. Bei der Äußeren Alchemie benutzten Daoisten anorganische Verbindungen oder organische Substanzen, um daraus eine Elixier-Arznei herzustellen. Sie waren der Meinung, durch deren Einnahme könnten Krankheiten geheilt und Unsterblichkeit erlangt wer-

Imponierende Pose mit Schwert

Doppelte Form von Drachen und Tiger

Die Wahrhaftigkeit kultivieren und in die Ruhe eintreten

den. Da in der Yuán- und Míng-Zeit die toxische Wirkung der Elixier-Arzneien von den Adligen mehr und mehr erkannt wurde, wurden die Theorien von der Herstellung eines Elixiers in Richtung auf die Innere Alchemie hin weiterentwickelt. Der berühmte englische Gelehrte Joseph Needham schreibt in *Science and Civilisation in China* über die Kunst des Raffinierens von Elixieren in der Yuán- und Míng-Zeit:

> *Die Vorstellung eines Lebenselixiers hielt sich in China noch einige Jahrhunderte, obwohl es keine Anzeichen mehr für ein weitverbreitetes Wiederaufleben der Alchemie gab. Allerdings zog sie die Aufmerksamkeit einiger Míng-Kaiser auf sich. Die Dynastiegeschichte der Míng informiert uns, daß Kaiser Chéngzǔ* 成祖 *den Alchemisten Liú Yuān* 劉淵 *zur Audienz berief und im Jahre 1391 Gesandte schickte, um nach einem Alchemisten namens Zhāng Sānfēng* 張三豐 *zu suchen. [...] Kaiser Chéngzǔ* 成祖 *suchte ihn in der Yǒnglè* 永樂*-Ära (1403-1424) immer noch und 1495 ehrte Kaiser Yīngzōng* 英宗 *ihn letztlich, indem er ihm den Titel „Wahrhaftiger, der das Feine durchdringt und in Erscheinung tritt" verlieh.*[5]

Neben politischen Gründen beriefen diese Kaiser die Alchemisten auch an den Hof, weil sie Einblicke in die alchemistischen Zielsetzungen „das Seiende zu übersteigen und das göttliche Mysterium zu erfahren" bekommen wollten.

Die von Zhāng Sānfēng 張三豐 praktizierten Methoden der Inneren Alchemie stehen in Verbindung zu daoistischen Aussagen [über die Innere Alchemie]. In dem Werk *Chronik über die Berge der höchsten Harmonie* (*Tàihéshān zhì* 太和山志) des mingzeitlichen Autors Rèn Zìyuán 任自垣 ist verzeichnet: „Der Weg unseres Vorfahren Zhāng 張, dem wahren Unsterblichen, zeigt sich im höchsten Feinen (*tàiwēi* 太微), seine Kunstfertigkeiten sind zur Hälfte aus dem Dunklen (*xuán* 玄) geschaffen." Im *Lied über den großen Weg* (*Dàdàogē* 大道歌) heißt es:

> *Bevor man das zurückkehrende Elixier* (huándān 還丹) *läutert, muß man die Wesensnatur* (*xìng* 性) *läutern. Bevor man die große Arznei kultiviert, muß man das Herz kultivieren. Ist das Herz ruhig, so erscheinen die Anzeichen des Elixiers von selbst. Ist die Wesensnatur klar, dann entsteht die Substanz der Arznei.*

Hier wird der in der Inneren Alchemie stattfindende Prozeß bildhaft beschrieben: Ausgehend von der Läuterung und Transformation des feinen Qì (*jīngqì* 精氣) über die goldene Flüssigkeit als zurückkehrendes Elixier, hin zum Pflücken der Arznei und zum festen Umschließen. In den Wǔdāng-Bergen sind heutzutage noch folgende Abbildungen zur Kultivierung des inneren Elixiers erhalten: „Abbildung über die Kultivierung der Wesensnatur und der Wahrhaftigkeit am von dichtem Wald umgebenen Weihrauchbrenner des Drachenkopfes, welcher der Ort ist, an dem der Ahnherr Wahrer Krieger das Dào erlangte, und der sich in den Höhlenhimmeln des Südlichen Felsen [befindet], der schönsten Sehenswürdigkeit an der Goldenen Halle in den Wǔdāng-

---

[5] Joseph Needham. *Science and Civilisation in China*. Cambridge, 1976. Vol. 5, 3. S. 209. [Anm. d. Üb.]

Messen der Fähigkeiten in drei Richtungen

Geschlossene Form in Qì-Haltung

Eine Gruppe von Daoisten in Ruhe

Bergen der Provinz Húběi 湖北" und die „Abbildung über den mysteriösen Mechanismus und die Methode des Herzens aus den Wǔdāng-Bergen". Die erste Abbildung wurde im 14. Jahre Guāngxù 光緒 angefertigt, über die zweite existieren keine Angaben. Der Überlieferung nach wurden diese beiden Abbildungen von Zhāng Sānfēng 張三豐 kreiert. Beides sind typische Darstellungen von der Kultivierung eines inneren Elixiers. In den Bildern werden die Leitbahnen und Akupunkturpunkte des menschlichen Körpers, die Funktionskreise der chinesischen Medizin, daoistisches Qìgōng und die Wandlungstheorien des *Buches der Wandlungen* (*Yìjīng* 易經) miteinander in Verbindung gesetzt und als in einem Ofen[6] miteinander verschmelzend dargestellt. Der Adept muß das Ursprüngliche umarmen und das Eine bewahren (*bàoyuán shǒuyī* 抱元守一), das vorhimmlische numinose Qì (*língqì* 靈氣) pflücken, sich die Kunst der Bewegung des Himmelszyklus zunutze machen, die Essenz raffinieren und zu Qì transformieren, den Geist läutern und in die Leere und das Grenzenlose (*wújí* 無極) zurückkehren, erst dann ist das innere Elixier vollendet.

Wegen der Unsicherheiten, die sich aus der gesellschaftlichen Entwicklung ergaben, und den Widrigkeiten der natürlichen Umwelt war es für die daoistischen Adepten während der Selbstkultivierung nötig, über sichere Methoden zur Verteidigung zu verfügen, um auf plötzlich auftretende Zwischenfälle oder Angriffe wilder Tiere reagieren zu können. Die inneren Techniken entwickelten sich so unvermeidlich von der Pflege des Lebens zur Angriffs- und Abwehrkunst, im Anschluß daran entstanden das Tàijíquán 太極拳 und die Fausttechniken der inneren Stile.

In Kampfkunstkreisen ist man allgemein der Ansicht, das Tàijíquán 太極拳 hätte sich aus den inneren Techniken des Zhāng Sānfēng 張三豐 entwickelt. In dem Werk *Gesammelte Schriften des Gǔ Huāntáng* 古歡堂 (*Gǔ Huāntáng jí* 古歡堂集) des Tián Wén 田雯 aus der Qīng-Zeit ist ein *An die Mauer geschriebenes Lied des Daoisten Zhāng Sānfēng* 張三豐 (*Zhāng Sānfēng dàorén bìyǐnggē* 張三豐道人壁影歌) enthalten, in dem: „das Geheimnis sich selbst zu reinigen durch das Strecken gleich einem Bär und das Dehnen gleich einem Vogel" und „das Spiel der sechs Vögel, welches man sich vorstellen muß, um langes Leben zu erhalten" enthalten sind. Diese Art der Atemtechniken, die in der Nachahmung von Lebewesen besteht, stellt die ursprüngliche Form des Tàijíquán 太極拳 dar. In dem Werk *Herkunft des Tàijíquán* (*Tàijíquán zōngpǔ* 太極拳宗譜)[7] sind die 13 Techniken des Meisters Zhāng Sānfēng 張三豐 enthalten. Es heißt:

> *Herr Sānfēng* 三豐, *mit Nachnamen Zhāng* 張, *mit Eigennamen Tōng* 通 *[...] Im 1. Jahr Yányòu* 延佑 *war er 61 Jahre alt und begab sich erstmals nach Zhōngnán* 終南, *wo er den wahrhaften Huǒlóng* 火龍 *traf, der ihm die große Lehre überlieferte. [...] Im ersten Frühling des Jahres Qíndìng* 秦定 *erreichte er im Süden*

[6] Der „Ofen" ist der bildlich dargestellte Ort der Umwandlung des inneren Elixiers im menschlichen Körper. [Anm. d. Üb.]

[7] Es handelt sich um die Ausgabe *Běijīng túshūguǎn diǎncáng chāoběn* 北京圖書館典藏鈔本.

Den Ursprung umarmen und das Eine bewahren

Freies Schweben in der Leere

Wǔdāng und stieg auf den Gipfel des Himmelspfeilers. Überall gab es herrliche Plätze: Seinen Schüler Qiū Yuánqīng 邱元清 ließ er in der Hütte der fünf Drachen wohnen, den Lú Qiūyún 盧秋雲 am Südlichen Felsen, Liú Gǔquán 劉古泉 und Yáng Shàndēng 楊善登 wohnten im [Palast des] purpurnen Wolkenhimmels. Er selbst flocht sich eine Strohhütte nördlich des Gipfels der ausgebreiteten Flagge, die er „Palast des Treffens mit dem Wahrhaftigen" (Yùzhēngōng 遇眞宫) nannte. Eine andere Strohhütte [baute er sich] in Tǔchéng 土城, er nannte sie „Halle der Zusammenkunft der Unsterblichen" (Huìxiānguǎn 會仙館). Neun Jahre lang kultivierte er seinen Geist und dann begann sein Weg vollendet zu sein. [...] Der Begründer der Lehre, wahrlich ein im Verborgenen lebender Unsterblicher! Er ist eine Gottheit unter den Unsterblichen! Ein göttlich Unsterblicher und zugleich ein himmlisch Unsterblicher! Er setzte das jadene Lotusedikt fort, begegnete zahlreichen erhabenen Wahrhaftigen und errichtete mehrere Paläste. Sein Leib verkörperte den Weg des Himmels, so daß er sich auf magische Weise verändern und die Welt und die Menschen übersteigen, in alle Richtungen auf- und absteigen und in der Leere wohnen konnte. Überall dorthin gelangte er mit dem Wagen der Unsterblichen. Er wurde zu einem, der den Ausblick auf das Tor zur höchsten Welt genießt. [In der Hierarchie] folgt er als einziger dem Ahnen Lǚ 呂. Die von ihm überlieferten Fausttechniken des Zhāng Sōngxī 張鬆溪 und Zhāng Cuìshān 張翠山 bilden die 13 Techniken, die auch eine andere Bezeichnung für das Tàijíquán 太極拳 sind.

Die 13 Techniken des Tàijíquán 太極拳 sind folgende: mit innerer Kraft nach außen drücken (*péng* 棚), heranziehen (*lǚ* 履), vordrängen (*jǐ* 擠), nach unten drücken (*àn* 按), entwurzeln (*cǎi* 采), abspalten (*nuó* 挪), mit dem Ellbogen stoßen (*zhǒu* 肘) und mit der Schulter stoßen (*kào* 靠). Sie bilden die acht Trigramme. Vorwärts gehen (*qiánjìn* 前進), rückwärts gehen (*hòutuì* 後退), nach rechts blicken (*yòugù* 右顧), nach links blicken (*zuǒpàn* 左盼) und in der Mitte stehen bleiben und stabilisieren (*zhōng tíngdìng* 中停定) bilden die Fünf Wandlungsphasen. Zusammen heißen sie die 13 Techniken. Das Tàijíquán 太極拳 ist eine Fausttechnik, welche die Theorie der beiden Qì des Himmels und der Erde, Yīn und Yáng, als Grundlage hat. Sie reguliert den Kreislauf der Fünf Wandlungsphasen im menschlichen Körper, hat weiche Techniken zum Hauptinhalt der Bewegungen und ist in der Lage, Krankheiten zu vertreiben und die Lebensspanne zu verlängern, indem passende Veränderungen erzeugt werden. Bei dieser Fausttechnik ist der Geist im Inneren gefestigt, die äußere Erscheinung wirkt gelassen. Die Schritte ähneln dem Gang einer Katze, die Armbewegungen dem Herausziehen von Seidenfäden. Das Tàijíquán 太極拳 macht Muskeln und Knochen alter Menschen elastisch und ist äußerst geeignet für den Ausgleich von Körper und Geist. Diese Gründe führten zu einer raschen Entwicklung des Tàijíquán 太極拳. Zahlreiche Schulen entstanden, wie der Chén 陳-Stil, der Yáng 楊-Stil, der Wú 吳 -Stil, der Wǔ 武-Stil, der Sūn 孫-Stil und der Hé 和-Stil. Joseph Needham schreibt in *Science and Civilisation in China*: „Der Name Zhāng Sānfēng 張三豐 wird heutzu-

Heldenhafte Pose vor Wolken

Geschicktes Entweichen auf dem dunklen Paß

Wundervolle Schatten am [Palast] des purpurnen Wolkenhimmels

Mit dem Spiel der Laute die Gedanken begleiten

Dichter Nebel, der an den Schwertern als Reif hängen bleibt

tage generell mit einer der Schulen chinesischer Fausttechniken namens Tàijíquán 太極拳 in Verbindung gebracht."[8]

Beim heutzutage praktizierten Tàijíquán 太極拳 werden Bewegung und Haltung durch einige Grundsätze geleitet, wie zum Beispiel „entspannte Kopfhaltung, wie am Scheitel aufgehängt" (*xūlǐng dǐngjìn* 虛領頂勁), „das Qì zum Zinnoberfeld absinken lassen" (*qì chén dāntián* 氣沉丹田), „natürlich entspannte Brust- und Rückenhaltung" (*hánxiōng bábèi* 含胸拔背), „aufrechtes Steißbein" (*wěilǘ zhōngzhèng* 尾閭中正). Sie sind eine Zusammenfassung der Qì-Übungen der Inneren Alchemie auf hohem Niveau und ihre Essenz, die Beziehung zwischen Innerer Alchemie und Tàijíquán 太極拳 wird hier deutlich.

Zhāng Sānfēng 張三豐 war nicht nur ein Virtuose der stillen Techniken (*jìnggōng* 靜功), er war auch sehr bewandert in den bewegten Techniken (*dònggōng* 動功) und ein Meister der Kampfkünste. Im dem Werk *Über die Berge der höchsten Harmonie* (*Tí Tàihéshān* 題太和山) von Gǔ Dàxiǎng 賈大享 aus der Míng-Zeit heißt es: „Xī Yí 溪夷 (Chén Tuán 陳搏) ist erfüllt vom Qì des Mondes, Lātā's 邋遢 (Zhāng Sānfēng 張三豐) Schwert glänzt wunderschön." In dem qingzeitlichen Werk *Chronik großer Städte und Kreise* (*Dà yìxiàn zhì* 大邑縣志) ist die *Aufzeichnung über den Gedächtnistempel des Unsterblichen Zhāng* 張 (*Zhāng shénxiān cítángjì* 張神仙祠堂記) von Zhāng Kuí 張夔 aus dem 2. Jahr Xuāndé 宣德 aufgeführt, dort heißt es: „Schon seit er klein ist, übersteigt die Armkraft des Unsterblichen (Zhāng Sānfēng 張三豐) die gewöhnlicher Menschen, er ist ausgezeichnet im Reiten und Bogen schießen." In dem Werk *Rhapsodie über Schwert und kurzes Schwert* (*Dāochǐfù* 刀尺賦) aus den *Gesammelten Werken des Sānfēng* 三豐 (*Sānfēng quánjí* 三峰全集) des qingzeitlichen Autors Lǐ Hánxū 李涵虛 heißt es: „Schwert, oh Schwert, kunstvoll und nochmals kunstvoll [vermag er damit umzugehen]; kurzes Schwert, oh kurzes Schwert, schon durch die kleinsten Bewegungen [ist seine Kunst vollendet]." Xú Zhédōng 徐哲東 schreibt im *Abriß der chinesischen Kampfkünste* (*Guójì lùnlüè* 國技論略):

> *Die südlichen Schulen sind Tàijí* 太極*, Bāguà* 八卦 *und Xíngyì* 形意*, sie beziehen ihre Kraft aus der Kunst des Führens und Dehnens* (dǎoyǐn 導引)*. Die nördlichen Schulen sind Shǎolín* 少林*, Tántuǐ* 彈腿*, Chángquán* 長拳*, Duǎndǎ* 短打 *und Dìtáng* 地堂*, sie beziehen ihre Kraft aus der Kunst des Kämpfens. Der Ursprung der südlichen Schulen liegt bei Zhāng Sānfēng* 張三豐 *aus Wǔdāng. Dem Tàijí* 太極 *wird bei ihnen Priorität eingeräumt. Manchmal werden die beiden Richtungen Bāguà* 八卦 *und Xíngyì* 形意 *auch zusammen mit dem Tàijí* 太極 *als eine Schule angesehen.*

Seine ausgefeilte Kampfkunst erlernte Zhāng Sānfēng 張三豐 der Überlieferung nach indem er von einer Gottheit unterwiesen wurde. Huáng Zōngxī 黃宗羲 schreibt in der *Grabinschrift für Wáng Zhēngnán* 王徵南 (*Wáng Zhēngnán mùzhìmíng* 王徵南

[8] Joseph Needham. *Science and Civilisation in China*. Cambridge, 1976. Vol. 5, 3. S. 209. [Anm. d. Üb.]

Die fünf Qì [bewegen sich] in Richtung auf den Anfang hin

Harmonischer Geist und heiterer Ausdruck

墓志銘): „In der Nacht träumte er von einer Fausttechnik, die der Dunkle Kaiser lehrte, und am nächsten Tag tötete er alleine über hundert Wegelagerer.“ Ferner existiert auch die Legende, daß Zhāng Sānfēng 張三豐 eine Elster und eine Schlange beim Kampf beobachtet hätte und dadurch die bewegten Techniken der inneren Stile begriffen hätte. Chén Zhìjìn 陳志進 schreibt in *Charakter und Funktion des Tàijíquán* 太極拳 (*Tàijíquán zhī pǐngé yǔ gōngyòng* 太極拳之品格與功用):

> *Tàijíquán* 太極拳 *ist eine Schule in Wǔdāng, bei der die Schüler vom Meister selbst ausgebildet werden. Als der Gründungsvater Zhāng Sānfēng* 張三豐 *eine Elster und eine Schlange beim Kampf sah, verstand er plötzlich und erfand diese Fausttechnik.*

In der Gegend der Wǔdāng-Berge wird auch überliefert, Zhāng Sānfēng 張三豐 hätte eine Katze und eine Schlange beim Kämpfen beobachtet und daraufhin die Wǔdāng-Fausttechniken geschaffen. Eine andere Legende besagt, die Wǔdāng-Fausttechniken entsprängen dem Kampf zwischen Drache und Tiger. Egal ob Zhāng Sānfēng 張三豐 die Techniken nun im Traum vom Dunklen Kaiser gelernt hat, oder ob sie aus dem Verständnis des Kampfes von Elster und Schlange oder Drache und Tiger hervorgingen, all diese Legenden verleihen seinen Kampftechniken eine geheimnisvolle Färbung. Es handelt sich hierbei um eine traditionelle Gewohnheit der Chinesen, ihre Vorfahren mit Lob zu bedenken; in ihr sind die Reste von Götterverehrung primitiver Religionen erhalten. Auch ist nicht zu leugnen, daß es zu jener Zeit, als es noch keine Feuerwaffen gab trotz, der häufigen Kriege allein im religiösen Bereich möglich war, die Erfahrungen des Kampfes in Ruhe zu sytematisieren und Effektivität zu entwickeln. Dies hängt zusammen mit dem speziellen Umfeld der religiösen Kultivierung und den besonderen Anforderungen an die Glaubensanhänger.

Für das chinesische Volk nimmt die Erfahrung einen besonderen Stellenwert ein, gerne wird der Hergang aller Dinge erläutert und großer Wert auf historischen Zusammenhang und Kontinuität gelegt. Dabei wird jedoch häufig übersehen, daß die Dinge im Laufe ihrer Entwicklung einer qualitativen Veränderung unterliegen. Will man nun nach Ursprung und Herkunft der Kampfkünste, egal ob es sich um die Shǎolín 少林-Klöster oder die Wǔdāng-Berge, um Bodhidharma oder um Zhāng Sānfēng 張三豐 handelt, suchen, so sollte man nicht starr an bestimmten Schulen oder Lehren festhalten, sondern die historischen Phänomene rational betrachten. Die legendären Faktoren, die sich in die Geschichte eingeschlichen haben, sollten ausgeschaltet werden und es sollte nach grundlegenden Gesetzmäßigkeiten geforscht werden. Zhāng Sānfēng 張 三豐, egal ob Mensch oder Gottheit, ob aus der Sòng- oder aus der Míng-Zeit, sollte betrachtet werden als ein Banner des Gōngfū der inneren Stile, unter dem sich das Gōngfū der Wǔdāng-Berge herausbildete. Er sollte betrachtet werden als eine Bezeichnung für die Gesamtheit der Erfahrungen in den Kampfkünsten, die über mehrere hundert Jahre und viele Generationen in den Wǔdāng-Bergen angesammelt wurden. Zhāng Zhījiāng 張之江 schreibt im *Vorwort zu Cài Yìzhōng's* 蔡翼中

Wunderbare Wŭdāng-Übungen

„Abbildungen und Erklärungen des Tàijíquán 太極拳 (*Cài Yìzhōng „Tàijíquán tújiě" xù* 蔡翼中〈太極拳圖解〉序):

> *Die Methoden des Tàijíquán* 太極拳 *der Wǔdāng-Richtung entstammen ursprünglich dem Daoismus. Sie beinhalten Techniken der alchemistischen Verfahren, schätzen das Vorgeburtliche* (xiāntiān 先天) *hoch und verwerfen das nach der Geburt Erworbene* (hòutiān 後天). *Wird das Vorgeburtliche hochgeschätzt, so entfaltet sich der anfängliche Geist* (yuánshén 元神) *und das erworbene, trübe Qì wird besiegt; wird das trübe Qì besiegt, entfaltet der anfängliche Geist seine Wirkung. Wie wunderbar!*

Daß die Fausttechniken der Wǔdāng-Berge auf den Daoismus zurückgehen, ist korrekt. Die Fausttechniken der inneren Stile der Wǔdāng-Berge bilden jedoch ein eigenständiges theoretisches System, das antike Theorien der Kampfkunst fortführt. Auf deren Grundlage werden philosophische Theorien des *Buches der Wandlungen* (*Yìjīng* 易經) und Techniken der daoistischen Inneren Alchemie mit einbezogen. Bei diesen Fausttechniken wird wert gelegt auf runde Bewegungen, die ästhetisch anzuschauen sind, auf die Läuterung des Qì und die Konzentration des Geistes sowie auf eine weder unruhige noch starre Körperhaltung. Bei der Kampftechnik strebt man nach Fülle der inneren Kraft, gegenseitiger Unterstützung von Hartem und Weichem, Eingehen auf die Bewegungen des Gegners und deren Umlenkung, und danach, mit dem Weichen das Harte zu überwinden. Gegenwärtig haben die Daoistische Gesellschaft der Wǔdāng-Berge (Wǔdāng dàojiào xiéhuì 武當道教協會) und andere Organisationen gemeinsam über 30 Formen von Wǔdāng-Fausttechniken, 18 Formen von kombinierten Faust- und Waffentechniken und 9 Formen von Qìgōng ans Licht gebracht und systematisiert. Wie zum Beispiel die Fausttechnik der inneren Stile (Nèijiā quánfǎ 内家拳法), die Wǔdāng-Fausttechnik des höchsten Zweiten und der Fünf Wandlungsphasen (Wǔdāng tàiyǐ wǔxíng quán 武當太乙五行拳), die Wǔdāng-Fausttechnik des reinen Yáng (Wǔdāng chúnyáng quán 武當純陽拳), die Fausttechnik der fünf Rückzüge, von Yīn und Yáng und von den acht Trigrammen (Wǔdùn yīnyáng bāguà quán 五遁陰陽八卦拳), die Wǔdāng-Schwertkunst der Elixier-Schule (Wǔdāng dānpài jiànshù 武當丹派劍術), die ursprüngliche Form des Wǔdāng-Tàijíquán 太極拳 (Wǔdāng yuánshì tàijíquán 武當原式太極拳), das Tàijíquán 太極拳 des Zhào Bǎo 趙堡 (Zhào Bǎo tàijíquán 趙堡太極拳), die Fausttechnik der höchsten Harmonie (Tàihé quán 太和拳), die südliche Schule der Techniker von Wǔdāng (Wǔdāng gōngjiā nánpài 武當功家南派), das Gōngfū der klaren Leere-Schule von Wǔdāng (Wǔdāng qīngxūpài gōngfū 武當清虛派功夫), die 108 Festhaltebewegungen von Wǔdāng (Wǔdāng qínná 108 shǒu 武當擒拿 108 手), das Qìgōng der drei himmlischen Tore der Wǔdāng-Berge (Wǔdāngshan sān tiānmén qìgōng 武當山三天門氣功) und die Wǔdāng-Technik des Betrachtens des Mondes (Wǔdāng guānyuè gōng 武當觀月功).
Darüber hinaus ist erwähnenswert, daß General Hè Lóng 賀龍, Führer der 3. Roten Armee, über Yúnyáng 鄖陽 in die Wǔdāng-Berge kam, als er sich im Frühling 1931 aus Hónghú 洪湖 im Gebiet Sū 蘇 zurückzog und sein Lager in den Nordwesten der

Provinz Húběi 湖北 verlegte, um eine militärische Operation durchzuführen. Der daoistische Abt Xú Běnshàn 徐本善 empfing die Rote Armee freundlich, machte den westlichen Palast frei für ein Lazarett der Roten Armee und brachte General Hè Lóng 賀龍 in der Halle der Eltern (Fǔmǔdiàn 父母殿) unter. Zu jener Zeit gab es viele Verletzte bei der Roten Armee, Abt Xú 徐 arrangierte umgehend, daß die Daoisten Hilfe bei der Versorgung leisteten. Die Kommandeure und Soldaten der Roten Armee zollten ihm ihre tiefe Hochachtung. Abt Xú 徐 war nicht nur von edler Gesinnung, er beherrschte auch das Wǔdāng-Gōngfū. General Hè Lóng 賀龍 hatte verstanden, daß die Verehrung des Abtes Xú 徐 als Lehrer auch das Erlernen der Wǔdāng-Fausttechniken beinhaltete. Also studierte er jeden Tag frühmorgens bei Abt Xú 徐 vor dem Palast der Eltern die Wǔdāng-Fausttechniken. Abends, wenn der Mond aufging, wies Abt Xú 徐 den General an, die erlernten Techniken auf der Terrasse der großen Halle des Palastes des purpurnen Wolkenhimmels zu üben. Schon nach einigen Monaten hatte General Hè Lóng 賀龍 nicht nur die Wǔdāng-Fausttechniken erlernt, sondern auch mit der in den Wǔdāng-Techniken enthaltenen Theorie „das Harte mit dem Weichen zu überwinden" den Verfolgungsfeldzug der 51. Armee der Guómíndǎng 國民黨 mehrmals zurückgeschlagen. Dankbar gegenüber Abt Xú's 徐 Haltung verfaßte General Hè Lóng 賀龍 eigens ein gereimtes Spruchpaar, welches er Xú Běnshàn 徐本善 überreichte: „Der Erhabene kommt aus dem Osten und die Luft färbt sich gänzlich purpurn, das Lied des Qiáo 樵 zieht nach Westen und der Dunst steigt zum Wolkenhimmel empor." „Der erhabene Qiáo 樵" ist ein Rufname Xú Běnshàn's 徐本善, „purpurn" und „Wolkenhimmel" verweisen auf den „Palast des purpurnen Wolkenhimmels". Indem General Hè Lóng 賀龍 „den erhabenen Qiáo 樵" dem „purpurnen Wolkenhimmel" voranstellt, macht er seinen Respekt gegenüber Xú Běnshàn 徐本善 deutlich. Nach der Gründung des neuen China schickte Oberbefehlshaber Hè Lóng 賀龍 in den Jahren 1953 und 1964 Delegationen, um die damalige Lage der Kampftechniken in den Wǔdāng-Bergen und die Lebensumstände der alten Daoisten zu ermitteln. Er ließ ihnen seinen Dank für ihren Beitrag zur Revolution ausdrücken und wies die lokale Verwaltung an, die Lage der in Not lebenden Daoisten sofort zu regeln. Der Entfaltung der Wǔdāng-Kampfkünste schenkte er seine volle Aufmerksamkeit.

Das Wǔdāng-Gōngfū ist ein herausragendes kulturelles Erbe des chinesischen Volkes, der Staat legt großen Wert auf die Weiterführung und Entfaltung der Wǔdāng-Kampfkünste. In den letzten Jahren verbreitete sich das Tàijíquán 太極拳 im ganzen Land und hat sich bereits zu einem im ganzen Volk beliebten Sport entwickelt.[9] 1982 wurde die Organisation zur Erforschung der Fausttechniken der Wǔdāng-Berge (Wǔdāngshān quánfǎ yánjiùhuì 武當山拳法研究會) gegründet. 1983 wurde die Zeitschrift *Wǔdāng* 武當 ins Leben gerufen, deren Zielsetzung die Zutageförderung und Syste-

[9] Jiāng Bǎilóng 江百龍, hg. *Erforschung der Wǔdāng-Fausttechniken* (*Wǔdāngquán zhī yánjiù* 武當拳之研究). Běijīng Tǐyuàn 北京體院 Verlag, 1992.

matisierung, Erforschung und Verbreitung der Wŭdāng-Kampfkünste ist. Die Daoistische Organisation der Wŭdāng-Berge hat unter der Leitung des Präsidenten Wáng Guāngdé 王光德 bereits die Abkunft der Wŭdāng-Fausttechniken und der Wŭdāng-Schwertkunst ans Licht gebracht sowie eine Wŭdāng-Gōngfū Gruppe ins Leben gerufen. Die Organisation fördert die Weitergabe der Wŭdāng-Kampfkünste also aktiv. Gleichzeitig wurde eine Trainigsklasse für Kampfkünste eingerichtet, die Kampfkunsttalente ausbildet. Darüber hinaus werden Diskussionsrunden veranstaltet, welche die Theorien und Techniken der Wŭdāng Fausttechniken der inneren Stile erörtern und den Austausch der Wŭdāng-Kampkünste fördern. Die Stadtverwaltungen von Shíyàn 十堰 und Dānjiāngkŏu 丹江口 veranstalten außerdem noch die Wŭdāng-Kampfkunst-Wettkämpfe und ein Kultur-Kampfkunst-Fest, zu dem sich die bekanntesten Meister der Kampfkünste des ganzen Landes, Altmeister und Qìgōng-Meister in großer Anzahl in den Wŭdāng-Bergen versammeln, ihre Künste vorführen und Erfahrungen austauschen. Die Aktivitäten im Bereich der Wŭdāng-Kampfkünste sind damit auf eine neue Stufe der Entwicklung gehoben worden.

Ehrerbietige Verbeugung und Darbringen von Weihrauch
zur Anbetung des Höchsten Würdigen

Pilgerreisen zu den heiligen Bergen

Die Pilgeraktivitäten des chinesischen Volkes haben ihren Ursprung in der Verehrung der Natur, welche in der primitiven Religion begründet liegt. Im Buch der Riten (*Lǐjì* 裡記), im Kapitel „Vorschriften für die Opfer" (*Jìfǎ* 祭法), heißt es: „Aus Bergen und Wäldern, Flüssen und Tälern, Hügeln und Anhöhen kommen Wolken, Wind und Regen hervor und seltsame Wesen treten in Erscheinung; all diese nennt man Geister (*shén* 神)." Organisierte Pilgerreisen von größerem Ausmaß finden jedoch erst mit den Fēng 封- und Shàn 禪-Opfern des ersten Kaisers der Qín-Dynastie und des Kaisers Wǔ 武 der Hàn-Dynastie statt. In den Fēng 封-Opfern wurde dem Himmel geopfert, in den Shàn 禪-Opfern der Erde. Dazu wurde für das Fēng 封-Opfer ein Altar zur Verehrung des Himmels auf dem Gipfel des Tàishān 泰山 und für das Shàn 禪-Opfer ein Altar zur Verehrung der Erde am Fuße des Tàishān 泰山 errichtet, um das Wohlwollen von Himmel und Erde zu erwidern. Nachdem der Staat Qín die sechs Staaten unterworfen hatte, war deren politische Macht noch nicht vollständig ausgelöscht, und so reiste der erste Kaiser der Qín-Dynastie zum Tàishān 泰山 und gravierte bei Fēng 封- und Shàn 禪-Opfern eine Steininschrift, die besagt: „Der Kaiser begibt sich an diesen Ort, um die klaren Gesetze festzulegen. Die ergebenen Minister mögen den Anweisungen entsprechen." Er hoffte, daß „Männer und Frauen den Riten gehorchen und die Amtspflichten sorgsam erfüllen werden". Die politische Motivation für seine Pilgerreise wird hier sehr deutlich. Bei Kaiser Wǔ 武 der Hàn-Dynastie liegen die Motive für seine Pilgerfahrten zum Tàishān 泰山 eher in seinem Streben nach Unsterblichkeit begründet. In den *Historischen Aufzeichnungen* (*Shǐjì* 史記) heißt es: „Nachdem Kaiser Wǔ 武 den Thron bestiegen hatte, wurde besonderer Wert auf die Opfer für Dämonen und Geister gelegt." Die *Sammlung des Wichtigsten aus der Westlichen Hàn-Zeit* (*Xī Hàn huìyào* 西漢會要) zeichnet auf, daß Kaiser Wǔ 武 sich sieben mal zum Tàishān 泰山 begeben hat, um Fēng 封- und Shàn 禪-Opfer durchzuführen. Tatsächlich ließ Kaiser Wǔ 武 insgesamt acht mal Fēng 封- und Shàn 禪-Opfer stattfinden, eines davon war ein „gestutztes Fēng 封-Opfer" (*xiūfēng* 修封), bei dem der Kaiser persönlich nicht anwesend war. Der Qín-Kaiser und Kaiser Wǔ 武 der Hàn hielten ihre Fēng 封- und Shàn 禪-Opfer an einem berühmten Berg ab, um ihre Verdienste zu zeigen, was eine starke Wirkung auf die nachfolgenden Kaiser hatte.

Die frühesten Pilgeraktivitäten in den Wǔdāng-Bergen lassen sich in den Zeitraum von der ausgehenden Östlichen Hàn-Dynastie bis zur Wèi-Jìn-Zeit und der Zeit der Nördlichen und Südlichen Dynastien zurückverfolgen. Meistens wurden sie von Gläubigen aus dem Volk im Rahmen der Kultivierung durchgeführt. In den *Annalen der Späteren Hàn-Zeit* (*Hòu Hànshū* 後漢書), im Kapitel *Biographien von kultivierten Personen, die in Zurückgezogenheit leben* (*Yìmín zhuàn* 逸民傳), heißt es:

> *„Als das Haus der Hàn Schwäche zeigte, usurpierte Wáng Măng* 王莽 *den Thron, und die Gebildeten und Kultivierten unter den Gelehrten waren voller gerechter Entrüstung. Zu jener Zeit waren diejenigen, die ihre Beamtenkappen zerstörten, in riesiger Anzahl, sie unterstützten sich gegenseitig und verließen den Hof."*

Nicht wenige von diesen Leuten begaben sich in die Wŭdāng-Berge, um dort Unsterblichkeit zu erlernen und von der Welt zurückgezogen zu leben. Táo Hóngjĭng 陶弘景 aus der Zeit der Nördlichen und Südlichen Dynastien schreibt in seinen *Aufzeichnungen aus dem Jadekästchen* (*Yùkuì jì* 玉匱記): „Die Berge der höchsten Harmonie erstrecken sich von Norden nach Süden, sie sind so hoch, daß Geistwesen darin existieren, und diejenigen, die sich hier niederlassen, um Frieden zu finden, sind zahlreich." Das Werk *Die Welt in höchstem Frieden* (*Tàipíng huányŭ* 太平寰宇) verzeichnet ebenfalls, daß sich „dreihundert Menschen in den Bergen aufhalten, um das Dào zu erlernen und Unsterblichkeit zu erlangen". In dieser Zeit änderten die Leute aus dem Gebiet der Südlichen Dynastien sogar den Namen der Wŭdāng-Berge in „Berge, in denen die Unsterblichen ihre Gemächer haben" (Xiānshìshān 仙室山).

Da zur Táng- und Sòng-Zeit die Kaiser an den Wahren Krieger glaubten, und diese ursprünglich als Tier angebetete Gottheit nun in menschlicher Gestalt verehrt wurde, nahmen die Pilgeraktivitäten in den Wŭdāng-Bergen von Tag zu Tag zu. In der Táng-Zeit betete Yáo Jiăn 姚簡 am Gipfel der Fünf Drachen erfolgreich um Regen, woraufhin Kaiser Tàizōng 太宗 an diesem Ort einen Tempel errichtete, und die Leute nun hierher pilgerten. Später in der Sòng-Zeit lebte Chén Tuán 陳摶 in Zurückgezogenheit in den Wŭdāng-Bergen, Kaiser Huīzōng 徽宗 erbaute den Palast des Purpurnen Wolkenhimmels und die Wŭdāng-Berge wurden zu den berühmten segensreichen Orten in den Höhlenhimmeln (*dòngtiān fúdì* 洞天福地).

In der Yuán-Zeit genossen die Wŭdāng-Berge als „Ursprungsort des Unsterblichen", dem Ort, an dem der Dunkle Krieger zum Himmel aufgestiegen war, die besondere Aufmerksamkeit der Kaiser. Aufmerksamkeit wurde ihnen auch deswegen zuteil, weil Kaiser Rénzōng 仁宗 am gleichen Tag wie der Wahre Krieger Geburtstag hatte, und die Berge somit zu einem wichtigen daoistischen Ort geworden waren, an dem „der Himmel um die Segnung für ein langes Leben gebeten wurde". Die in den Wŭdāng-Bergen von Angehörigen des Kaiserhauses abgehaltenen „Goldenen-Register-Opferzeremonien" (*jīnlù dàjiào* 金籙大醮) waren nicht nur von großem Ausmaß und fanden sehr häufig statt, sie wurden auch über einen längeren Zeitraum abgehalten und hatten große Wirkung, so daß der Glaube der hohen Beamten, des Adels und auch des einfachen Volkes an den Wahren Krieger großen Aufschwung bekam. Der dritte Tag des dritten Monats und der neunte Tag des neunten Monats waren bereits zu Feiertagen geworden, an denen man in die Berge pilgerte und Weihrauch darbrachte. In der *Palastgedenktafel aus der Großen Yuán-Zeit, die dem Großen Himmlischen Ersten*

Die goldenen Klangsteine aus den 36 Palästen erklingen,
Tausende von Menschen pilgern zu dem Höchsten, um für Frieden zu beten.

anläßlich der wahrhaften Feier des langen Lebens in den Wŭdāng-Bergen überreicht wurde (*Dá Yuán chìcì Wŭdāng Dà Tiānyĭ zhēnqìng wànshòu gōng bēi* 大元敕賜武當大天乙眞慶萬壽宮碑) heißt es:

„Am dritten Tag des dritten Monats, der Überlieferung nach der Tag, an dem die Gottheit herniederstieg, versammeln sich unzählige junge Männer und Frauen, Gaben von Gold und Seide häufen sich wie Wolken und die Menschen ziehen in Strömen dorthin."

Die Opfergaben überbringenden Pilger waren eine unübersehbare Menschenmenge, ähnlich einer Morgenversammlung in einer großen Stadt. Das Gedicht *Am Geburtstag eine Pilgerreise unternehmen, um Glückwünsche zu überbringen* (*Shèngdàn cháohè* 聖誕朝賀) von Luō Tíngzhèn 羅霆震 aus der Yuán-Zeit besagt:

„Zehntausend aufrechte Herzen, zehntausend Heilige und Wahrhafte, sie bringen Glückwünsche in Form von Räucherwerk, und allerorts trifft man auf Verwandte. Jedes Jahr im Frühling ist es wie auf einem Marktplatz, und selbst in den abgelegensten Winkeln sind Menschen."

Am neunten Tag des neunten Monats wird nach Landessitte das Fest des doppelten Yáng (Chóngyángjié 重陽節) gefeiert. Dies ist auch der Tag, an dem der Wahre Krieger zum Himmel empor gestiegen ist, weswegen die Pilger besonders zahlreich sind. Das Gedicht Zweite Stanze (Cìzhāng 次章) von Luō Tíngzhèn 羅霆震 aus der Yuán-Zeit äußert sich hierzu:

„Der segensreiche Ort der Höhlenhimmel wird von Menschen aus dem ganzen Reich erfüllt, wer den Norden verehrt, pilgert zur Wohnstatt des Nördlichen Kaisers. Eindrucksvoll zeigen sich die Wŭdāng-Berge als Berge des Trigramms gěn *艮, hochragend steht der große Gipfel auf der Erde, dem Trigramm* kūn *坤* [1]. *Grenzenlos verwandelt der Heilige seinen Körper und wird zu goldenen Türmen, die göttlichen Wolken in höchster Höhe stehen der jadenen Leere gegenüber. Wundervoll versammeln sich Wind und Wolken und lehnen sich an Sonne und Mond an, ihre Glückwünsche überbringen die glückverheißend aufgereihten rosigen Wolken."*

Die pilgernden Gläubigen strömten aus allen Richtungen in die Wŭdāng-Berge, sie brachten große Mengen von Räucherwerk und lokalen Spezialitäten mit und lieferten dadurch die materielle Grundlage für die Entwicklung der Religion.

In der Míng-Zeit bekamen die Wŭdāng-Berge den Titel „Große Berge" verliehen, sie wurden zu „dem Ort, an dem der Kaiserhof den Dunklen Kaiser verehrt und Räucherwerk abbrennt". Zahlreich waren die Pilgerreisen, für die der Kaiserhof Gesandte schickte, welche Zeremonien veranstalteten. Waren es wenige Pilgerreisen pro Jahr,

---

[1] Die Trigramme *gěn* 艮 und *kūn* 坤 stammen aus dem *Buch der Wandlungen* (*Yìjīng* 易經). *Gěn* 艮 symbolisiert den Berg, *kūn* 坤 die Erde. [Anm. d. Üb.]

so fanden sie einige Male statt; waren es viele, wurden sie mehrere Dutzend mal pro Jahr durchgeführt. In der Zeit nach Kaiser Chéngzǔ 成祖 der Míng, wollten die neu auf den Thron gekommenen Kaiser allesamt kaiserliche Bevollmächtigte in die Wǔdāng-Berge schicken, um dort Zeremonien abzuhalten, in denen „für das Wohl des Volkes gebetet wird". Die Lokalbeamten der Orte, an denen die kaiserlichen Gesandten ankamen, mußten Aufzeichnungen machen und die Gesandten begrüßen. Der Kommandant der Wǔdāng-Berge, der Präfekt von Jūnzhōu 均州 und die Äbte der verschiedenen Klöster mußten alle gemeinsam die Pilger begleiten, häufig waren es einige hundert Leute. Zum Beispiel ließ Kaiser Chéngzǔ 成祖 der Míng im 22. Jahr Yǒnglè 永樂 (1424), nachdem die Tempelanlagen in den Wǔdāng-Bergen fertig gestellt worden waren, den Himmelsmeister Zhāng 張 der 44. Generation und den Abt des Palastes der Jadenen Leere, Rèn Zìyuán 任自垣, in den Wǔdāng-Bergen eine „Sieben Tage und Nächte dauernde Goldene-Register-*luōtiān* 羅天-Zeremonie zur Erwiderung des Wohlwollens, zur Verlängerung des Glücks und zur Errettung aller Lebewesen" abhalten. Der Kaiser verfaßte selbst eine Schrift *Gedanken zur Goldenen-Opferzeremonie* (*Jīnlù dàjiào yì* 金籙大醮意). Unter den Beamten, die das Ritual begleiteten, waren Verwaltungsangestellte des Amtes für Nachrichtenübermittlung, Hauptstadtwachen von tausend Haushalten, der Provinzgouverneur von Húguǎng 湖廣, der stellvertretende Gouverneur der Präfektur Xiāngyáng 襄陽, die Kommandeure der Garden von Jīngzhōu 荊州 und Wǔchāng 武昌, der Richter von Jūnzhōu 均州, der Vorsitzende der Daoistischen Registratur und andere; insgesamt waren es über tausend Leute. Wáng Yòu 王佑 aus der Míng-Zeit verzeichnet in der *Chronik der Großen Berge, den Bergen der höchsten Harmonie* (*Dàyuè Tàihéshān zhì* 大岳太和山志), daß Kaiser Shìzōng 世宗 der Míng im 5. Jahr Jiājìng 嘉靖 (1526) anläßlich der „Vollendung des großen Rituals"[2] dem Himmelsmeister Zhāng 張 der 48. Generation und Wú Shànglǐ 吳尚禮, einem Beamten der Daoistischen Registratur, befahl, sich in die Wǔdāng-Berge zu begeben und dort mit 460 daoistischen Beamten eine „Goldene-Register-*luōtiān* 羅天-Zeremonie, die das Glück verlängert, dem Wohl des Landes dient und das Volk reich macht" zu feiern. Ein Altar wurde für drei Tage errichtet, ein anderer für sieben Tage und Kaiser Shìzōng 世宗 „erhielt mit daoistischen Gesängen den himmlischen Auftrag, den kaiserlichen Thron zu übernehmen und überbrachte die geheimen Glückwünsche seines heiligen Herzens". An der Zeremonie beteiligt waren

> *„der Vorsitzende des Direktorats der kaiserlichen Pferde aus Húguǎng* 湖廣*, Pān Zhēn* 潘眞*, der regionale Kommandeur und Graf von Qīngpíng* 清平*, Wú Jié* 吳杰*, der zur Koordination nach Húguǎng* 湖廣 *gesandte stellvertretende kaiser-*

---

[2] Kaiser Shìzōng 世宗 setzte als regionaler Prinz die Thronfolge fort; nachdem er den Thron bestiegen hatte, belehnte er seinen leiblichen Vater, der den Titel „Freude zeigender König" innehatte, ungeachtet des Widerstands der hohen Beamten und des Militärs am Kaiserhof, mit Hilfe skrupelloser Maßnahmen mit dem posthumen Titel „Respekt und Weitsicht zeigender Kaiser"; dies bezeichnet man als „die Debatte um das große Ritual".

Gespräch in daoistischer Freundschaft zwischen dem Präsidenten Wáng Guāngdé 王光德 und dem Generalsekretär der daoistischen Gesellschaft Taiwans, Herrn Zhāng Chēng 張檉.

Die Gläubigen des Tempels des Unsterblichen vom Lotusozean (Liányíngxiān guǎn 蓮瀛仙館) aus Hongkong feiern im Palast des Purpurnen Wolkenhimmels die Geburt des Heiligen.

liche Historiograph des Zensoramtes zur Rechten, Huáng Zhōng 黃衷, der den Ort Yúnyáng 鄖陽 befriedende und regierende stellvertretende kaiserliche Historiograph des Zensoramtes zur Rechten, Jiǎng Shǔ 將曙, der Kommissar der Provinzverwaltung von Húguǎng 湖廣, Yú Yòu 餘佑, die stellvertretenden Kommissare des Kommissariats für Polizeiüberwachung, Chén Chāng 陳昌 und Hóu Lún 侯倫 und die Assistenten des Hauptstadtkommandanten, Yú Chéng'ēn 餘承恩 und Mǎ Cōng 馬聰. Einer nach dem anderen kamen sie zusammen, führten ihre Angelegenheiten mit Sorgfalt aus und standen von morgens bis abends der Zeremonie zur Verfügung".

Mehrere tausend Personen waren beteiligt. Außer dem Kaiser kamen auch die kaiserlichen Verwandten in Scharen in die Wǔdāng-Berge gepilgert. Wáng Yòu 王佑 zeichnet in der *Chronik der Großen Berge, den Bergen der höchsten Harmonie* (*Dàyuè Tàihéshān zhì* 大岳太和山志) auf, daß im siebten Monat des 14. Jahres Hóngzhì 弘治 (1501) die Kaiserin Gesandte schickte, die in den Wǔdāng-Bergen zweimal eine Opferzeremonie abhielten. Das eine Mal dauerte sie sechs Tage und Nächte, das andere Mal sieben Tage und Nächte, es wurden dafür 1800 *liǎng* 兩 Silber aufgewendet. Gleichzeitig veranstaltete der Thronerbe des Kaiserhauses eine Zeremonie, die sieben Tage und Nächte dauerte und 1000 *liǎng* 兩 Silber kostete. Im zwölften Monat wurde abermals eine Zeremonie im Palast der jadenen Leere gefeiert, die 49 Tage und Nächte dauerte. Im 33. Jahr Jiājìng 嘉靖 (1554), schickten die kaiserliche Konkubine der Familie Mǎ 馬 und die kaiserliche Konkubine der Familie Wén 文 Gesandte zu einer Pilgerreise in die Wǔdāng-Berge und

„befehligten den daoistischen Beamten, eigens im Palast der reinen Freude eine Jadene-Register-Zeremonie abzuhalten, die fünf Tage und Nächte dauern sollte, und in der die Heiligen beglückwünscht, den Meistern gratuliert, langes Leben gewünscht, Feuerwerk dargebracht und Banner aufgehängt werden sollten. An dieser reinen Zeremonie nahmen 1200 Wahrhaftige teil."

Dieses Vorgehen des Kaiserhauses hatte auch Einfluß auf die hohen Beamten; am Palast des Südlichen Felsens in den Wǔdāng-Bergen belegt dies eine Gedenktafel mit der Inschrift „Aufzeichnung über die Pilgerfahrt und Feier einer Zeremonie des kaiserlichen Gesandten, dem Herzog des Landes Yīng 英". Noch zahlreicher jedoch waren die Pilgerfahrten des Volkes. Xiè Zhàozhì 謝肇制 aus der Míng-Zeit schreibt in seinem Werk *Fünf verschiedene Opfergefäße* (*Wǔ zà zǔ* 五雜俎):

„Die Berge der höchsten Harmonie sind seit alter Zeit berühmte Berge. Auf dem Kontinent, egal ob nah oder fern, gibt es keinen, der nicht in beiden Händen haltend aufrichtig Gaben bringen und zur Zeremonie pilgern würde. [...] Nach zehn oder fünf Schritten des Weges verneigt man sich und ruft eine Wehklage, so daß die Stimmen die Bergtäler erschüttern. Und sobald man den höchsten Gipfel erreicht hat und ehrfürchtig zur Statue des Dunklen Kriegers aufblickt, nimmt das Weinen und Schluchzen kein Ende mehr."

Der Chef der Empfangshalle des Klosters der Grünen Kiefer (Qīngsōngguàn 青鬆觀) aus Hongkong zündet wertvolle Räucherstäbchen in den Wǔdāng-Bergen an.

Mit Räucherstäbchen vor der Halle der Ahnen Respekt erweisen

Anbetung mit daoistischem Gruß

Die in die Berge reisenden Pilger kamen aus bekannten Gegenden des ganzen Reiches. Auf dem Landweg reisten „die aus Shǔ 蜀 kommenden Pilger über Fáng 房 (der Kreis Fáng 房), die aus Shǎn 陝 kommenden Pilger über Yún 鄖 (der Kreis Yún 鄖) und die aus den Provinzen südlich des Langen Flusses kommenden Pilger über Xiāng 襄 (die Stadt Xiāngfán 襄樊)".[3] Kam man auf dem Wasserweg, so fuhr man hauptsächlich auf dem Kaiserkanal und bog dann vom Langen Fluß in den Hàn-Fluß nach Jūnzhōu 均州 ab. Dieser Weg verband die Hauptstadt im Norden und die südlichen Städte Sūzhōu 蘇州 und Hángzhōu 杭州 mit den Wǔdāng-Bergen. Reisten die Beamten aus dem Norden in die Berge, so fuhren sie mit einer Flotte aus „über achtzig Schnellbooten mit gelben Masten"; kam man aus dem Süden, dann reiste man meistens mit „ungefähr hundert Dschunken" an. Laut Aufzeichnungen aus dem mingzeitlichen Werk *Überblick über die Landschaften des Xīshān* (*Xīshān jǐngwù lüè* 錫山景物略) von Wáng Yǒngjī 王永積 sowie aus dem qingzeitlichen Werk *Kleine Aufzeichnung über Wissenswertes von Xī und Jīn* (*Xī Jīn shì xiǎolù* 錫金識小錄) von Huáng Mǎo 黃卯 und aus weiteren Quellen, betrug die Anzahl der Boote, die jedes Jahr im zweiten Monat des Bauernkalenders von den Pilgern aus der Präfektur Sūzhōu 蘇州 in die Wǔdāng-Berge unternommen wurden, „ungefähr hundert Dschunken". Für die aus den sieben Kreisen Tàicāngzhōu 太倉州, Wújiāng 吳江, Kūnshān 昆山, Chángshú 常熟, Jiādìng 嘉定 und Chóngmíng 崇明 kommenden Boote diente der im Norden des Kreises Wúxī 無錫 liegende „Lotus-und-Hibiskus-See" (Liánrónghú 蓮蓉湖) als Versammlungsort. Dort wartete man, bis die Pilgerboote aus den verschiedenen Orten zusammengekommen waren, um sich dann gemeinsam in die Wǔdāng-Berge in Bewegung zu setzen. Am Tag vor der Abfahrt wurde eine feierliche „Pilgerlaternen-Versammlung" veranstaltet. Bei Einbruch der Nacht stellte jedes Pilgerboot einen Mast auf, und es wurden „Laternen der vier Himmelsrichtungen" und „Laternen der acht Ecken" aufgehängt. Jeder Pilger hängte eine Laterne auf, und die Boote mit den Laternen reihten sich aneinander wie eine mit zahllosen Sternen dekorierte, funkelnde Brücke. Wenn das Licht dann in allen Laternen gleichzeitig erstrahlte, wurden aus den Pilgerbooten „Blütenböller" abgefeuert und eine Zeit lang war auf den Booten, am Himmel und im Wasser ein farbenprächtiges Feuerwerk, ein wahrhaft prächtiger Anblick, zu sehen. Um sich am Anblick der „Pilgerlaternen" zu erfreuen, verließen die Lokalbeamten, der Landadel und alle Familien zu gegebener Zeit die Stadt, einer nach dem anderen begab sich mit seinem Boot zur Versammlung. Betrachtete man die Laternenboote, deren Zahl die tausend häufig überschritt, mit ihren bunten und hoch hängenden Laternen, so sah man die verschiedenen gemusterten Laternen um Außergewöhnlichkeit und Farbenpracht wetteifern und die Oberfläche des Sees als eine völlig rote Fläche erhellen. In dem mingzeitlichen Werk *Auf dem Wasser des Lotus-und-Hibiskus-Sees treiben und die Laternen der Pilgerboote, die den Laternen der Pagode gegenüberliegen, betrachten*

[3] Wáng Yòu 王佑: *Chronik der Großen Berge, den Bergen der höchsten Harmonie* (*Dàyuè Tàihéshān zhì* 大岳太和山志).

Großartiges Zeremoniell, in dem die Pilgergruppe „Dunkles Tor“ aus Taiwan einen riesigen Drachen aus Reis hergestellt hat, um dem Palast des Purpurnen Wolkenhimmels Glückwünsche zu überbringen.

Der Kalligraph Meister Wáng Shíwēng 王石翁 aus Taiwan reist eigens aufs Festland und fertigt bei Feierlichkeiten für den Palast des Purpurnen Wolkenhimmels eine kunstvolle Kalligraphie an.

Die lodernden, kostbaren Kerzen erhellen das Herz, eifrig kultiviert man sich selbst und das Dào kehrt zur Wurzel zurück.

(*Fàn Liánrónghú kàn xiāngchuándēng yǔ tǎdeng xiāngwàngyīn fù* 泛蓮蓉湖看香船燈與塔燈相望因賦) von Sūn Jìgāo 孫繼皋 heißt es:

> *„Die antiken Schiffe versammeln sich, um zum Dunklen Krieger zu pilgern, das Licht der Laternen erhellt das aufgewühlte Wasser des Sees. Kostbare Kerzen räuchern den Himmel und Weihrauch steigt in Kringeln in die Höhe, die Schatten der Sternenbrücke vervielfachen sich am nahegelegenen Ufer. Schaukelnder Glanz und die erleuchtete Pagode täuschen den Gipfel des flinken Geiers (Língjiù 靈鷲), Wasserblasen und Flammen, Wellen und Schatten erschrecken den Kerzendrachen (Zhúlóng 燭龍) [den Geist des Zhōng 鍾-Berges]. Gongs und Trommeln, Donner und Schreie, welch ein Spektakel! Im Westen des Großen Flusses schaut der Cān 參-Gipfel aus der Ferne zu.“*

Das nördliche Ufer des Lotus-und-Hibiskus-Sees war ein belebtes Geschäftsviertel, es wurde auch „nördlicher Deich“ genannt, weswegen diese Veranstaltung als „die Pilgerlaternen vom nördlichen Deich“ bekannt war.

„Die Pilgerlaternen vom nördlichen Deich“ führten dazu, daß im Kreis Wúxī 無錫 gegen Ende der Míng-Dynastie aus den Pilgerfahrten eine einmal im Jahre stattfindende feierliche Zusammenkunft auf dem Wasser wurde. Die Pilgeraktivitäten wandelten sich zu einem fröhlichen Festtag, an dem die Stadtbevölkerung gerne teilnahm. Dies war auch ein Grund dafür, daß der Glaube an den Wahren Krieger und die Pilgerfahrten das Volk tief durchdrangen.

In der Zeit der Qīng-Dynastie bis zur Republik verlor der Daoismus der Wǔdāng-Berge die Unterstützung der Oberschicht und geriet in allmählichen Verfall; da jedoch der Glaube an den Wahren Krieger tief ins Volk eingedrungen war und die Pilgerreisen zu einem volkstümlichen Brauch geworden waren, war das Pilgern nach wie vor in Mode. Jedoch kam es in dieser Zeit auch vor, daß die Kaiser sich gelegentlich als Liebhaber von Kunst und Kultur ausgaben, beispielsweise schickte der Kāngxī 康熙-Kaiser zweimal Gesandte in die Wǔdāng-Berge, um dem Dunklen Krieger zu opfern, und der Qiánlóng 乾龍-Kaiser verbot in einem Edikt „die Steuer für Räucherwerk in den Bergen der höchsten Harmonie“; die außergewöhnliche geistige Haltung des Míng-Kaiserhauses war jedoch nicht mehr vorhanden. Eine zum Kaiserhaus gegenteilige Gesinnung zeigten die Gläubigen aus dem Volk, die keine Mühen scheuten und deren Freude an den Pilgerfahrten nicht versiegte. Die *Chronik der Berge der höchsten Harmonie* (*Tàihéshān zhì* 太和山志) verzeichnet, daß die Pilger aus den Gegenden Guǎngxī 廣西, Guìzhōu 貴州, Yúnnán 雲南, Zhèjiāng 浙江, Fújiàn 福建, Guǎngdōng 廣東 und Húběi 湖北 kamen, und daß aus den pilgernden Kolonnen Organisationen wurden, die man „Pilgergesellschaften“ nannte. Die „Pilgergesellschaften“ wählten ein „Pilgeroberhaupt“, das für die Organisation der einmal jährlich stattfindenden Pilgerreise verantwortlich war. Diese „Pilgergesellschaften“ unterlagen häufig dem Einfluß populärer religiöser Organisationsformen, sie neigten zur Mystifizierung und hatten eine festgelegte Form und festgelegte Riten. Zunächst mußte die Flagge der Pilgergesellschaft geweiht und ein glückverheißender Tag für die Pilgerreise ge-

Schön erklingen die geheimnisvollen Lieder der rituellen Versammlung beim Anbeten des Großen Wagens,
Am Altar für langes Leben der jadenen Leere werden Glückwünsche für die diesjährige Pilgerfahrt überreicht.

wählt werden. Dann fand die Auswahl der Personen statt, anschließend mußten die finanziellen Mittel für die Ausgaben der Gesellschaft und den Kauf von Flaggen und Ausstattung beschafft werden. Bevor die „Pilgergesellschaft“ aufbrach, wurde ein feierliches Bankett organisiert und Himmel und Erde wurden durch ein Ritual informiert. Im Pilgerzug vorne liefen vier mit goldenen Schildern bekleidete Jugendliche, die Flaggen und Waffen trugen und den Weg frei machten. Unmittelbar darauf folgte das Pilgeroberhaupt mit der Flagge der Gesellschaft. Hinter der Flagge schloß sich ein gesticktes Banner an, das voll behängt mit bunten Stoffstreifen war, auf denen die Namen der Gläubigen geschrieben waren, man nannte es auch „Schirm der zahllosen Volksangehörigen“. Unter dem Schirm war der Weihrauchbrenner, das Räucherwerk darin mußte den ganzen Weg ohne Unterlaß brennen. Nach dem „Schirm der zahllosen Volksangehörigen“ kam die Musikkapelle, danach die Opfergaben und zum Schluß die pilgernden Gläubigen. Alle Pilger schulterten ein gelbes Stoffbündel, in dem sich Papier, Götterseide und andere Dinge befanden. In einem nicht abreißenden Strom marschierten sie den ganzen Weg unter den Klängen von Pauken und Trompeten und waren außergewöhnlich rege und heiter. In den Wǔdāng-Bergen existieren heute noch mehrere hundert Gedenktafeln aus der Qīng-Zeit und der Zeit der Republik, auf denen die Wohltätigkeit der Pilger verzeichnet ist, sowie zahlreiche Opfergaben, die von Gläubigen überreicht wurden. Da die Gewohnheiten an jedem Ort verschieden sind, entstanden auch unterschiedliche Bräuche bei den Pilgerreisen und beim Darbringen von Opfergaben. Manche Gläubige hielten einen Stein in der Hand und verbeugten sich mit jedem Schritt; sie verbeugten sich, bis sie an der Goldenen Halle angelangt waren und nachdem sie zum Wahren Krieger gebetet hatten, nahmen sie die Asche des Räucherwerks aus der Halle des Wahren Kriegers und stillten damit das Blut an ihrem Kopf und ihrer Stirn. Dies nannte man „sich stetig verbeugen“ (*kē cháng tǒu* 磕長頭). Andere Gläubige waren am Oberkörper unbekleidet und durchstachen ihre Backen mit einem kleinen Messer, um „den Mund zuzusperren“. Mit beiden Armen trugen sie ein Weihrauchgefäß und wurden rechts und links von zwei Leuten abwechselnd gestützt. Vorne lief ein Gläubiger, der die Gongs schlug und den Weg freimachte, er rief mit hoher Stimme: „Hier kommen die, die das große Räucherwerk abbrennen!“ Vom Fuße des Berges geradewegs zur Goldenen Spitze eilten sie hastig hinauf und nachdem sie mit dreimaligem Gebet und neunmaliger Verneigung dem Wahren Krieger ihre Aufwartung gemacht hatten, ließen sie sich vom Vorsteher der Halle „das Messer zum Verschließen des Mundes“ herausziehen und stillten mit der Asche der Räucherstäbchen das Blut. Im „Buch des Schicksals“ [in dem die Opfergaben verzeichnet und welches im Tempel aufbewahrt wird] wurde der Name, der Herkunftsort und die Wünsche derjenigen, die das große Räucherwerk abbrannten, aufgezeichnet. Am nächsten Tag schrieb man noch einmal eine Bittschrift und ließ die Wünsche zu den himmlischen Hallen aufsteigen. Dies nannte man „das große Räucherwerk abbrennen“. Wer von ganz extremer Pietät gegenüber den Eltern war, legte ein großes Gelübde ab und mußte dazu in einem aus Stein geschnitzten Drachen-

Goldener Dunst erwärmt die Türme des Palastes
der Unsterblichen,
Wie ein ruhiges Meer und ein klarer Fluß bestehen
ewiges Wohlbefinden und Friede.

kopf, der an der Felswand des Südlichen Felsen herausragt, Räucherwerk verbrennen. Der Weihrauchbrenner in Form des Drachenkopfes ist drei Meter lang und 30 Zentimeter breit, er liegt der Goldenen Spitze gegenüber und unter ihm befindet sich ein tiefer Abgrund. Wer Weihrauch verbrennen wollte, mußte zum Kopf des Drachen vordringen und auf dem über dem Abgrund schwebenden Körper des Drachen stehend sich zuerst zur Goldenen Spitze hin verneigen, dann drei Räucherstäbchen anzünden und in den Behälter am Kopf des Drachen stecken und sich anschließend langsam wieder zurückbewegen. Dies nannte man „Weihrauch am Drachenkopf abbrennen". Der ganze Vorgang des „Weihrauch am Drachenkopf Abbrennens" ließ einen vor Angst erzittern, es ist wirklich sehr abschüssig dort.

Der Daoismus der Wǔdāng-Berge hat in Südostasien, speziell in Táiwān 台灣, seinen festen Einfluß. Aufzeichnungen geben an, daß General Zhèng Chénggōng 鄭成功 aus der Míng-Zeit fest an den Dunklen Krieger glaubte. Immer wenn es einen Kampf gab, opferte er erst dem Wahren Krieger. Nachdem Zhèng Chénggōng 鄭成功 Táiwān zurückerobert hatte, nahm er den Glauben an den Dunklen Krieger mit nach Táiwān. Der taiwanesische Gelehrte Lín Dàohéng 林道衡 schreibt: „Der Kaiser des Dunklen Himmels des nördlichen Pols wird auch Großer Kaiser Wahrer Krieger (Zhēnwǔ dàdì 眞武大帝), Großer Kaiser des nördlichen Pols (Běijí dàdì 北極大帝) oder volkstümlich auch Kaiserlicher Herzog (Shàngdì gōng 上帝公) genannt. Seine Tempel heißen meist Halle des nördlichen Pols (Běijí diàn 北極殿) oder Halle des Wahren Kriegers (Zhēnwǔ diàn 眞武殿). In den letzten Jahren der Míng-Dynastie, als Zhèng Chénggōng 鄭成功 Táiwān unterwarf, opferte er im Heimatort seiner Ahnen im Kreis Nán'ān 南安, Präfektur Quánzhōu 泉州 in der Provinz Fújiàn 福建, für das Eintreffen des Kaiserlichen Herzogs aus den Wǔdāng-Bergen in Táiwān. Nacheinander ließ er kleine und große Tempel für den Kaiserlichen errichten, die als Göttertempel zum Schutz seiner Himmelsrichtung, des Nordens, dienten. Er ermunterte das Volk, an den Wahren Krieger zu glauben und ihn zu verehren, so daß er zur Schutzgottheit für Táiwān wurde. Daher kommt es, daß die alten Tempel, in denen dem Kaiser des Dunklen Himmels geopfert wird, heute in Táiwān relativ zahlreich sind."[4] Darüber hinaus wurden im Laufe des Entwicklungsprozeßes der daoistischen Religion der Wǔdāng-Berge auch Leute ausgeschickt, um die daoistische Lehre zu verbreiten. Unter diesen waren nicht wenige hohe Daoisten, die das Festland verließen und nach Táiwān gingen. Laut Aufzeichnungen aus der Tempelchronik des Palastes der ewigen Klarheit des Alten aus Qié (Qiélǎo yǒngqīng gōng 茄老永清宮) kamen im 16. Jahr Kāngxī 康熙 (1687) drei Brüder der Familie Hóng 洪 aus Gǔchéng 谷城 in der Provinz Húběi 湖北, die Daoisten der Schule der Orthodoxen Einheit (Zhèngyī 正一) aus den Wǔdāng-Bergen waren, von Osten nach Táiwān. Sie errichteten einen Tempel und opferten dem Dunklen Kaiser mit Räucherwerk. Eine Gedenktafel im Palast der jadenen Leere (Yùxūgōng

---

[4] Wáng Guāngdé 王光德, Yáng Lìzhì 楊立志 (1993): *Abriß der Geschichte des Wǔdāng-Daoismus* (*Wǔdāng dàijiào shǐlüè* 武當道教史略).

玉虛宮) in Méishān 梅山 im Kreis Jiāyì 嘉義 verzeichnet, daß im 22. Jahr Qiánlóng 乾隆 der Qīng-Dynastie (1757) Daoisten der Wǔdāng-Berge aus Fújiàn 福建 von Osten nach Táiwān kamen, einen Tempel erbauten und den Dunklen Kaiser verehrten. Darüber hinaus gab es unter den Landsleuten, die aus Fújiàn 福建 und Guǎngdōng 廣東 nach Táiwān auswanderten, viele Anhänger des Kaisers des Dunklen Himmels. Als diese mit ihren Familien übersiedelten, nahmen sie auch ihren Glauben mit nach Táiwān. Historische Aufzeichnungen aus dem Palast an der mit Kiefern und Zypressen bewachsenen Bergkette, der das Himmlische erhielt (Sōngbólǐng shòutiāngōng 鬆柏嶺受天宮) im Kreis Nántóu 南投 besagen, daß im 14. Jahr Shùnzhì 順治 (1657) vier Familien aus Fújiàn 福建 mit Namen Lǐ 李, Liú 劉, Chén 陳 und Fù 傅 ihren Wohnsitz nach Táiwān verlegten und sich an der mit Kiefern und Zypressen bewachsenen Bergkette niederließen. Dort verehrten sie den Dunklen Kaiser und spendeten im 10. Jahr Kāngxī 康熙 (1681) Geld, um einen Gedächtnistempel für den Dunklen Kaiser zu erbauen. 1937 wurde der Gedächtnistempel zu einer vierstöckigen Anlage ausgebaut und 1976 erneut erweitert. Aufzeichnungen aus der Halle des Heiligen, der den nördlichen Pol visitiert (Shèng xún běijí diàn 聖巡北極殿) aus der Gemeinde Yǒngkāng 永康 im Kreis Táinán 台南 besagen, daß ein großer Teil der häufig aus Fǔjiàn 福建 und Guǎngdōng 廣東 kommenden Bevölkerung Táiwāns, um eine sichere Überfahrt über das Meer zu gewährleisten, vor der Abfahrt darum baten, mit den Statuen des Kaisers des Dunklen Himmels, der in ihrer Heimat verehrt wurde, und mit brennendem Räucherwerk zusammen über das Meer zu fahren. Nachdem sie dann sicher angekommen waren, errichteten sie zahlreiche Tempel, um der Gottheit für ihren Schutz zu danken und dadurch auch die Zusammengehörigkeit und den Frieden in ihrer Sippe aufrecht zu halten.

Laut Ermittlungen führen die offiziellen taiwanesischen Register über 4700 daoistische Tempel, und in vielen davon wird der Kaiser des Dunklen Himmels verehrt. Allein in den letzten Jahren waren es über 30 000 Gläubige, die in die Wǔdāng-Berge pilgerten, um ihre Aufwartung zu machen. Zusammen mit der Daoistischen Gesellschaft der Wǔdāng-Berge unternahmen sie unermüdliche Anstrengungen, um die Kultur des chinesischen Daoismus zu verbreiten. Nachdem die Volksrepublik China gegründet worden war, besonders seit der dritten Plenartagung des vom 11. Parteitag [1978] gewählten Zentralkomitees der KP Chinas, wurden die Wǔdāng-Berge als Hauptgebiet landschaftlicher Sehenswürdigkeiten in China eingestuft und die meisten Tempelanlagen zu den schwerpunktmäßig zu schützenden Kulturgütern gezählt. Im Jahre 1994 wurde die antike Gebäudegruppe in den Wǔdāng-Bergen in das Weltkulturerbe aufgenommen. Unter der Aufsicht der Verwaltungen der Provinz Húběi 湖北 und der Städte Shíyàn 十堰 und Dānjiāngkǒu 丹江口 wurde in den Wǔdāng-Bergen eine Sonderzonen-Verwaltung eingerichtet. Es wurden Straßen in die Berge und eine Drahtseilbahn gebaut, das Kulturamt und die daoistische Gesellschaft der Wǔdāng-Berge führte an vielen antiken Gebäuden Restaurierungsarbeiten durch. Die Regierung ließ außerdem entsprechende Zusatzeinrichtungen für den Tourismus bereitstellen und

Sonne und Mond erstrahlen gemeinsam

entwickelte einen vielfältigen Reiseservice, wie Angebote für Ein-Tages- oder Vier-Tages-Reisen. So wurden die Wǔdāng-Berge zu einem national bekannten Reisegebiet landschaftlicher Sehenswürdigkeiten.

Die Kulturlandschaft der Wǔdāng-Berge ist großartig und herrlich, bizarr und geheimnisvoll, und zusammen mit der reichen und einzigartigen Wǔdāng-Kultur genießt sie großen Ruhm im In- und Ausland. Dieser beruht einerseits auf der natürlichen Schönheit der Wǔdāng-Berge, mehr aber noch auf der unsterblichen daoistischen Atmosphäre, die sich hier seit hunderten von Jahren entwickelt hat, und die bewirkt, daß sowohl Pilger als auch Touristen die Wǔdāng-Berge meist wie von einem mysteriösen Zauber umgeben erleben.

Kommt man in die Wǔdāng-Berge und verweilt in den „Großen Bergen der höchsten Harmonie“, so erblickt man die weißen Wolken, die über die zahlreichen Gipfel hinwegziehen, man hört die morgendlichen Glocken und die abendlichen Trommeln und die melodische daoistische Musik. Die ausdrucksstarke und besondere Landschaft der Wǔdāng-Berge, die auf der ganzen Welt einzigartigen Tempel der kaiserlichen Familie, die auf eine lange Tradition zurückblickende daoistische Kultur, die seltenen und kostbaren Kulturgüter von unvergleichlicher Feinheit, die reinen Klänge der vollkommenen daoistischen Musik, das geheimnisvolle und tiefgründige Wǔdāng-Gōngfū und die spannenden Legenden erzeugen einen Zustand, der einen verzaubert und benommen macht und die Seele weit und klar werden läßt. In dieser Stimmung wird man den Haß und Groll der Welt aufgeben und von neuem auf die tiefe Bedeutung stoßen, die im Leben verborgen ist. Man wird die eigene Seele als eine Kiefer, eine Blume, eine Wolke oder eine Bergspitze erleben. ... Alles verschmilzt miteinander in diesen Bergen der Unsterblichkeit, die tatsächlich existieren und durchdrungen sind von der phantastischen Färbung eines irdischen Himmels oder eines himmlischen Paradieses.

Nachwort

Die Wŭdāng-Berge sind berühmte Berge der chinesischen Geschichte und Kultur sowie heilige Berge des Daoismus. Sie sind Bestandteil des kulturellen Kanons des chinesischen Volkes.

Um inneren Zustand und äußeren Anblick, Intention und Erscheinung sowie Verborgenes und Offensichtliches der Wŭdāng-Kultur aufzuzeigen und einen lebendigen Ausblick auf den Glanz der Natur zu geben, haben wir diesen Bildband „Wŭdāng - Berge der Unsterblichen" herausgegeben. Ziel des Buches ist, noch mehr Menschen die Möglichkeit zu geben, die Wŭdāng-Berge kennenzulernen, sie zu verstehen und sich ihnen anzunähern. Wir hoffen aufrichtig, daß durch die Beschäftigung mit der alten Kultur der Wŭdāng-Berge neue Inspirationen entstehen mögen. In Anbetracht der Tiefgründigkeit und Reichhaltigkeit der Wŭdāng-Kultur war die Zeit für die Zusammenstellung dieses Werkes kaum ausreichend, die unvermeidlich auftretenden Irrtümer möge der Leser deshalb entschuldigen. Für Berichtigung der Fehler und vorbehaltlose Kritik sind wir jederzeit offen.

Die Herausgabe dieses Buches wurde vom Büro für taiwanesische Angelegenheiten der Provinzregierung Húběi 湖北, von der Kultur-Dienststelle der Provinz Húběi 湖北, von der Stadtverwaltung Dānjiāngkŏu 丹江口, dem Büro für taiwanesische Angelegenheiten der Stadtverwaltung Shíyàn 十堰, der Verwaltung der wirtschaftlichen und touristischen Sonderzone Wŭdāngshān 武當山, der Verlags-GmbH „Zeitprojekte" Shēnzhèn 深圳 und anderen Einheiten tatkräftig und enthusiastisch unterstützt. Der bekannte Spezialist für antike Architektur, Mitglied der nationalen Politischen Konsultativkonferenz des chinesischen Volkes und Leiter des Spezialistenteams des nationalen Kulturamtes für den Schutz von Fachkenntnissen Luō Zhéwén 羅哲文 schlug den Titel für dieses Buch vor. Zhù Jiànhuá 祝建華 und Chén Shŏuqīng 陳守清 stellten die wertvollen Photographien zur Verfügung. Der bekannte daoistische Gelehrte und stellvertretende Wissenschaftsrat Lú Guólóng 盧國龍 schrieb das Vorwort zu diesem Buch.

An dieser Stelle soll all jenen herzlicher Dank ausgesprochen werden.

Die Herausgeber

Shēnzhèn 深圳 18.3.1999

Zeittafel

(nach: Schmidt-Glintzer: Das alte China, München 1995)

Zhōu-Dynastie (Zhōu 周)	1045? - 256 v.u.Z.
Westliche Zhōu (Xī Zhōu 西周)	1045? - 771 v.u.Z.
Östliche Zhōu (Dōng Zhōu 東周)	770 - 256 v.u.Z.
Frühlings- und Herbstperiode (Chūnqiū 春秋)	722 - 481 v.u.Z.
Zeit der Streitenden Reiche (Zhànguó 戰國)	403 - 221 v.u.Z.
Qín-Dynastie (Qín 秦)	221 - 206 v.u.Z.
Hàn-Dynastie (Hàn 漢)	206 - 220 n.u.Z.
Westliche Hàn-Dynastie (Xī Hàn 西漢)	206 v.u.Z. - 8 n.u.Z.
Interregium Wáng Măng 王莽	9 -23
Östliche Hàn-Dynastie (Dōng Hàn 東漢)	25 - 220
Zeit der Sechs Dynastien (Liùcháo 六朝)	220 - 581
Zeit der Drei Reiche (Sānguó 三國)	221 - 265
Jìn-Dynastie (Jìn 晉)	265 - 420
Südliche und Nördliche Dynastien (Nánbĕicháo 南北朝)	420 - 589 bzw. 386 - 581
Suí-Dynastie (Suí 隋)	581 - 618
Táng-Dynastie (Táng 唐)	618 - 907
Fünf Dynastien (Wŭdài 五代)	907 - 960
Sòng-Dynastie (Sòng 宋)	960 - 1279
Nördliche Sòng-Dynastie (Bĕi Sòng 北宋)	960 - 1126
Südliche Sòng-Dynastie (Nán Sòng 南宋)	1127 - 1279
Yuán-Dynastie (Yuán 元)	1279 - 1368
Míng-Dynastie (Míng 明	1368 - 1644
Qīng-Dynastie (Qīng 清)	1644 - 1911
Republik China (seit 1949 auf Taiwan) (Zhōnghuá mínguó 中華民國)	1912 -
Volksrepublik China (Zhōnghuá rénmín gònghéguó 中華人民共和國)	1949 -

Maße

Längeneinheiten
1 *chĭ* 尺 entspricht 0,33 m
1 *rèn* 仞 entspricht 7-8 *chĭ* 尺, etwa 2,3 bis 2,6 m
1 *zhàng* 丈 entspricht 3,33 m
1 *lĭ* 里 entspricht 0,5 km

Flächeneinheiten
1 *mŭ* 畝 entspricht 0,066 Hektar
1 *qĭng* 頃 entspricht 6,66 Hektar

Gewichte, Hohlmaße
1 *liăng* 兩 entspricht 50 g
1 *dàn* 石 entspricht 1 Hektoliter